铁路职业教育铁道机车运用与维护专业新形态一体化系列教材

电力机车电器

何晓丽◎主　编
崔　晶　陈会茹◎副主编
胡学永◎主　审

中国铁道出版社有限公司

2025年·北　京

内 容 简 介

本书为铁路职业教育铁道机车运用与维护专业新形态一体化系列教材，采用新型活页式教材的编写方式，以工作任务为载体，以学习者为中心，以工作过程为导向，系统化构建课程项目。全书共分为五个项目，分别为：接触器检查与认知、继电器检查与认知、高压电器检查、其他电器检查与认知、电器基本理论认知。本书强调基本知识和基本技能的掌握，更注重实践技能的培养。

本书可以作为铁路职业院校铁道机车运用与维护、电力机车运用与检修专业学生的教学用书，也可以作为铁路相关企业技术人员的培训用书。

图书在版编目(CIP)数据

电力机车电器/何晓丽主编．—北京：中国铁道出版社有限公司，2023.3(2025.8 重印)

铁路职业教育铁道机车运用与维护专业新形态一体化系列教材

ISBN 978-7-113-29057-3

Ⅰ.①电…　Ⅱ.①何…　Ⅲ.①电力机车-牵引电器-职业教育-教材　Ⅳ.①U264.3

中国版本图书馆 CIP 数据核字(2022)第 064146 号

书　　名：电力机车电器
作　　者：何晓丽

策　　划：阚济存
责任编辑：阚济存　亢丽君　　**编辑部电话：**(010)51873205　　**电子邮箱：**67204751@qq.com
封面设计：崔丽芳
责任校对：刘　畅
责任印制：高春晓

出版发行：中国铁道出版社有限公司(100054，北京市西城区右安门西街 8 号)
网　　址：https://www.tdpress.com
印　　刷：北京联兴盛业印刷股份有限公司
版　　次：2023 年 3 月第 1 版　2025 年 8 月第 3 次印刷
开　　本：787 mm×1 092 mm　1/16　**印张：**12.25　**字数：**285 千
书　　号：ISBN 978-7-113-29057-3
定　　价：49.00 元

前言

本书是北京市职业院校特色高水平实训基地建设——中铁天佑工程师学院建设项目成果之一。在内容形式上采用新型活页式教材的编写方式，符合教、学、做一体化的教学理念。

本书针对铁道机车运用与维护、电力机车运用与检修专业学生的培养目标，依据企业工作任务和岗位能力要求，基于行动导向教学方法设计项目模块。项目编写强调针对性、实用性和创新性，将电力机车采用的新型电器纳入任务内容；以真实案例体现铁路职业教育特点；各类图片、音视频和动画均可扫码观看。本书注重工作过程的逻辑性、结构化和可操作性，符合职业课程学习的认知特点和发展水平。

本书的任务体现完整的工作过程，从完成任务到评价反馈，让学生在解决问题的过程中获得工作过程知识（包括理论知识与实践知识），并掌握操作技能。同时更注重职业素养和思政教育，在教材中融入思政元素，知识模块更加多维立体。

每个项目对应电力机车电器检查中的实际工作任务，项目中的内容根据完整的工作过程进行教学化处理，易于学生掌握吸收。根据活页式教材特点，各项目、任务具有独立性，但又相互关联、相互贯通，形成一个系统的任务体系。

任务实施将工作任务转化为详细的操作步骤，并依据企业现行标准将工作过程标准和工艺一一对应，让学生明确工作中“做什么”“怎么做”，从而更好地培养学生的标准意识和操作能力。

项目采取多元化评价，既考核知识又评价能力和素养，是对学生专业能力、学习能力、合作能力和过程性学习的综合考核评价。能帮助学生更好地认识到学习过程中的进步和不足，促进学习效果。

本书由北京铁路电气化学校何晓丽担任主编，西安铁路职业技术学院崔晶、北京铁路电气化学校陈会茹担任副主编。中车青岛四方机车车辆股份有限公司胡学永主审。编写分工如下：陈会茹编写项目一、项目二；何晓丽编写绪论、项目三任务一～任务四；崔晶编写项目三任务五、任务六；项目四任务四；济南市技师学院刘敏编写项目四任务一、任务三和项目五；中国铁路北京局集团有限公司北京机务段武建伟编写项目四任务二；北京铁路电气化学校赵立恒编写项目四任务五、任务六。

此外，在本书编写过程中还得到了中车青岛四方机车车辆股份有限公司、中国铁路济南局集团有限公司济南机务段、中车大连机车车辆有限公司、北京中车赛德铁道电气科技有限公司相关部门人员的大力支持，在此向他们表示诚挚的谢意！

由于编者水平有限，书中难免有疏漏和不足之处，敬请广大读者批评指正。

编　者

2022 年 11 月

目 录

绪论 …… 001

项目一　接触器检查与认知 …… 005

任务一　交流接触器检查 …… 008
任务二　直流接触器认知 …… 019
任务三　电空接触器认知 …… 022

项目二　继电器检查与认知 …… 032

任务一　电磁式继电器检查 …… 035
任务二　时间继电器认知 …… 045
任务三　机械式继电器认知 …… 051

项目三　高压电器检查 …… 060

任务一　受电弓检查 …… 061
任务二　主断路器检查 …… 077
任务三　高压接地开关检查 …… 089
任务四　高压隔离开关检查 …… 098
任务五　避雷器检查 …… 105
任务六　互感器检查 …… 114

项目四　其他电器检查与认知 …… 123

任务一　司机控制器检查 …… 124
任务二　自动开关检查 …… 132
任务三　转换开关及扳键开关组检查 …… 141
任务四　传感器认知 …… 150
任务五　熔断器认知 …… 160
任务六　高压连接器认知 …… 165

项目五　电器基本理论认知 …… 173

附录　HXD3C 型电力机车部分电器代号、名称及位置明细表 …… 187

参考文献 …… 190

绪论

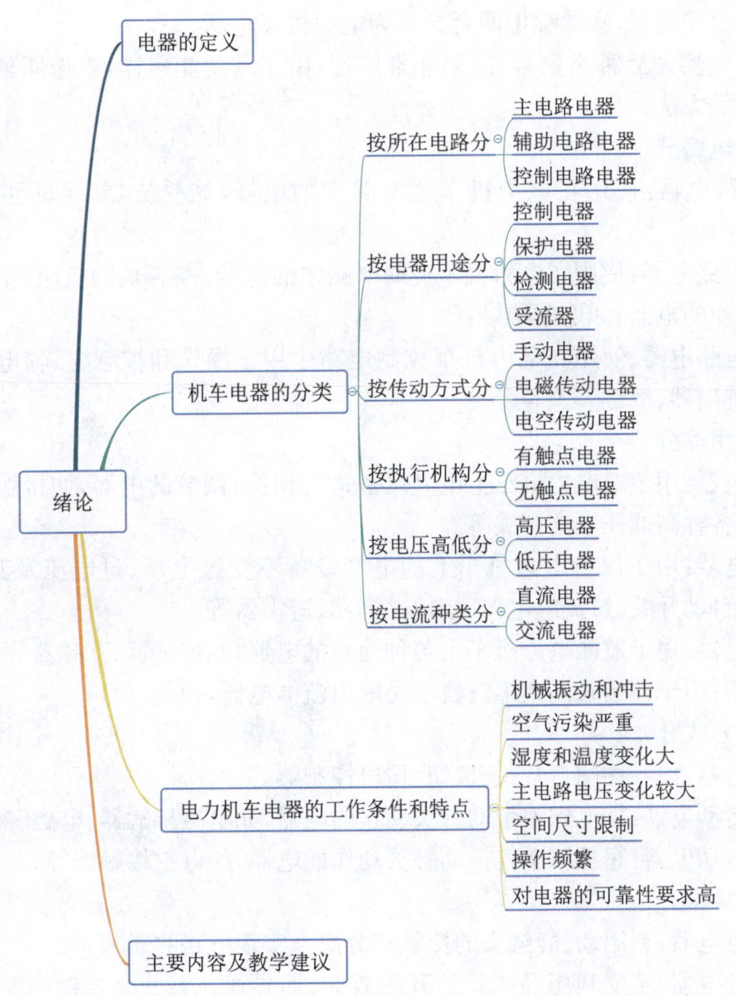

绪论
电器的定义
机车电器的分类
按所在电路分
主电路电器
辅助电路电器
控制电路电器
按电器用途分
控制电器
保护电器
检测电器
受流器
按传动方式分
手动电器
电磁传动电器
电空传动电器
按执行机构分
有触点电器
无触点电器
按电压高低分
高压电器
低压电器
按电流种类分
直流电器
交流电器
电力机车电器的工作条件和特点
机械振动和冲击
空气污染严重
湿度和温度变化大
主电路电压变化较大
空间尺寸限制
操作频繁
对电器的可靠性要求高
主要内容及教学建议

电力机车是以电力作为驱动能源的机车。电力机车牵引力和爬坡能力大，起动加速快，清洁环保，维修量小。由于自身不带能源，电力机车运行所需电能由电气化铁路的牵引供电系统提供，而电能的产生、输送和应用，是一个非常复杂的过程，同时也是一个需要一系列的控制、调整、保护装置的作用才能很好完成的过程。例如对电力电路实行通、断；对电动机实行启动、停止、正反转和调速控制；对用电设备进行过载、过压、短路、断相等故障的保护；在电路中传递、变换、放大电或非电的信号，从而达到自动检测和调节作用等。

初识电力机车

所以，凡是对于电能的产生、输送和应用起开关、检查、控制、保护和调节作用，以及利用电能来控制保护调节非电量器械设备的各种电工设备都称为电器。

一、机车电器的分类

在电传动机车上起着开关、控制、转换、保护、检测、调节等作用的电工器械(电器)称为机车电器。

在电力机车上，既有专门设计、制造的适用于电传动机车用的牵引电器，也有选用的一般工业企业的通用电器，本课程中两者统称为电力机车电器。

电力机车电器产品种类繁多，应用非常广泛，由于其功能多样，工作原理各异，所以有多种不同的分类方法。

1. 按所在电路分

(1)主电路电器：使用在电力机车主电路中的电器，如受流器、主断路器、高压互感器等。

(2)辅助电路电器：使用在电力机车辅助电路中的电器，控制辅助机组、空气压缩机、通风机等设备工作的电器，如电磁接触器。

(3)控制电路电器：使用在电力机车控制电路中用于操作和控制主、辅电路的电器，如司机控制器、继电器、扳键开关等。

2. 按电器用途分

(1)控制电器：用于对电力机车上电气设备进行切换、调节的电器，如接触器、各种控制用继电器以及各种高低压隔离开关等。

(2)保护电器：用于保护电力机车上的电气设备不受过电压、过电流及其他损害的电器，如熔断器、自动开关、过流继电器、接地继电器、避雷器等。

(3)检测电器：用于监测电力机车上各种信号的电器，如传感器、互感器等。

(4)受流器：用于在接触网或第三轨上受取电流的电器，如受电弓。

3. 按传动方式分

(1)手动电器：如各种闸刀开关、按钮、司机控制器等。

(2)电磁传动电器：靠电磁铁带动触头动作的电器，如电磁接触器、电磁继电器等。

(3)电空传动电器：靠压缩空气推动触头动作的电器，如电空接触器等。

4. 按执行机构分

(1)有触点电器：利用动、静触头的接触和分离来实现电路的通断。

(2)无触点电器：主要利用晶体管的开关效应，即导通或截止来控制电路的阻抗，以实现电路的通断与保护,如电子式时间继电器等。

5. 按电压高低分

(1)高压电器:用于 500 V 以上电压电路的电器,如高压断路器、隔离开关、避雷器、电压互感器、电流互感器等。

(2)低压电器:用于 500 V 以下电压电路的电器,如接触器、自动开关、熔断器、继电器、司机控制器等。

6. 按电流种类分

(1)直流电器:用于直流电路的电器。

(2)交流电器:用于交流电路的电器。

二、电力机车电器的工作条件和特点

由于电力机车电器安装在电力机车上,而电力机车内部空间又极为有限。因此,电力机车电器的工作条件与一般工业企业用电器截然不同。

电力机车电器的工作条件和特点如下。

(1)连续而强烈的机械振动和断续的机械冲击。电力机车正常运行时,会产生强烈地振动和冲击,在电器内部则要产生惯性力,从而破坏了电器内部各力之间的分布,如果不加考虑,则电器往往会产生误动作。因此,要求电力机车电器在结构上应能承受振动和冲击。

(2)室外工作环境空气污染严重。电力机车运行时,空气形成涡流,易将沙尘带入电器内部。同时雨雾还会侵入安装在电力机车车顶和下部的电器。因此要求电力机车电器的结构设计必须与使用环境相适应。

(3)温度和湿度变化很大。电力机车上的电器需要能在温度为－25～＋40 ℃和相对湿度为 90％的条件下工作,而且在－40 ℃时能存放。因此,电力机车电器所用的材料(尤其是绝缘材料)必须能适应这种情况。

(4)电力机车主电路的电压,经常在较大范围内变化。电流则随牵引电机的工作状况变化。因此,要求电力机车电器必须具有足够的电稳定性和热稳定性。

(5)电器的安装受电力机车空间尺寸的限制。因此,对电器的安装方式、外形以及大小等都必须周密考虑,使其在有限的空间内安装紧凑,便于维修。

(6)电力机车在正常运行时操作频繁。因此,对电力机车电器的机械磨损和电磨损必须给予重视。

尽管电力机车电器的工作条件十分恶劣,但也必须要保证它具有最大的可靠性。因为任何一个电器的损坏或者误动作都有可能导致列车阻塞,运输中断,甚至可能发生严重的伤亡事故。

三、本书主要内容及教学建议

本书是为铁道机车运用与维护相关专业的"电力机车电器"或"牵引电器"课程编写的,涵盖机车乘务员、机车电工等职业岗位所需掌握的电力机车电器专业知识和专业技能。本书主要内容是电力机车上的各类高低压电器的结构、作用、工作原理及日常检查维护方法。

项目一为接触器检查与认知,主要学习接触器的基础知识,常用接触器和机车专用接触器的作用、结构、原理、检查标准与方法。此项目旨在让学生学习接触器知识的同时,能通过接触器实物更加形象地认知电器的组成、传动方式、触头类型和灭弧方式方法等。在学习本项目时可结合项目五内容综合教学，达到感性认知与理性知识的融会贯通。

项目二为继电器检查与认知，主要学习继电器的基础知识，机车常用各类电磁继电器和机械继电器的作用、结构、原理、检查标准与方法。

项目三为高压电器检查，以电力机车高压电路为背景，系统学习电力机车高压电路专用电器的相关知识，包括受电弓、主断路器、高压接地开关、高压隔离开关、避雷器、互感器等，并增加了电力机车新型电器的内容。

项目四为其他电器检查与认知，包括司机控制器、自动开关、万能转换开关和扳键开关、传感器、熔断器、高压连接器的作用、结构、原理、检查标准与方法。

项目五为电器基本理论认知，包括电器的基本结构、电器的发热、传动装置、电弧与灭弧装置。主要学习电器的基本理论，有助于学生对电器工作原理的深入理解。

本书基于行动导向教学法编写，编写过程中，组织整合了职业岗位工作所需专业知识和操作技能，既有知识的认知引导，也有真实岗位工作的操作方法和标准。教学过程中可依据各院校或单位的实践条件增补或删减。

本书还针对重点内容制作了数字化教学资源，通过扫描对应的二维码可以在线观看，有利于学生自主学习及混合式教学的开展。

项目一 接触器检查与认知

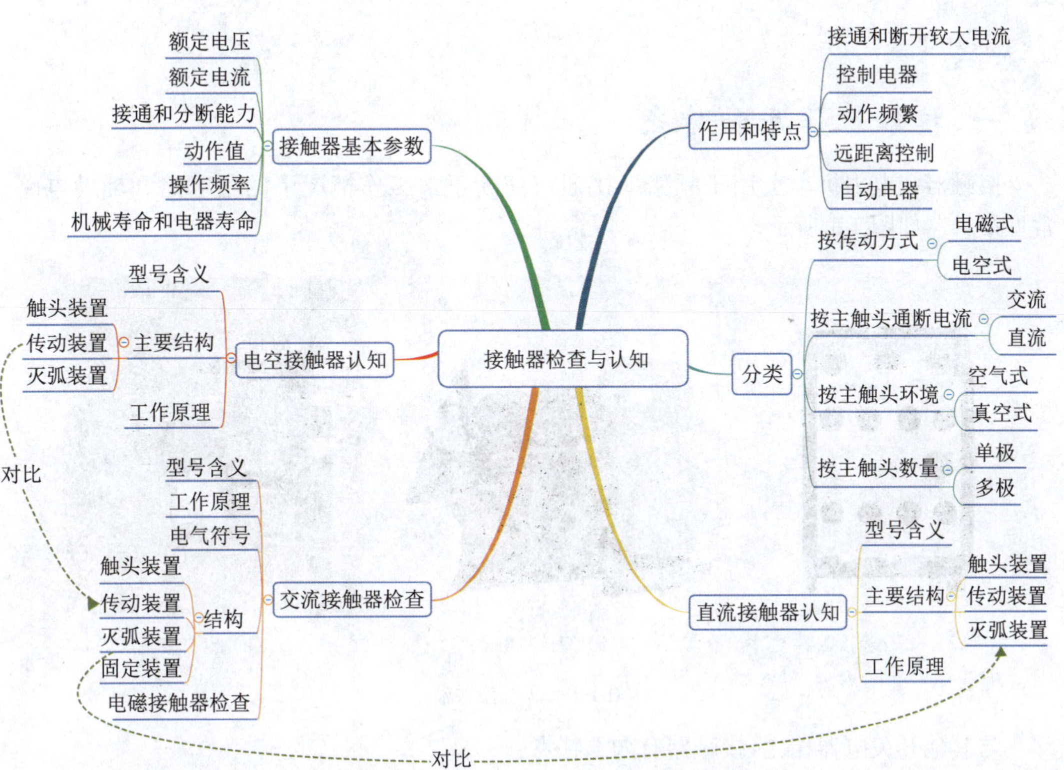

项目描述

接触器是一种能自动接通或断开负载电路的电器，在工业上应用极为广泛。它可以频繁地接通和断开交、直流电路，可以实现远程操作控制，还可以配合其他低压电器（如继电器、低压断路器）实现定时操作、联锁操作以及实现欠压或失压保护。电力机车上有不同种类的接触器，用于主电路和辅助电路中，其工作性能直接影响到机车是否能正常平稳运行。

本项目主要学习接触器的基本知识，接触器的特点，电力机车常用接触器的分类、基本参数、作用、结构和工作原理，以及电磁接触器的日常检查维护方法。

学习目标

1. 了解接触器的基本参数。
2. 熟悉接触器的分类。
3. 掌握接触器的作用和结构。
4. 掌握电磁接触器和电空接触器的特点。
5. 能分析接触器的工作原理。
6. 能够依照岗位工作标准，进行电磁接触器的检查。

一、接触器作用和特点

接触器在电力机车上用于频繁地接通或切断正常工作情况下的主电路和辅助电路。常见接触器如图 1-1 所示。

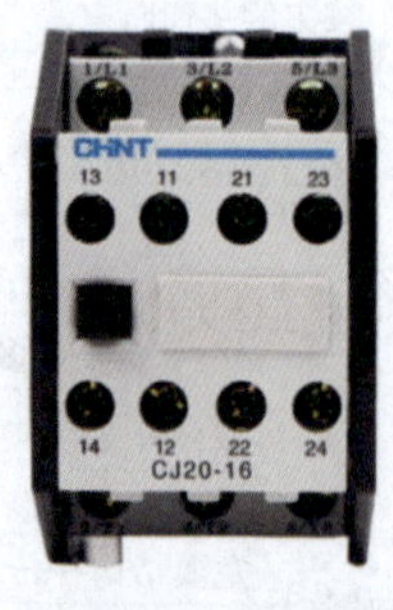

（a）三相交流接触器

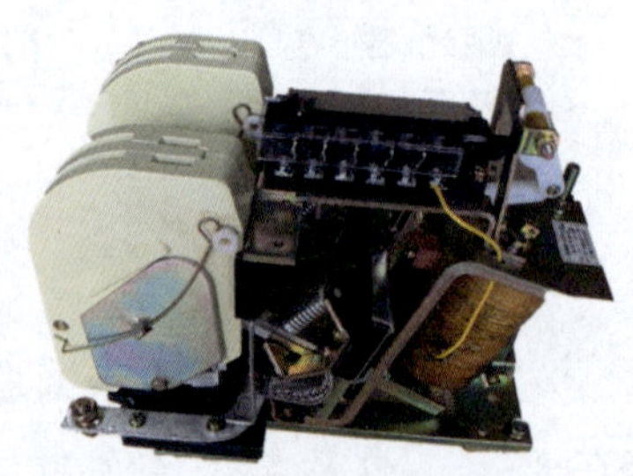

（b）直流接触器

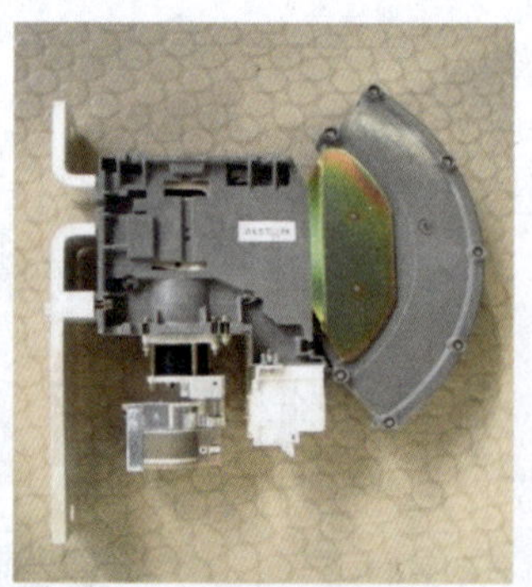

（c）电空接触器

图 1-1 常见接触器

与其他开关电器相比，接触器有如下特点：

(1)动作频繁，每小时开闭次数可达 150～1 500 次。

(2)能通、断较大电流。接触器一般情况只通断正常额定电流，而不能通断短路或故障电流。

(3)可以实现一定距离远程控制。

二、接触器分类

接触器的用途广泛，分类方法有很多种，具体如下：

（1）按传动方式可分为电磁接触器和电空接触器。电磁接触器采用电磁传动装置，一般应用于机车的辅助电路中；电空接触器采用电空传动装置，应用于主电路中。

（2）按主触头通断电流的性质可分为交流接触器和直流接触器。这里是指以主触头通断的电流种类为准，与传动方式无关。

（3）按线圈接入电路方式可分为串联和并联电磁接触器。

（4）按主触头所处的环境可分为空气式接触器和真空式接触器。空气式接触器的主触头没有特殊的密封装置，处于大气中，采用常用的灭弧方式。而真空式接触器的主触头密封在真空装置中，利用真空灭弧的原理熄灭电弧。

（5）按主触头的数量可分为单极和多极接触器。单极接触器只有一对主触头，多极接触器有两对以上主触头。三相交流系统一般选用三极接触器；如同时需要控制中性线，可选用四极接触器，单相交流和直流电路系统中有两极或三极并联的情况。

三、接触器的组成

虽然接触器的种类很多，但其组成结构基本类似，一般均由以下几部分组成。

1. 触头装置

触头装置一般由主触头和联锁触头两部分组成。

主触头由动、静主触头和触头弹簧支持件等组成。它是接触器的执行部分，用于直接实现电路的通断。主触头接通和分断的电路额定电流通常比较大，一般为数安到数百安，甚至可能高达数千安。

联锁触头（又称辅助触头）通常由两对以上常开联锁触头和两对以上常闭联锁触头组成。用于控制其他电器、信号或电气联锁等，一般用于接通和分断控制电路，额定电流较小，只有 5～10 A。

常开联锁触头指的是接触器的吸引线圈失电时处于断开状态的触头；与此相反，常闭联锁触头指的是接触器吸引线圈失电时处于闭合状态的触头。

2. 传动装置

传动装置是指把动力源的动力传递给执行机构的中间装置。接触器的传动装置包括驱使接触器触头动作的装置和开断触头的弹簧机构以及缓存装置，用于可靠地驱动触头按规定要求动作。

3. 灭弧装置

灭弧装置一般与主触头配合使用，主要用于熄灭触头开断电路时产生的电弧，减少电弧对触头的破坏作用，保证触头可靠地工作。

4. 安装固定装置

安装固定装置属于非工作部分，用以合理地固定安装和布置电器各部件。

四、接触器基本参数

1. 额定电压

接触器的额定电压是指主触头的额定工作电压，应当等于负载的额定工作电压。

2. 额定电流

接触器的额定电流指主触头的额定电流值。

3. 接通和分断能力

接触器的接通和分断能力包括最大接通电流和最大分断电流两个指标，是指触头在规定条件下接通和切断负载的能力。在此电流值下通断负载时，不应发生熔焊、电弧和过度的磨损等现象，保证接触器能在较恶劣的条件下可靠地工作。一般通断能力是额定电流的5～10倍。

4. 动作值

接触器的动作值分为吸合电压和释放电压。吸合电压是指接触器吸合前，缓慢增加吸合线圈两端的电压，接触器可以吸合时的最小电压。释放电压是指接触器吸合后，缓慢降低吸合线圈的电压，接触器释放时的最大电压。

一般规定：吸合电压不低于线圈额定电压的85%，释放电压不高于线圈额定电压的70%。

由于电空接触器是压缩空气驱动的，其动作值为电空阀的动作电压及传动气缸相应的气压值。

5. 额定绝缘电压

额定绝缘电压是与介电性能试验、电气间隙和爬电距离有关的一个名义电压值，除非另有规定，额定绝缘电压是接触器的最大额定工作电压。在任何情况下，额定工作电压不得超过额定绝缘电压。

6. 操作频率

接触器在吸合瞬间，吸引线圈需消耗比额定电流大5～7倍的电流，如果操作频率过高，则会使线圈严重发热，直接影响接触器的正常使用。

为此，规定了接触器的允许操作频率，一般为每小时允许操作次数的最大值。

7. 机械寿命和电气寿命

机械寿命是指接触器在无负载操作下无零部件损坏的极限动作次数。电气寿命是指接触器在规定的操作条件下，且无零部件损坏的极限动作次数。

任务一　交流接触器检查

某日，某机务段运用车间车队值乘SS9型电力机车，库内检查及各项试验正常后出库。运行2 h 22 min后发现主变压器油泵指示灯亮，检查发现油泵自动开关断开，立即闭合，不久又断开，重复多次，无法维持正常闭合。维持运行到某站请求救援，维持运行中主变油温达86.6 ℃。机车回段后，相关检修人员对机车进行检查，发现故障原因是油泵的三相交流接触器第三位接线线鼻松动，引发主触头的第三位静触头过热，热量熔化静触头安装座，静触头整体下移，动静触头无法可靠闭合，造成油泵缺相而不能工作。

交流接触器是电力机车辅助电路中非常重要的控制电器之一，其性能好坏直接影响到机车辅助电路的工作状态。本任务学习交流接触器的作用、结构和工作原理，以及电磁接触器检查标准和方法。

任务目标

1. 了解三相交流接触器在电力机车上的用途。
2. 掌握三相交流接触器的作用。
3. 理解三相交流接触器的工作原理。
4. 能指认三相交流接触器主要部件。
5. 能够依照标准作业规程进行电磁接触器日常检查操作。
6. 能按照现场管理规范清理场地,归置物品。

任务信息

交流接触器具有控制容量大、过载能力强、寿命长、维护方便等特点,是电力拖动系统中使用的最为广泛的低压电器之一。交流接触器主要控制对象是电动机,也可以用来控制其他电力负载,例如电热器、照明电器等。交流接触器在电力机车上主要用于辅助电路中各辅助电机的接通与断开。交流接触器型号规格很多,但基本结构和工作原理类似,下面以 CJ20 系列三相交流接触器为例,学习交流接触器相关知识。

一、CJ20 系列三相交流接触器

1. 型号及含义

CJ20 系列三相交流接触器型号含义如下:

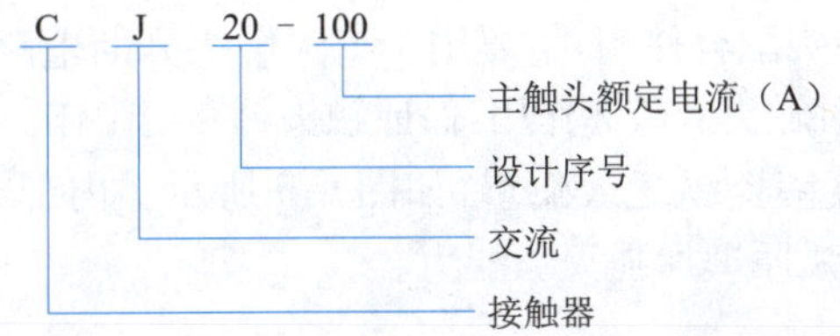

接触器的作用、结构、工作原理

2. 作用

CJ20 系列三相交流接触器在机车辅助电路中,用来接通和断开三相异步电动机(辅助电机)或启动电容等电路,实物如图 1-2 所示。

3. 结构

三相交流接触器一般主要由触头装置、传动装置、灭弧装置和安装固定装置等组成。

(1)触头装置

CJ20 系列三相交流接触器主触头采用双断点直动式桥式触头,具有较高的强度和较大的热容量。触头选用导电性强的银合金触点,并配以铁质引弧角便于灭弧罩灭弧,其材料具有较好的抗熔焊性能和耐电磨损性能。辅助触头做成封闭式结构以确保防尘,使接触可靠,160 A 及以下等级为 2 常开、2 常闭,实物如图 1-3 所示。

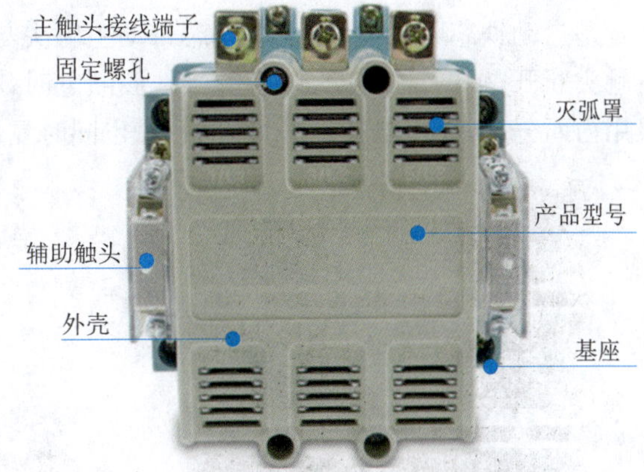

图 1-2　CJ20 系列三相交流接触器

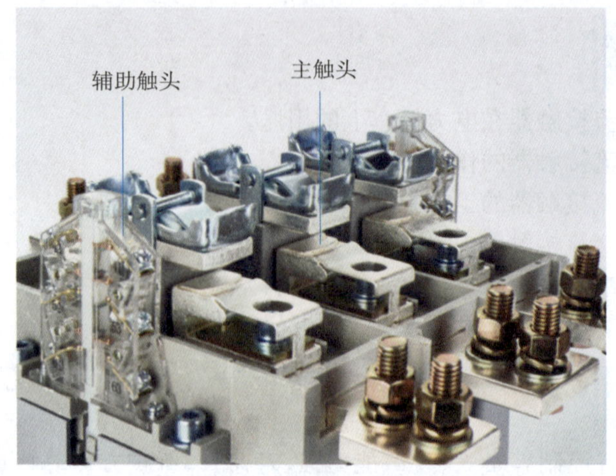

图 1-3　CJ20 系列三相交流接触器触头

(2)传动装置

传动装置采用具有双线的 U 形铁芯磁系统,衔铁为直动式,没有转轴,气隙置于静铁芯底部中间位置,因而释放可靠。磁系统的缓冲装置采用新型的耐高温吸振材料硅橡胶,还选用了耐磨性能好的聚氨酯橡胶做停挡。

交流接触器铁芯端面嵌有短路铜环,目的是保证动、静铁芯吸合严密,不发生振动与噪声,如图 1-4 所示。

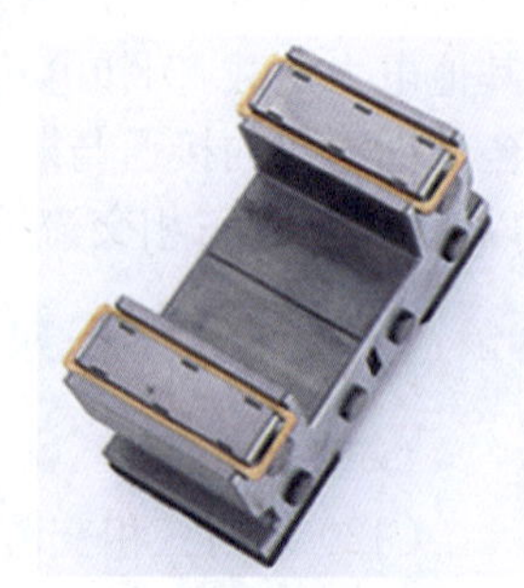

图 1-4　CJ20 系列三相交流接触器铁芯

CJ20 交流接触器结构

(3)灭弧装置

灭弧装置一般与主触头配合使用,主要用于熄灭触头开断电路时产生的电弧,减少电弧对触头的破坏作用,保证触头可靠地工作。

灭弧装置采用高强度陶瓷纵缝灭弧罩,如图 1-5 所示。内部布置有灭弧栅片,利用短弧灭弧原理加强灭弧能力。

4. 工作原理

当线圈通电时,静铁芯产生电磁吸力,将动铁芯吸合,由于触头装置是与动铁芯联动的,因此动铁芯带动主触头与辅助触头同时动作,主触头闭合,辅助常闭触头断开,辅助常开触头闭合。当线圈断电时,吸力消失,动铁芯联动部分依靠弹簧的反作用力而分离,使主触头断开,辅助触头也同时复位。电磁接触器动作过程如图 1-6 所示。

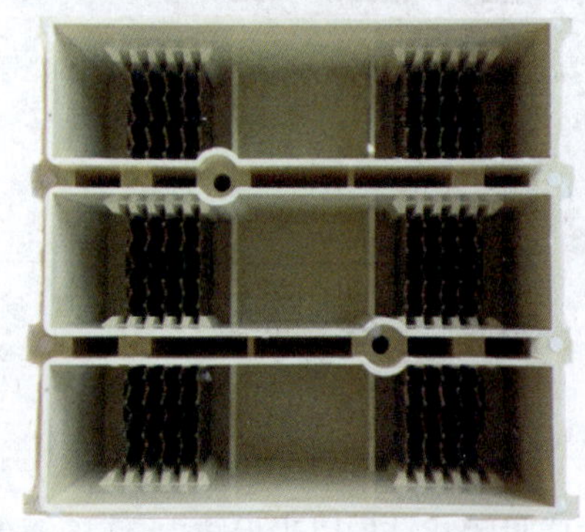

图 1-5　灭弧罩

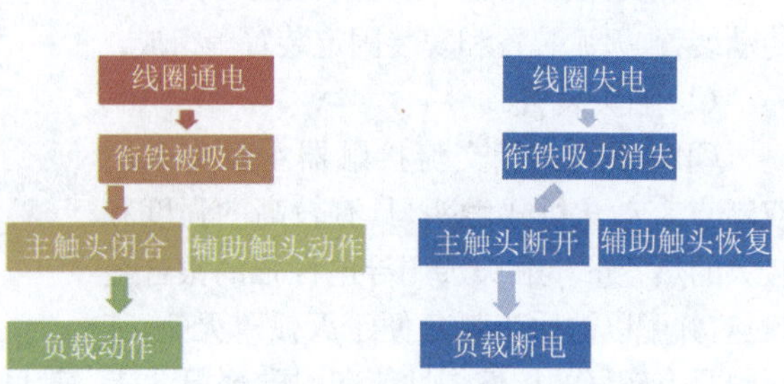

图 1-6　电磁接触器动作过程

二、电磁接触器电气符号

电磁接触器在电路中的电气符号如图 1-7 所示。

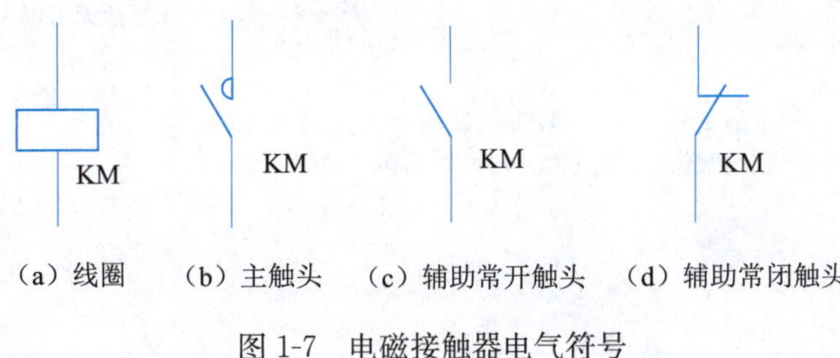

图 1-7　电磁接触器电气符号

CJ20 系列三相交流接触器的接线原理如图 1-8 所示。

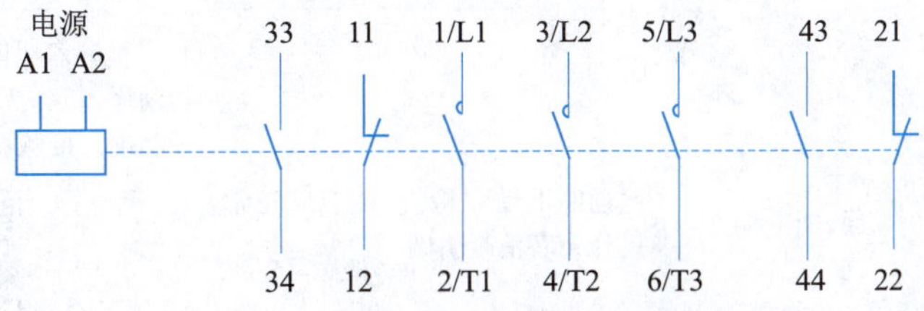

图 1-8　CJ20 系列三相交流接触器接线原理图

交流接触器的主触头连接在主电路或大容量的辅助电路中，用于控制电机及各种设备工作。线圈和辅助触头连接在控制电路中，线圈控制接触器的吸合与断开，辅助触头起信号传递、自锁与联锁的作用。

三、电磁接触器检查内容与方法

电力机车电磁接触器的检查内容与方法见表 1-1。

表 1-1　电磁接触器检查内容与方法

序号	作业项目	作业要领	作业标准	作业方法
1	壳体、面盖	外观检查	接触器壳体、面盖等各部件应无损坏和灰尘	目视检查接触器壳体、面盖无裂纹、无灰尘和污垢。可用干燥洁净棉纱清除灰尘(不可带电操作)
2	安装紧固件	外观检查	安装紧固件应无松动	目视检查安装紧固件
3	绝缘部位	外观检查	绝缘部位应无过热灼伤，无裂纹、无缺损	目视检查绝缘部位
4	电气连接线缆	外观检查	电气连接线缆应无过热，无电弧烧伤或击穿，端子应无松动	目视检查电气连接线缆和端子。端子接线处可手动检查是否有松动

续上表

序号	作业项目	作业要领	作业标准	作业方法
5	触头系统	主触头和辅助触头	触头系统应运动灵活无卡滞。主触头辅助触头通断良好	(1)手动检查触头系统，应运动灵活无卡滞 (2)用万用表检测主触头和辅助触头，应通断良好 接触器检查
		主触头绝缘电阻测量	测量主触头间绝缘电阻应符合机车要求。一般不小于10 MΩ(线圈不测绝缘电阻)	用500 V兆欧表检测主触头间绝缘电阻值，不小于10 MΩ
6	性能检查	通、断电检查	通断电动作检查，性能应正常，动作声音清晰明确	接触器线圈通电，检查触头系统动作，动作无卡滞，动作声音清晰明确。接触器吸合后无异响 接触器动作电压

四、电磁接触器安装与使用注意事项

(1)安装前应先检查接触器线圈的电压是否与控制电源的电压相符。然后检查接触器各触头接触是否良好，有否有卡滞现象。最后将铁芯表面上的防锈油擦净，以免油垢黏滞造成断电不能释放的故障。

(2)接触器安装时，其底面应与地面垂直，倾斜度应小于5°。

(3)应拧紧固定螺钉，防止运行时振动。

(4)安装时切勿使螺钉、垫圈等零件落入接触器内，以免造成机械卡阻和短路故障。

(5)接触器接头表面应经常保护清洁，不允许涂油。当触头表面因电弧作用而形成金属小珠时，应及时铲除。但银及银合金触头表面产生的氧化膜，由于接触电阻很小，不必锉修，否则将缩短触头的寿命。

交流接触器检查任务导学

姓名		班级		学号	
1. 交流接触器主要由________、________、________和安装固定装置等部分组成。 2. 交流接触器的触头按通断能力可分为________和________触头。 3. 交流接触器利用电磁系统中线圈的通电或断电，使静铁芯吸和或释放衔铁，从而带动动触头与静触头闭合或分断，实现电路的________或________。					

续上表

姓名		班级		学号	

4. 灭弧装置的作用是熄灭触头分断时产生的____________，以减轻对触头的灼伤，保证可靠的分断电路。
5. 标注出题图 1-1 中 CJ20 系列三相交流接触器各组成部分名称。

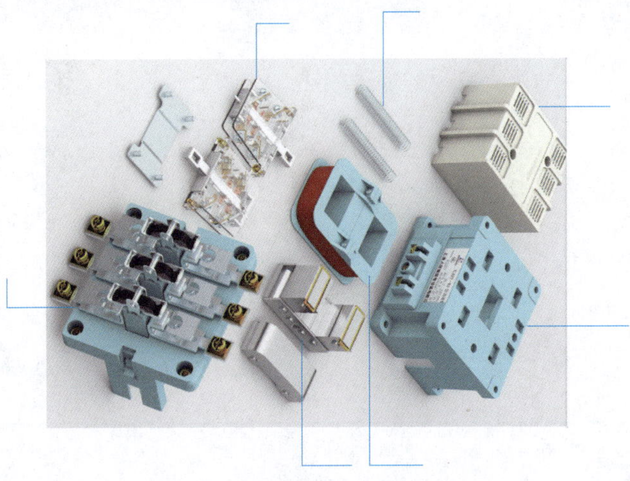

题图 1-1　CJ20 系列三相交流接触器

6. 交流接触器的识别

(1)仔细观察各种不同系列、规格的交流接触器，熟悉它们的外形、型号及主要技术参数的意义、工作原理及主触头、辅助常开触头和常闭触头、线圈的接线柱等。

(2)根据实物写出各接触器的型号、文字符号，画出图形符号，填入题表 1-1 中，并简述接触器的工作原理。

题表 1-1　接触器的识别

项目	1	2	3
型号			
额定电压			
额定电流			
主触头数量			
常开常闭触头数量			
电气符号			
工作原理			

续上表

姓名		班级		学号	
7. 查询附录，总结 HXD$_{3C}$ 型电力机车辅助电路使用了哪些电磁接触器，写出其名称及符号。					

检查及维护安全须知：

(1)必须由接受过指导且合格的专业人员检查和维护接触器。

(2)在任何情况下，必须采取必要的安全和防护措施。

(3)不许用砂布、锉刀对动、静触头进行磨修。(仅在触头发生粘连后，可用锉刀祛除毛刺)

一、任务实施准备

1. 工具器材准备

刷子	工具套件	万用表

续上表

兆欧表(500 V)	镊子	交流接触器
		型号规格自定

2. 其他准备

(1)工位、安全警告标志牌。

(2)穿戴配备劳保用品。

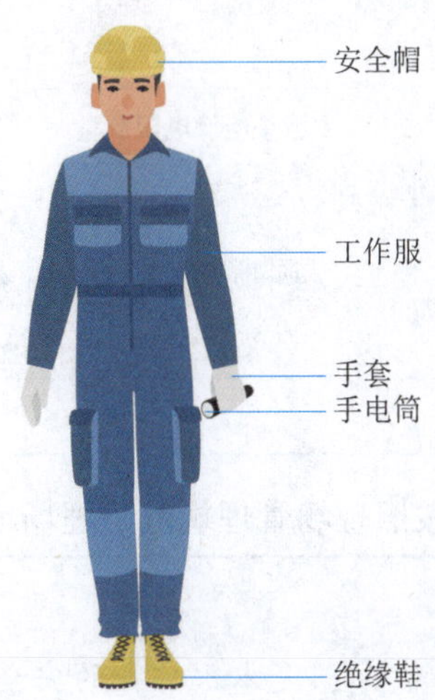

二、任务单

根据任务信息中电磁接触器的检查标准和方法,对电磁接触器实施检查,并填写任务单。

电磁接触器检查任务单

检查人姓名:	班级:	学号:	安全监督员:
电磁接触器型号:			
电磁接触器检查项目			
序号	操作项目	操作内容	结果记录
1	壳体、面盖	外观检查	□ 外观良好 □ 异常(　　　　　　)
2	安装紧固件	外观检查	□ 紧固件无松动 □ 异常(　　　　　　)

续上表

<table>
<tr><td colspan="2">检查人姓名：</td><td>班级：</td><td>学号：</td><td>安全监督员：</td></tr>
<tr><td colspan="5">电磁接触器型号：</td></tr>
<tr><td colspan="5">电磁接触器检查项目</td></tr>
<tr><td>序号</td><td>操作项目</td><td colspan="2">操作内容</td><td>结果记录</td></tr>
<tr><td>3</td><td>绝缘部位</td><td colspan="2">外观检查</td><td>□ 外观良好
□ 异常（ ）</td></tr>
<tr><td>4</td><td>电气连接线缆</td><td colspan="2">外观检查</td><td>□ 外观良好
□ 端子无松动，安装螺钉齐全
□ 异常（ ）</td></tr>
<tr><td rowspan="2">5</td><td rowspan="2">触头系统</td><td colspan="2">主触头和辅助触头</td><td>□ 触头动作灵活
□ 触头通断良好
□ 异常（ ）</td></tr>
<tr><td colspan="2">主触头绝缘电阻测量</td><td>主触头间绝缘电阻值（ ）</td></tr>
<tr><td>6</td><td>性能检查</td><td colspan="2">通、断电检查</td><td>□ 动作无卡滞，动作声音清晰明确。接触器吸合后无异响
□ 异常（ ）</td></tr>
<tr><td>7</td><td colspan="4">整理、整顿、清扫、清洁</td></tr>
</table>

完成工作任务后，各组必须按照现场管理规范清理场地，归还工量具和器材。

安全监督员职责：

1. 保证作业人员在工作中的安全，是本次作业的安全负责人和责任人。

2. 负责确认工作单有效性；检查、落实安全措施是否完全到位。监护作业人员工作位置是否安全，操作方法、工具使用是否正确，履行监督、监护职责。

3. 坚守监护岗位，在电气设备维护维修期间，不准脱岗，不得兼做其他工作，发现作业人违章作业时，应立即制止。

4. 当作业点或区域突然发生危险状况或发现其他异常情况时，立即停止检修、维修作业，并采用必要的应急处理措施。

5. 进入受限空间作业，监督员应同作业人员检查安全措施，了解作业程序，做好安全维护和瞭望，随时保持与作业人员的联络；负责对有限空间作业人员数量和工、器具的清点。

6. 检修、维修作业完成后，要会同作业人员检查、清理现场，确认无误后方可离开现场。

电磁接触器检查评价表

姓名：		班级：		学号：		教师评语：	
自评： 熟练□ 不熟练□		互评： 熟练□ 不熟练□		师评： 优秀□　良好□ 合格□　不合格□			
序号	评分项	得分条件	配分	评分要求	自评	互评	师评
1	专业技术能力	□1. 能正确指认接触器各部件 □2. 能正确叙述接触器工作原理 □3. 能正确完成接触器外观检查 □4. 能正确完成绝缘部位检查 □5. 能正确完成电气线缆检查 □6. 能正确完成触头系统检查 □7. 能正确完成性能检查	55 分	未完成一项扣 2～8 分，扣分不超过 60 分	分数：	分数：	分数：
2	工具及设备使用能力	□1. 能正确使用万用表 □2. 能正确使用兆欧表 □3. 能正确连接电磁接触器性能检查电路	20 分	未完成一项扣 1～7 分，扣分不超过 20 分	分数：	分数：	分数：
3	资料信息查询能力	□1. 能正确查询接触器相关资料 □2. 能正确总结资料信息	5 分	未完成一项扣 2. 5 分，扣分不超过 5 分	分数：	分数：	分数：
4	表单填写与报告的撰写能力	□1. 能正确记录检查维护信息 □2. 字迹清晰 □3. 无错别字、无涂改、无抄袭 □4. 能正确表述报告主要内容	10 分	未完成一项扣 1～2. 5 分，扣分不超过 10 分	分数：	分数：	分数：
5	职业素养	□1. 遵守规则制度、劳动纪律 □2. 正确穿戴劳保用品 □3. 积极主动承担工作任务 □4. 人身安全与设备安全 □5. 按照现场管理规范清理场地，归置物品	10 分	未完成一项扣 2. 5 分，扣分不超过 10 分	分数：	分数：	分数：

交流接触器常见故障及处理方法

交流接触器在使用过程中会产生故障，影响电路的正常运行。交流接触器常见的故障现象、可能原因及处理办法见表 1-2。

表 1-2　交流接触器常见故障的产生原因和处理方法

序号	故障现象	可能原因	处理方法
1	接触器不动作或动作不可靠	(1)电源电压过低或波动过大 (2)工作电路电源容量不足或发生断线、接线错误及控制触头接触不良 (3)控制电源电压与线圈电压不符 (4)线圈断线或烧毁，机械可动部分被卡死等 (5)触头弹簧压力与超程过大 (6)电源离接触器太远，连接导线太细	(1)调节电源电压 (2)增加电源容量，纠正、修理控制触头 (3)检查控制电源电压 (4)更换线圈，排除卡住故障 (5)按要求调整触头参数 (6)更换合适的连接导线
2	接触器不释放或释放缓慢	(1)触头弹簧压力过大 (2)触头熔焊 (3)机械可动部分被卡死 (4)反力弹簧损坏 (5)铁芯极面有油污或灰尘 (6)E形铁芯使用时间太长，去磁气隙消失，剩磁增大，使铁芯不释放	(1)调整触头参数 (2)排除熔焊故障，修理或更换触头 (3)排除卡死故障，修理受损零件 (4)更换反力弹簧 (5)清理铁芯极面 (6)更换铁芯
3	接触器不闭合或正常情况下突然断开	(1)线圈引出线断裂 (2)线圈内部断线	(1)焊好后可靠绝缘 (2)更换线圈
4	线圈过热或烧损	(1)电源电压过高或过低 (2)线圈技术参数(如额定电压、频率、负载因数及适用工作制等)与实际使用条件不符 (3)交流线圈操作频率过高 (4)线圈制造不良或机械损伤、绝缘损坏等 (5)运动部分卡住 (6)交流铁芯极面不平或去磁气隙过大 (7)交流接触器派生直流操作的双线圈因常闭联锁触头熔焊不释放	(1)调整电源电压 (2)调换线圈或接触器 (3)降低操作频率或选择合适的接触器 (4)更换线圈，排除引起线圈机械损伤的故障 (5)排除卡住现象 (6)清除极面或调换铁芯 (7)调整联锁触头参数及更换烧坏线圈
5	铁芯噪声大或发生振动	(1)电源电压过低 (2)触头弹簧压力过大 (3)磁系统歪斜或机械上卡住，使铁芯不能吸平 (4)极面生锈或因异物(如油垢、尘埃)粘附铁芯极面 (5)短路环断裂 (6)铁芯极面磨损过度而不平	(1)调节电源电压 (2)调整触头弹簧压力 (3)排除机械卡住故障 (4)清理铁芯极面 (5)调换铁芯或短路环 (6)更换铁芯
6	触头熔焊	(1)操作频率过高或负载电流过大 (2)负载侧短路 (3)接触压力不足 (4)触头表面有金属颗粒突起或有异物 (5)电源电压过低或机械上卡住，致使吸合过程中有停滞现象，触头停顿在刚接触的位置上 (6)触头分断能力不足	(1)调换合适的接触器 (2)排除短路故障，更换触头 (3)调整或更换触头弹簧 (4)清理触头表面 (5)提高电源电压，排除机械卡住故障，使接触器吸合可靠 (6)调换合适的接触器
7	触头严重发热或灼伤	(1)触头弹簧压力过小 (2)触头上有油污或表面高低不平，金属颗粒突出 (3)环境温度过高或使用在密闭的控制箱中 (4)铜触头用于长期工作制 (5)触头的超程太小	(1)调高触头弹簧压力 (2)清理触头表面 (3)接触器降容使用 (4)接触器降容使用 (5)调整触头超程或更换触头

任务二　直流接触器认知

直流接触器是指用在直流回路中的一种电磁接触器，常用于远距离接通或者分断直流电路，以及需要频繁地启动、停止直流电动机或其他直流设备的电路。本任务通过对 CZ5-22-10/22型直流电磁式接触器的观察学习，学习直流接触器的结构、工作原理及其与交流接触器的区别。

1. 掌握 CZ5-22-10/22 型直流电磁式接触器的结构组成。
2. 熟悉直流电磁式接触器的型号含义。
3. 理解 CZ5-22-10/22 型直流电磁式接触器的工作原理。
4. 了解 CZ5-22-10/22 型直流电磁式接触器在电力机车上的用途。

直流接触器是电力机车上常用的接触器之一，典型的有 CZ5-22-10/22 型直流电磁式接触器。

一、型号及含义

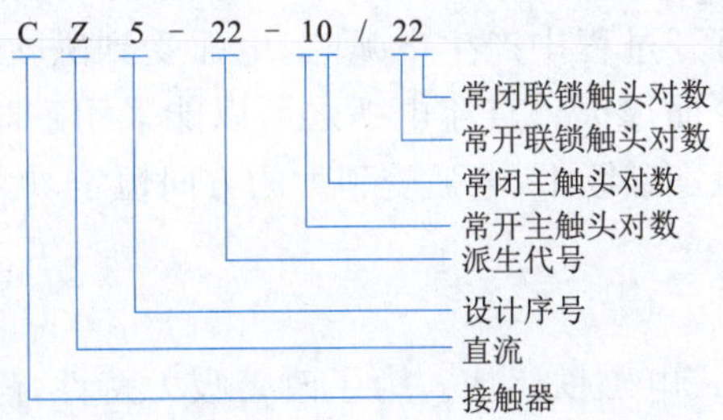

二、作用

CZ5-22-10/22 型直流电磁式接触器主要用于控制调压开关、伺服电动机电源和机车前照灯。

三、结构

CZ5-22-10/22 型直流电磁式接触器主要组成部分如图 1-9 所示。

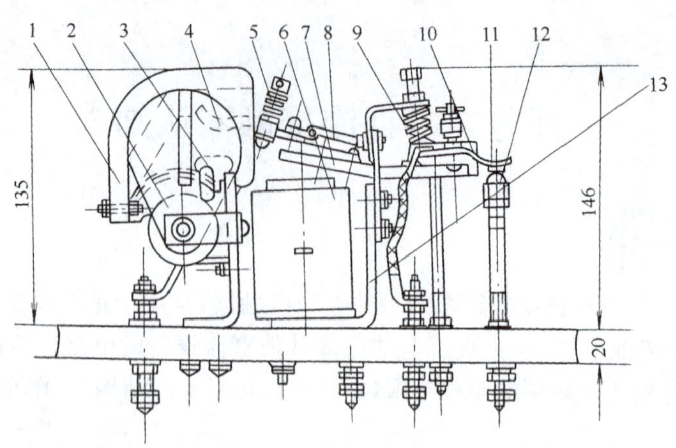

图 1-9　直流接触器主要组成部分(单位:mm)

1—灭弧罩;2—磁吹线圈;3—主静触头;4—主动触头;5—触头弹簧;6—吸引线圈;7—衔铁;8—软连接;9—反力弹簧;10—绝缘基座;11—动联锁触头;12—静联锁触头;13—磁轭

直流接触器主要由触头装置、灭弧装置和传动装置等组成。

1. 触头装置

触头装置由单极主触头和 2 常开、2 常闭联锁触头组成。静主触头为铜质 T 形结构,与弧角一起装在支架上;动主触头为铜质指形结构,直接装于衔铁上。动联锁触头为指形结构,也装于衔铁上;静联锁触头为半球形,装于螺杆上。

2. 灭弧装置

直流接触器触点在直流大电流下切换时会产生电弧,电弧引起的触点腐蚀降低了接触器的工作寿命,使直流接触器的电寿命远远低于其机械寿命。所以使电弧尽快熄灭可以有效地保护触头不被烧毁,提高直流接触器电气寿命。

直流接触器的灭弧由带有灭弧罩的磁吹灭弧装置完成,只设在主触头上。磁吹线圈与主触头串联,当主触头在打开过程中产生电弧时,电弧受到磁吹线圈产生的电场力而被拉向灭弧罩,使电弧变长变冷而熄灭。直流电弧之所以能采用磁吹灭弧,是因为直流电弧运动方向是一定的,所以在恒定磁场中,电弧受到力的方向恒定,可以利用电磁力把电弧吹向外侧,实现快速灭弧。

3. 传动装置

传动装置由直流拍合式电磁铁组成。为了改善吸力特性,静铁芯端面装有极靴,改变反力弹簧和工作气隙可改变其动作值。为了防止剩磁将衔铁粘住,在衔铁的磁极端面处装有0.1～0.2 mm 厚的紫铜片,亦称非磁性垫片。在铁芯的磁极端面处一般还加装极靴,以使直流接触器的吸力特性平坦,减少吸合时的冲击。直流接触器线圈通入的是直流电,没有涡流损耗和磁滞损耗,所以铁芯由整块电工钢制成。

四、工作原理

当吸引线圈通电时,铁芯与衔铁间产生的吸力将衔铁吸合,使常开触头闭合,常闭触头打开;当吸引线圈断电时,衔铁在反力弹簧作用下打开,使常开触头打开,常闭触头闭合。

五、直流接触器与交流接触器区别

直流接触器与交流接触器的结构和工作原理类似，但直流接触器与交流接触器比较有以下区别。

(1)交流接触器的铁芯由彼此绝缘的硅钢片叠压而成；直流接触器的铁芯多由整块电工钢铁制成。

(2)交流接触器多采用栅片灭弧，而直流接触器多采用磁吹灭弧装置。

(3)交流接触器线圈匝数少，通入的是交流电，而直流接触器的线圈匝数多，通入的是直流电，交流接触器分断的是交流电路，直流接触器分断的是直流电路。

(4)交流接触器操作频率最高为 600 次/h，不适合用于很频繁吸合和分断的场合。而直流接触器操作频率可高达 2 000 次/h。

直流接触器认知任务导学

姓名		班级		学号	

1. 直流接触器一般用于控制(　　)的负载。

A. 弱电　　B. 强电　　C. 交流电　　D. 直流电

2. 直流接触器的铁芯是由(　　)制成的。

A. 铸铁　　B. 整块电工钢　　C. 硅钢片

3. CZ5-22-10/22 型直流电磁式接触器的灭弧装置采用的是____________装置。

4. 将题图 1-3 所示直流接触器各部分名称填入题表 1-2。

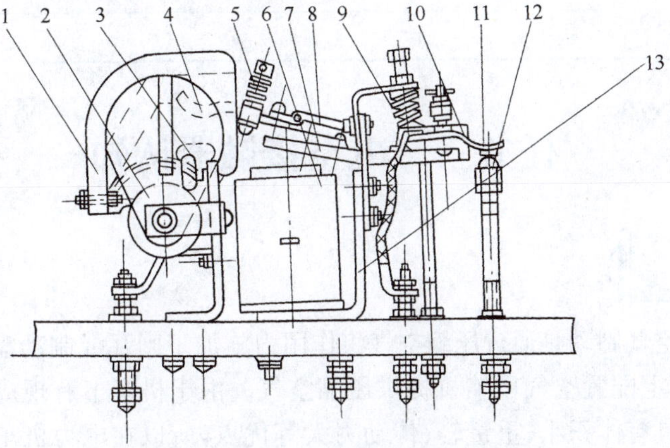

题图 1-3　CZ5-22-10/22 型直流电磁式接触器

题表 1-2　直流接触器各部分名称

序号	名称	序号	名称
1		8	
2		9	
3		10	
4		11	
5		12	
6		13	
7			

续上表

姓名		班级		学号	
5. 分析总结交流接触器与直流接触器的异同点。					

任务评价标准

序号	评价项目	评价内容与标准	分值	得分
1	任务目标	能指出直流接触器实物主要组成部分名称	10 分	
2		能比较交流接触器和直流接触器异同点	20 分	
3		能够说出 CZ5-22-10/22 型直流电磁式接触器型号含义	10 分	
4		能够说出直流接触器在电力机车上的作用	20 分	
5		能够理解直流接触器的工作原理	20 分	
6	表达能力	仪态得体，逻辑严密，声音洪亮，讲解生动	10 分	
7	课堂表现	遵守课堂纪律，学习态度端正，积极配合教学安排	10 分	
合　计			100 分	

任务三　电空接触器认知

电力机车的空气制动是通过压缩空气将作用力施加于闸瓦或制动盘来实现机车限速、减速停车的，机车上配置空气压缩机提供压缩空气。由于机车上有现成的压缩空气源，而电空传动的电器具有体积小、重量轻、传动力大等优点，所以在电力机车主电路中，广泛采用电空接触器。本任务学习电空接触器的型号含义、结构和工作原理。

1. 熟悉 TCK7 型电空接触器的结构组成。
2. 了解电空接触器的型号含义。
3. 了解电空接触器在电力机车上的用途。
4. 理解 TCK7 型电空接触器的工作原理。
5. 能对比分析电空接触器和电磁接触器的传动机构。

任务信息

电空接触器在直流传动电力机车的主电路中主要用于通断牵引电机电路或主变流器电路。由于它工作在高电压、大电流的状态下，所以必须具有较大的传动力及行程，使接触器的主触头获得较大的开距及较大的接触压力。机车上装有压缩空气设备，因此采用气电结合的电空传动方式最合适。电空接触器的结构简单，维护方便，并且简化了机车的控制电路。下面以 TCK7-600/1500 型电空接触器为例学习电空接触器，其实物如图 1-10 所示。

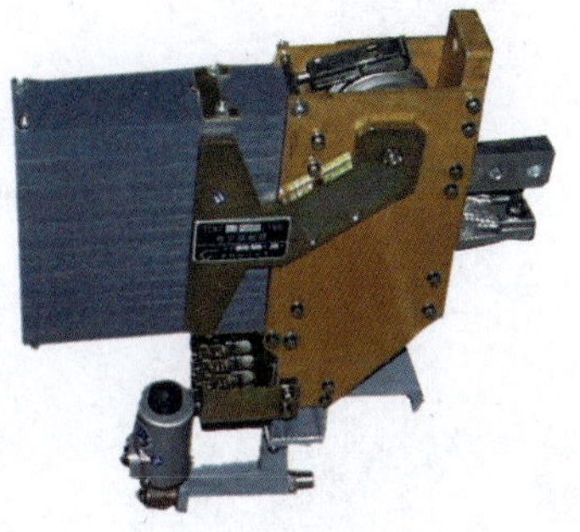

图 1-10　电空接触器

一、型号及含义

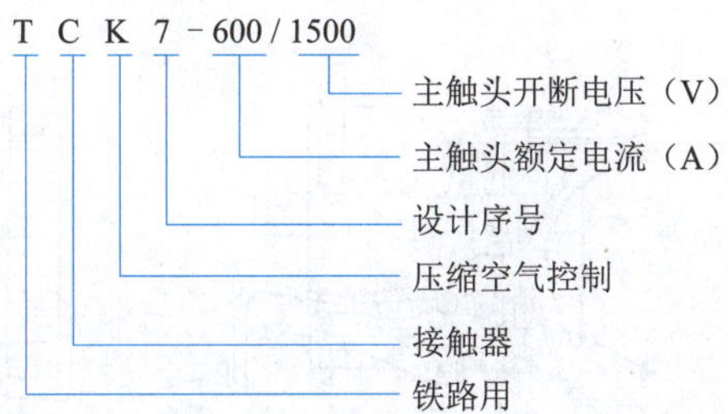

二、作用

TCK7 型电空接触器主要控制机车主电路的相关牵引电机回路和励磁电流回路，如图 1-11 所示。

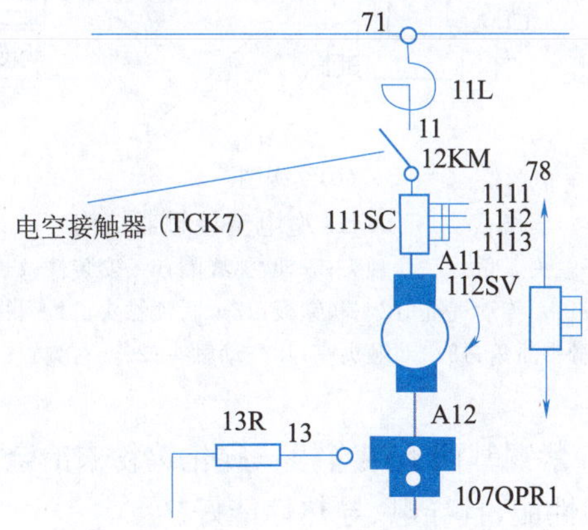

图 1-11　TCK7 型电空接触器的应用

三、结构

TCK7 型电空接触器结构如图 1-12 所示。

TCK7 型电空接触器主要由触头装置、灭弧装置、传动装置等组成。

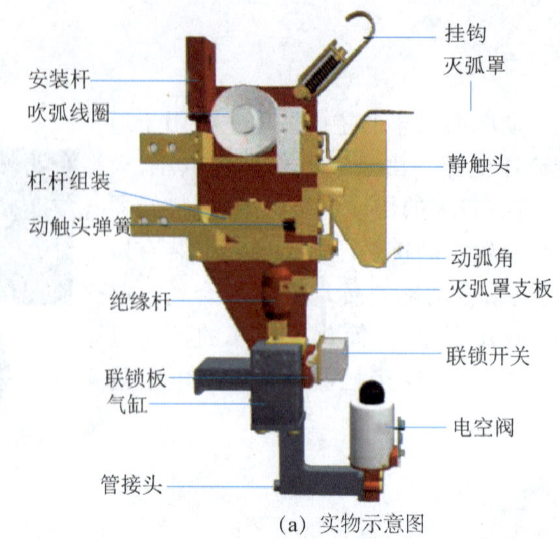

(a) 实物示意图

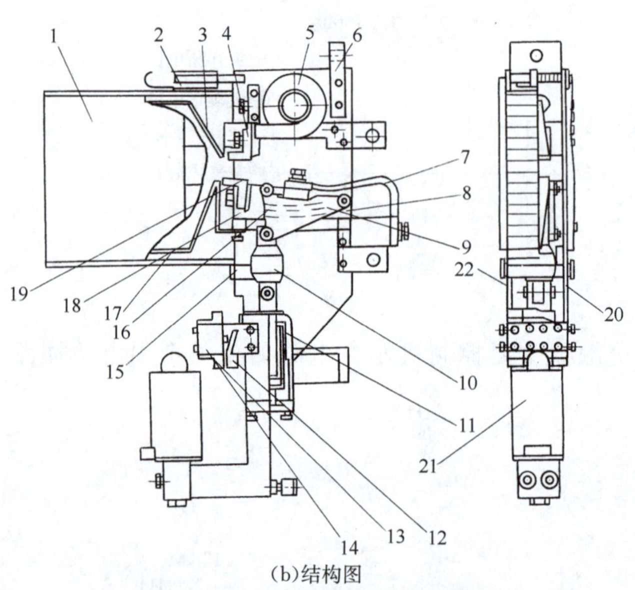

(b)结构图

图 1-12　TCK7 型电空接触器结构

1—灭弧罩；2—挂钩；3—静触头弧角；4—静触头；5—吹弧线圈；6—安装杆；7—软连接；8—杠杆出线座；9—杠杆支架；10—绝缘杆；11—传动气缸；12—联锁板；13—联锁触头；14—联锁支架；15—灭弧室支板；16—动触头弹簧；17—动触头弧角；18—动触头座；19—动触头；20—右侧板；21—电空阀；22—左侧板

1. 触头装置

主触头为 L 形线接触，紫铜基面上镶有银—碳化钨粉末冶金片，它有较好的抗熔焊、耐电弧、耐机械磨损和电磨损性能，且导电、导热性能好。

2. 灭弧装置

灭弧装置主要包括灭弧罩、灭弧角、灭弧线圈及铁芯，利用磁吹灭弧和短弧灭弧法灭弧。

如图 1-13 所示，灭弧罩由 13 块灭弧板间隔装有 H 形和 U 形分弧角紧固而成。导弧角由 2 mm 厚黄铜板压制而成，当主触头分断产生电弧后，能够尽量地拉长电弧，使灭弧室更加容易灭弧。磁吹线圈与静触头座和上引出线焊在一起。

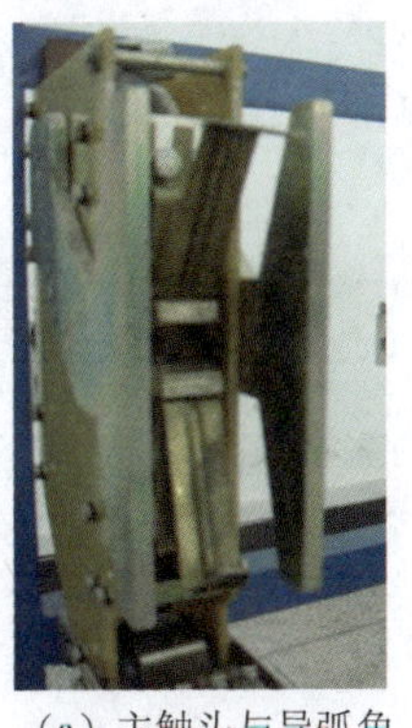
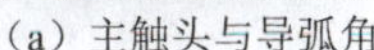
（a）主触头与导弧角

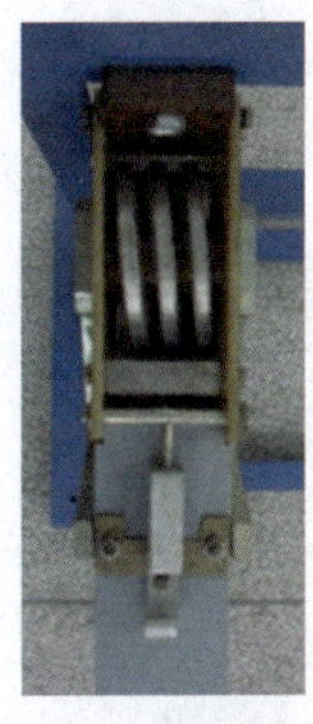
（b）磁吹线圈

（c）灭弧罩

图 1-13　TCK7 型电空接触器灭弧装置

3. 传动装置

传动装置由电空阀、传动气缸、绝缘杆等组成。电空阀为闭式电空阀；传动气缸竖直放置，缸内有活塞机连杆；绝缘杆用于隔离带电体。

四、工作原理

图 1-14 为电空接触器的工作原理示意图。当电空阀线圈得电时，压缩空气经电空阀进入传动风缸，推动活塞克服反力弹簧的作用力带动绝缘杆上移，并通过杠杆支架带动动触头与静触头闭合。当电空阀失电时，传动风缸内的压缩空气经电空阀排向大气，使活塞在反力弹簧作用下复位，带动绝缘杆、杠杆支架及动触头下移，与静触头分离，切断电路。触头带电分断时产生的电弧在磁吹线圈的作用下沿分弧角进入灭弧罩，被分割、拉长、冷却进而熄灭。主触头动作的同时，活塞杆通过联锁支架带动联锁触头作相应的分合转换。联锁触头用于机车控制电路。电空接触器工作流程如图 1-15 所示。

电空接触器

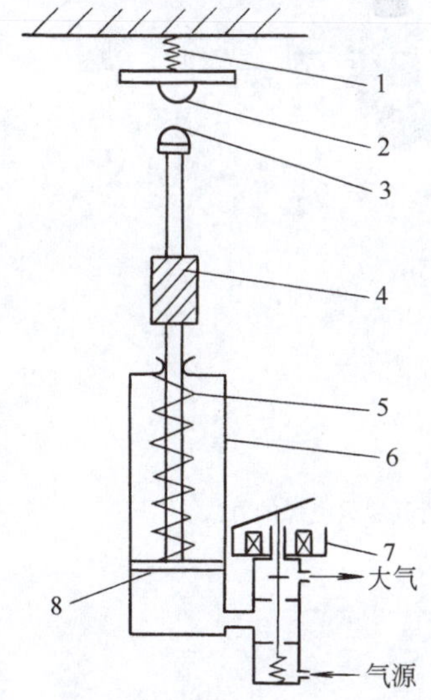

图 1-14　电空接触器工作原理示意图

1—缓冲弹簧；2—静主触头；3—动主触头；4—绝缘块及活塞杆；5—开断弹簧；6—缸体；7—电空阀；8—活塞

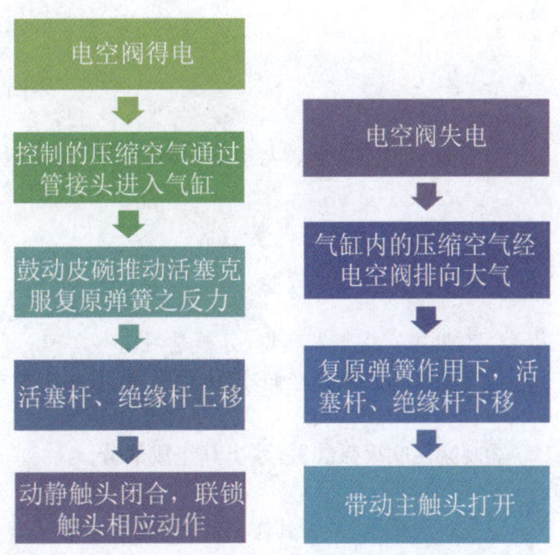

图 1-15　电空接触器工作流程图

五、主要技术参数

主触头额定电压…………………………………………………… 1 500 V
主触头额定电流 ……………………………………………………… 600 A
主触头形式 ………………………………………………………………… 单断点
联锁触头数量 ……………………………………………………… 2 常开 2 常闭
额定工作气压…………………………………………………………… 490 kPa
额定控制电压 ……………………………………………………………… DC 110 V

电空接触器认知任务导学

姓名		班级		学号	

1. 电空接触器是以电空阀控制，利用____________传动的接触器。
2. 填写题图 1-4 中电空接触器的组成部分名称。

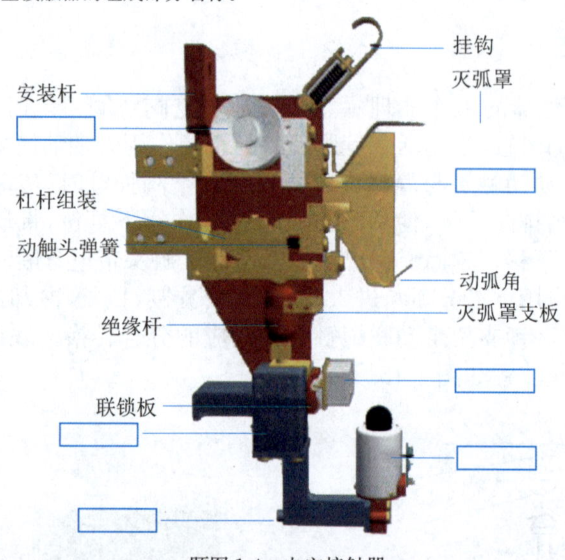

题图 1-4　电空接触器

3. 试比较电空接触器与电磁接触器的驱动原理有什么不同?

4. 对照电空接触器实物，分析学习。
①拉动灭弧罩上的挂钩，取下灭弧罩，观察灭弧罩的结构，分析其熄灭电弧的方式。

②观察磁吹灭弧装置，写出其组成部分。

③观察灭弧角，分析其作用。

任务评价标准

序号	评价项目	评价内容与标准	分值	得分
1	任务目标	能指出电空接触器主要组成部分名称	10 分	
2		能够说出电容接触器组成部分的作用	20 分	
3		能够说出电空接触器的型号含义	10 分	
4		能说出电空接触器的作用	20 分	
5		能够理解电空接触器的工作原理	20 分	
6	表达能力	仪态得体，逻辑严密，声音洪亮，讲解生动。	10 分	
7	课堂表现	遵守课堂纪律，学习态度端正，积极配合教学安排。	10 分	
合　　计			100 分	

一、TRIOP 电空接触器

1. 作用

TRIOP 电空接触器是一种单极电空接触器，用于断开整流器和主变压器二次绕组之间的电路，如图 1-16 所示。接触器的额定工作电流为 1 600 A，额定工作电压为 1 800 V。

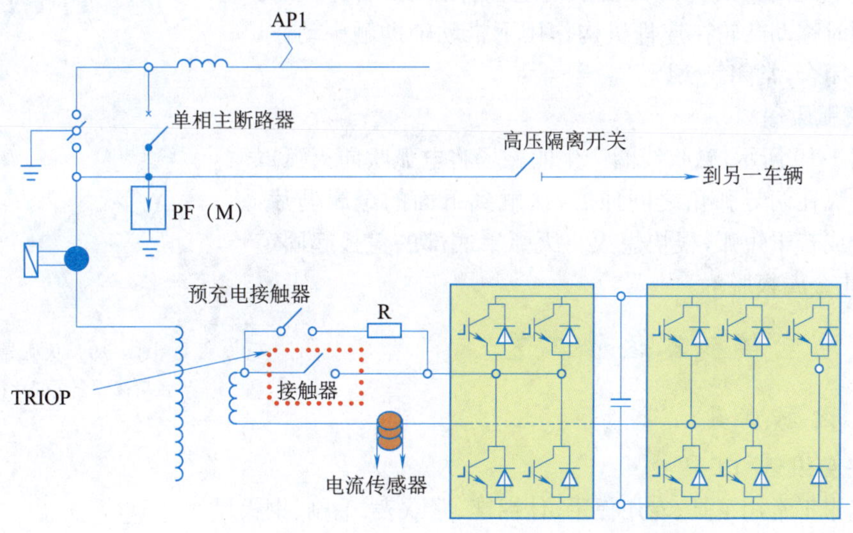

图 1-16　TRIOP 电空接触器在主电路中的位置

2. 组成

TRIOP 电空接触器由触头装置、气动传动装置和灭弧装置组成，如图 1-17、图 1-18 所示。

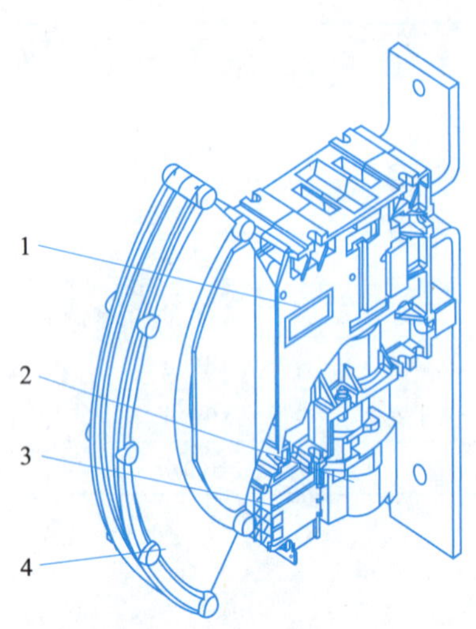

图 1-17 TRIOP 电空接触器

1、3—触头装置；2—气动传动装置；4—灭弧罩

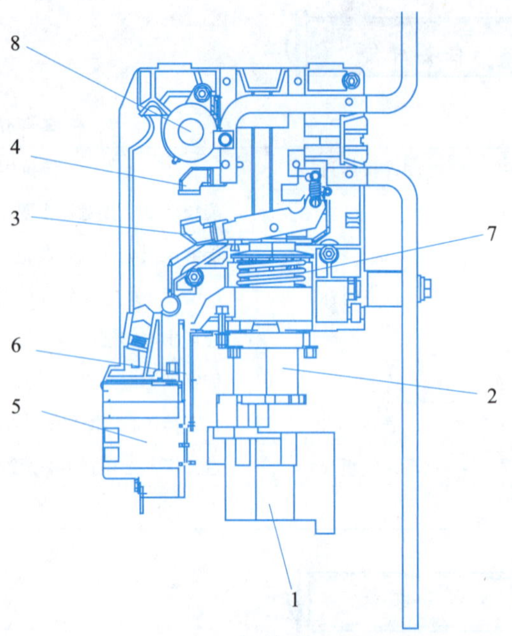

图 1-18 TRIOP 电空接触器组成部件

1—电磁阀；2—传动气缸；3、4—主触头；5—辅助触头；6—移动凸轮；7—绝缘杆；8—磁吹线圈

3. 工作原理

当电磁阀通电时，压缩空气进入传动气缸，推动气缸中的活塞向上运动。活塞的杆轴推动绝缘杆移动，动、静触头闭合。同时移动凸轮在连杆机构作用下推动辅助触头动作，常开触头闭合，常闭触头断开。

4. 灭弧原理

如图 1-19 所示，磁吹线圈产生的磁场将电弧吹向灭弧罩空膛。电弧在两导弧角之间伸展，接触到下面的金属栅片，电弧被分成若干短弧，很快熄灭。灭弧罩底部的盖板起固定作用，防止金属板脱落。

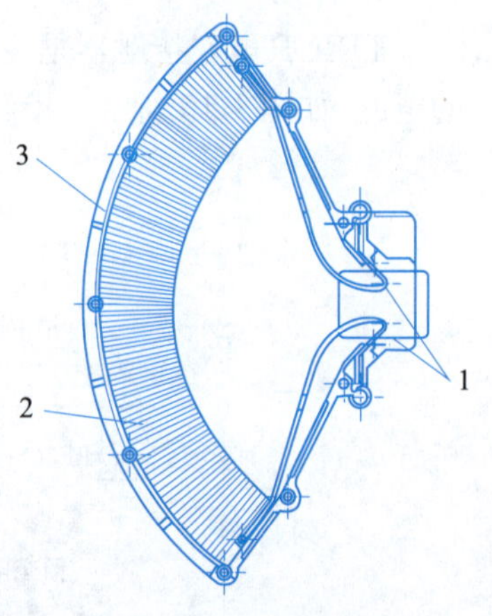

图 1-19 灭弧罩

1—导弧角；2—金属栅片；3—盖板

二、电空接触器检修工艺

（一）设备、工具

1. 主要设备和工具

电气钳工常用工具、专用扳手、什锦锉、兆欧表、毛刷、钢板尺。

2. 主要材料

白布、砂布、润滑脂。

（二）接触器检修技术要求

1. 触头装置检修要求

（1）各部清洁、绝缘件不许有裂损、烧痕及松动，触头压力弹簧不许有裂损及疲劳现象。

不得有过热、飞弧烧痕。

(2)触头上不得有铜瘤；触片与触头座不得开焊；触头压力、开距、超程、触片厚度及接触线长度均须符合限度规定；动、静触头左、右接触偏差不得超限。

(3)辅助触头厚度符合限度要求。接触良好，有适当压力及超程。

2. 灭弧装置检修要求

(1)灭弧罩不许有裂损及严重缺损。壁板厚度不得小于原来的 1/2。

(2)灭弧线圈安装牢固，不得有变形、短路、断路及裂损。

(3)灭弧角清洁，不得有裂损、变形及铜瘤，不得与灭弧室壁相碰。

3. 风动机构检修要求

(1)风缸、活塞不许有裂损、变形及拉伤，皮碗不许有裂损、老化及永久变形。

(2)弹簧不许有断裂及疲劳现象。

(三)操作程序及要求

1. 解体

(1)拆下灭弧罩。提开挂钩，取下灭弧罩。

(2)用扳手拆除电空阀阀座螺栓，取下电空阀座。

(3)用扳手拆下动、静触头弧角固定螺栓，取下灭弧角；用扳手拆下动、静触头固定螺栓，取下动、静触头。用汽油清洗各部件并用白布擦净。

(4)用扳手和螺丝刀拆下联锁支架、垫块及联锁板，然后分别拆去各辅助联锁装置(接触元件)。

(5)用克丝钳拆下挂钩与左、右侧板连接处开口销，取下垫圈；用扳手将左(或右)侧板及极板上的安装螺栓松开，取下螺栓、垫圈；依次取下左(或右)侧板组装、挂钩。

(6)解体气缸组装。用克丝钳拆除气缸连接杆与绝缘杆连接处开口销，取下垫圈、穿销；取下气缸组装。拆下连接杆、止退垫圈、联锁板座。拆去气缸下盖，取出皮碗、活塞及返回弹簧并拔下皮碗。用汽油清洗各部件并用白布擦净。

2. 检修

(1)灭弧室(罩)。用砂布打磨石棉水泥灭弧板上电弧烧痕，锉修导弧角上烧痕，破损处用环氧树脂粘补。有裂纹及严重缺损的或壁板厚小于 1/2 的灭弧室应更新。

(2)吹弧线圈及弧角。检查铁芯外套绝缘管，不许有过热、老化、破损等不良现象。吹弧线圈安装应牢固，不得有变形、短路、断路及裂损，外部绝缘有脱落时应用绝缘漆涂刷。灭弧角应清洁，不得有裂损、变形。测量吹弧线圈匝间距离不小于 5 mm。

(3)锉修并打磨主触头，使其保持原有(R300 mm)的接触面弧度，主触头(触片)厚度不小于 1.5 mm。

(4)检查软连线，不许有过热，软连线折损面积不大于原形的 1/10，否则更新。

(5)外观检查触头弹簧不许有变形、疲劳、裂损、圈距不均等不良现象，否则应更新。

(6)检查辅助联锁动、静触头。动、静触头安装应牢固正确。用砂布打磨其烧痕处。更换严重烧损、过热的触头及其压力弹簧。检查联锁板，不许有剥离及过量磨耗。滚轮转动应灵活，不许有过量磨耗。杠杆滑动灵活不得有卡滞、变形，裂损、变形者应更换。弹簧不许有裂损、变形，弹性良好。联锁盒不得破损。

(7)检查风缸应光滑、不得拉伤。活塞不许有裂损、变形及拉伤。

(8)检查活塞杆,不许有裂损、老化、变形。

(9)检查风缸反力弹簧,不许有疲劳及断裂现象,否则应更新。

(10)外观检查绝缘杆,不许有过热、老化、烧损等现象,销孔无过量磨耗。用砂布打磨绝缘杆烧痕处至本色后,再涂一层晾干绝缘漆,烧损严重、表面龟裂者更新。

3. 组装

(1)组装传动气缸。将气缸返回弹簧套在皮碗活塞杆上,在皮碗外表面涂润滑脂后装入气缸;向气缸内注入足量的机油,更新密封垫,装上气缸下盖。将联锁板座、止退垫圈、连接杆依次安装在气缸活塞杆上,锁紧连接杆。

(2)安装左(或右)侧板组装及挂钩。

(3)组装动、静触头。装上动、静触头及导弧角,静触头组装后应贴靠上端,检查与安装座下方伸出距离为 3~4 mm,并应保证齿面啮合良好。手控开、闭 10~20 次,检查接触偏差、接触线长应符合:触头间接触偏差不大于 1 mm,动、静触头接触线不小于 31 mm。(在额定工作风压下测量开距、超程及接触压力应符合:开距 19~23 mm,超程 7~14 mm,接触压力196.2~247.68 N。)

(4)装辅助联锁及联锁板。在接触元件滚轮及活动关节部涂适量润滑脂,将接触元件固定在联锁架上。

(5)装灭弧罩。在活动关节部位涂适量机油;装上灭弧室(罩);检查触头与灭弧罩两侧间隙应均匀;手拉灭弧室罩挂钩,使弹簧压死。检查灭弧角不得与灭弧室壁相碰。

4. 试验

(1)绝缘电阻测量

用 1 000 V 兆欧表测量主触头对地绝缘电阻值不低于 5 MΩ。

(2)动作性能及气密性检查试验

外加 88~121 V 的直流电压、工作风压 375~650 kPa 下,断开、闭合动作灵活,状态良好,触头开闭自如,不许有卡滞。气缸及风管路、电空阀不得有泄漏(用皂液检查,皂泡 5 s 不破灭)。

5. 劳动态度及安全注意事项

(1)工作认真,细致;严格按要求检验每一项。

(2)工具和各部件不能乱丢乱放;不能损伤配件。

(3)按操作规程文明作业,保证人身安全和设备安全。

(4)汽油等易燃品应存放好,使用汽油清洗部件时,严禁使用明火并注意室内通风。

(5)使用电源插头及插座,必须完整,不得用线头直接插入插座孔内。

一、填空题

1. 接触器的机械寿命指在无负载操作下,无零件损坏的________________。

2. 接触器的额定电流是指____________通过的电流。

3. 按传动方式接触器可分为____________和____________。

二、选择题

1. 下列功能中，不属于接触器控制具有的功能是(　　)。

A. 能远距离频繁操作　　B. 广泛用于电动控制电路

C. 能用来切断短路和过负荷电流　　D. 能实现欠压保护

2. 交流接触器铭牌上的额定电流是指(　　)。

A. 主触头的额定电流　　B. 主触头控制受电设备的工作电流

C. 辅助触头的额定电流　　D. 负载短路时通过主触头的电流

3. 交流接触器铁芯中的短路环的作用是(　　)。

A. 增大铁芯磁通　　B. 减小铁芯振动

C. 减缓铁芯冲击　　D. 减小漏磁通

4. 交流接触器除了具有接通和断开主电路和控制电路的功能外，还可以实现(　　)保护。

A. 短路　　B. 过载　　C. 过流　　D. 欠压及失压

5. 直流接触器一般采用(　　)灭弧装置。

A. 封闭式自然灭弧、铁磁片灭弧、铁磁栅片灭弧等三种

B. 磁吹式

C. 双断口结构的电动力

D. 半封闭式绝缘栅片陶土灭弧罩或半封闭式金属栅片陶土灭弧罩

三、判断题

1. 交流接触器 CJ10-5，其中 CJ10 表示交流接触器的一个系列。其中“5”表示基本规格代号，这里表示主触点基本电流为 5 A。(　　)

2. 所谓交流接触器或直流接触器是按励磁线圈所在的电路为交流或直流来划分的。(　　)

3. 额定电压为 220 V 的交流接触器在 AC 220 V 和 DC 220 V 的电源上均可使用。(　　)

4. 直流接触器比交流接触器更适用于频繁操作的场合。(　　)

四、简答题

1. 接触器有何用途?

2. 简述电空接触器的工作原理。

3. 画出电磁接触器的电气符号。

项目二
继电器检查与认知

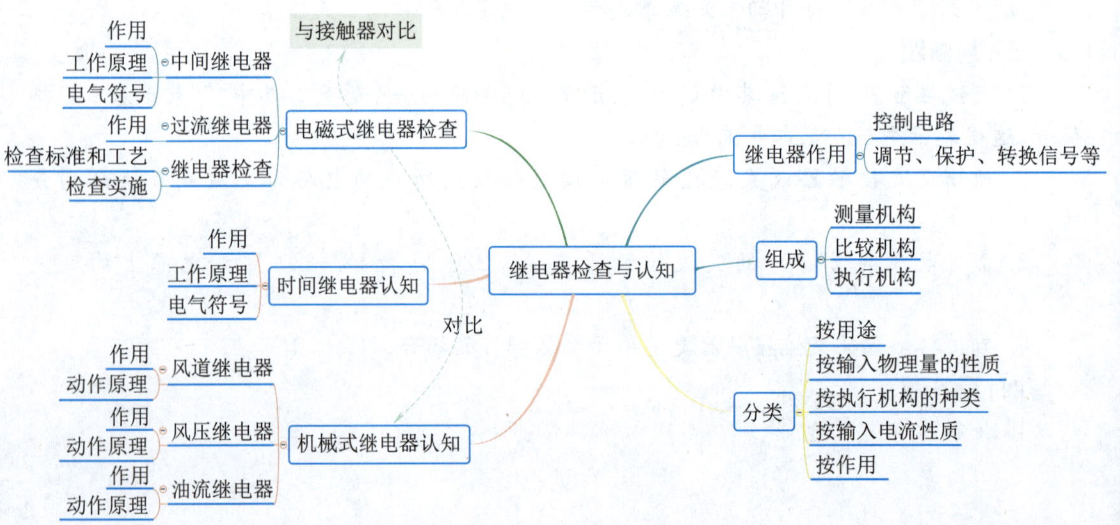

项目描述

继电器是一种根据某种输入信号的变化来接通或断开控制电路，实现控制、远距离操纵和保护的自动电器。继电器广泛地应用于自动控制系统、电力系统以及通信系统中，起着控制、检测、保护和调节等作用。在电力机车电路中，各类（电磁、机械）继电器也具有非常重要的作用。

本项目学习电力机车常用继电器的分类和基本参数及作用、结构和工作原理，以及继电器的日常检查方法。

学习目标

1. 了解继电器分类和基本参数。
2. 掌握继电器的作用和结构。
3. 理解继电器的工作原理。
4. 能指认继电器组成部件名称。
5. 能够依照岗位工作标准，进行继电器的检查。

项目信息

一、继电器的组成及作用

在电力机车的电路中，继电器具有控制、保护或转换信号的作用。常见的电力机车继电器如图 2-1 所示。

（a）中间继电器

（b）风道继电器

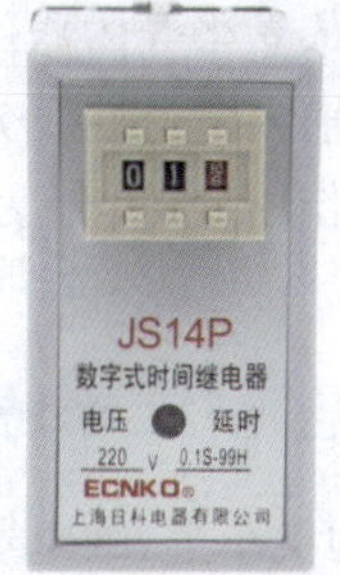

（c）时间继电器

图 2-1　常见的继电器

继电器是利用输入激励量的变化，使输出状态转换，从而控制其触头电路实现逻辑转换的一种自动控制器件。继电器的输入量可以是电量，如电压、电流、阻抗、功率等；也可以是非电量，如压力、速度、温度、光照等。输入量可以是一个量，也可以是两个或多个量。

继电器一般都应由测量机构、比较机构和执行机构等部分组成，其原理组成方框图如图 2-2所示。

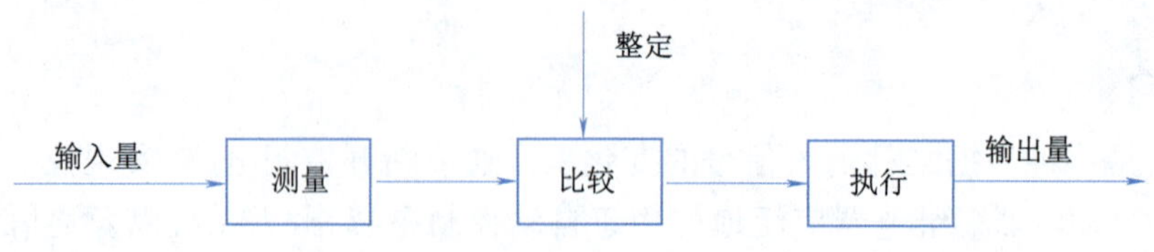

图 2-2 继电器原理组成方框图

测量机构是把感测到的电量或非电量传递给比较机构。它用于接收输入量，并将其转换成继电器工作所必需的物理量。如电磁继电器，其测量机构是线圈和铁芯构成的磁系统，用来测量输入电量的大小，并在衔铁上将电量的大小转换成相应的电磁吸力。

比较机构的作用是将输入量（或转换量）与其预设的整定值进行比较，根据比较结果决定执行机构是否动作。如电磁继电器的反力弹簧。

执行机构是反映继电器输出的装置。它作用于被继电器控制的相关电路中，当测量值达到整定值时（过量或欠量），执行机构动作，从而接通或断开电路。

二、继电器的分类

继电器的用途很广、种类繁多，对不同类型的继电器要求不同，有时对同类型的继电器，也需要从不同的方面去说明它的特性。因此继电器有很多种分类方法，下面仅根据电力机车上使用的情况来分类：

(1)按用途分，可分为控制继电器和保护继电器。

(2)按输入物理量的性质分，可分为电磁式继电器（反映电量的继电器）、机械式继电器（反映非电量的继电器）。

(3)按执行机构的种类分，可分为有触点继电器和无触点继电器。有触点继电器的执行机构是触头，通过触头的接通和断开来执行动作。无触点继电器是一种全电子电路组合的元件，它依靠半导体器件和电子元件的电、磁和光特性来完成其隔离和继电切换功能。

(4)按输入电流性质分，可分为直流继电器和交流继电器。

(5)按作用分，可分为电流继电器、电压继电器、时间继电器、中间继电器、压力继电器等。

三、继电器的特点

在电力机车上，继电器一般不直接控制主电路或辅助电路，而是通过接触器或主、辅电路中的其他电器对主电路及辅助电路进行控制。同接触器相比，继电器具有以下特点。

(1)继电器触头容量小，采用点接触形式，没有灭弧装置，体积和重量也比较小。

(2)继电器的灵敏度要求极高，输入、输出量应易于调节。

(3)继电器能反映多种信号（如各种电量、速度、压力等），其用途很广，外形也比较多样。

(4)继电器不能用来开断主电路及大容量的控制电路。

四、继电器的基本参数

在继电器的选用、维护、维修等工作中，要求对继电器的一般参数有一定了解和掌握。

1. 额定参数

额定参数指输入量的额定值及触点的额定电压、额定电流等。

2. 动作值

动作值是指使继电器吸合动作所需要的最小物理量的数值，如电流继电器的动作电流，电压继电器的动作电压，风压继电器的动作风压等，有时也称整定值。

3. 释放值

释放值是指使继电器释放动作所需要的最大物理量的数值。对于具有常开接点的继电器而言，其释放值也称返回值。

4. 额定工作制

对于继电器，一般有三种额定工作制，即长期工作制、短时工作制、间断工作制。

5. 使用寿命

使用寿命包括继电器的机械寿命和电气寿命，是继电器的重要技术指标。

6. 动作时间和释放时间

对于电磁式继电器，动作时间是指继电器自通电起，到所有触点达到工作状态止所经过的时间间隔。释放时间是指继电器自断电起，到所有触点恢复到释放状态止所经过的时间间隔。按动作时间或释放时间的长短，继电器可分为快速动作、正常动作和延时动作三种类型。

任务一　电磁式继电器检查

某机务段司机班组值乘 HXD1D 型电力机车，牵引旅客列车运行途中突然出现主断路器无法闭合的现象，按压操纵台上“微机复位”按钮无效，切除自动过分相装置后故障现象仍然存在，人为断/合几次主断扳键后还是不起作用。因为是双管供风的列车，机车总风缸压力持续下降，10 min 后列车被迫停车，请求救援。回段检修，技术人员在段内要根据调度任务对机车进行检查试验，并填写检查试验记录，确认此次故障是过分相后主断不闭合。原因是主断路器闭合允许继电器故障，导致主断路器控制电路失电，无法闭合，机车无法牵引。

继电器是电力机车控制电路中重要的电气设备，其性能好坏影响到机车是否能正常运行。本任务学习电力机车常用交流继电器的作用、结构和工作原理以及电磁继电器的检查标准和方法。

1. 熟悉中间继电器型号含义、特点。
2. 掌握 JZ15 系列中间继电器的结构组成。
3. 理解 JZ15 系列中间继电器的工作原理。
4. 熟悉过电流继电器的作用。
5. 能够依照标准作业规程，进行电磁接触器日常检查操作。

6. 能按照现场管理规范清理场地，归置物品。

电磁式继电器的测量机构是电磁铁，执行机构是触头。电磁式继电器具有工作可靠、结构简单、易于制造等优点，所以在电力机车上得到了广泛的应用。

电磁式继电器可分为电压继电器、电流继电器、中间继电器、时间继电器和信号继电器等。按照电流种类的不同，电磁式继电器还可以分为直流电磁继电器和交流电磁继电器。

电压继电器是指当继电器线圈两端电压达到规定值时动作的继电器，其吸引线圈与电路并联，故线圈直径较细、匝数较多，主要做为控制用。

电流继电器是指当继电器线圈流过的电流达到规定值时动作的继电器，其吸引线圈与电路串联，故线圈直径较粗、匝数较少，多作为过载或短路保护之用。

中间继电器是指用来增加控制电路数目或将信号放大的继电器，它实际上也是电压继电器的一种。

时间继电器是指从接收信号至触头动作（或使输出电路的电参数产生跳跃或改变）具有一定的延时，该延时又符合其准确度要求的继电器。

一、直流电磁继电器

（一）JZ15-44Z 型中间继电器

JZ15 系列中间继电器实物如图 2-3 所示。

1. 型号及含义

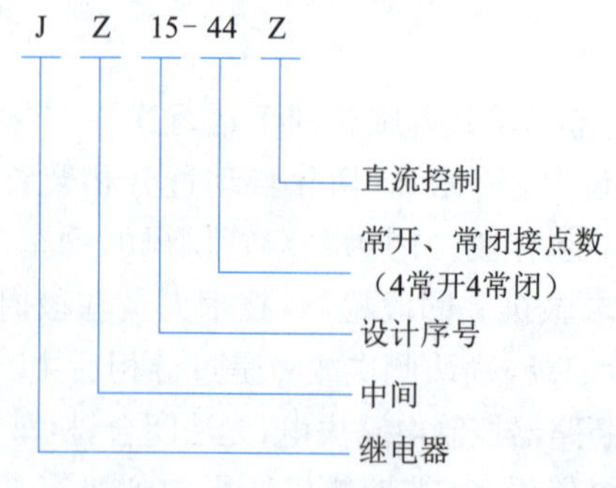

图 2-3 JZ15 系列中间继电器

2. 作用

JZ15 系列中间继电器适用于交流 50 Hz 或 60 Hz，电压 500 V 以下或直流电压 220 V 及以下的控制电路中，用以增加信号大小及数量。该系列继电器在直流控制电路中，用来控制各种控制电器的电磁线圈，以使信号放大或用一个信号控制几个电器。

中间继电器的作用、结构及工作原理

3. 结构

如图 2-4 所示，JZ15 系列中间继电器主要由传动装置和触头装置组成。

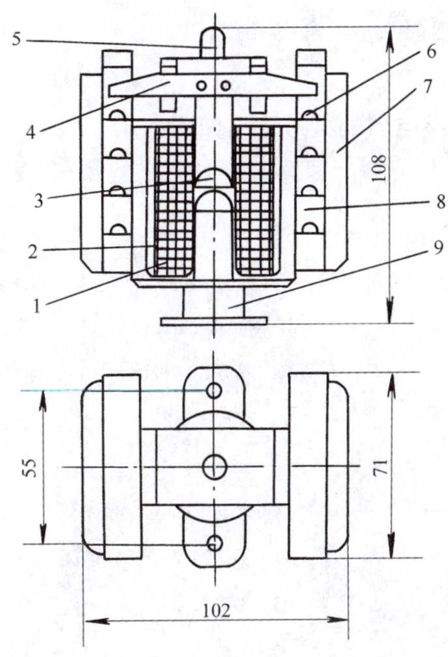

图 2-4　JZ15 系列中间继电器结构(单位:mm)

1—吸引线圈;2—磁轭;3—铁芯;4—衔铁;5—按钮;6—触头组;7—防尘罩;8—反力弹簧;9—支座

(1)传动装置

传动装置由直流螺管式电磁铁构成(螺管直动式),铁芯和线圈布置在继电器中央。为了获得较平坦的吸力特性和足够的开距,铁芯采用锥形止铁。继电器的反力特性依靠动触头支架上的一对拉伸弹簧调节,衔铁上还装有一个手动按钮,以供检查及故障操作使用。

(2)触头装置

触头装置为 8 对双断点桥式触头,分别布置在磁轭两侧。可根据需要任意组合成 2 常开 6 常闭、4 常开 4 常闭、6 常开 2 常闭等方式,但必须注意两个触头盒中的常开常闭接点数应对称布置。为了防尘和便于观察接点,继电器带有透明的防尘罩。

JZ15 系列继电器的接点容量为 10 A,为了既实现体积小、结构紧凑的特点,又保证大电流分断能力,触头系统采用永磁钢吹弧以提高触头直流分断能力。小型化的永磁钢嵌在静触头的下部,采用无极性布置法,可以将直流电弧拉长,实现吹弧的目的。

JZ15 系列继电器还用在功率因数补偿装置(PFC)中,用来控制并联电阻,使电容尽快放电。这时其结构要求有些不同,被称为放电接触器,型号为 JD15D-222F。

4. 工作原理

电磁式继电器工作原理与电磁接触器相同。当线圈通电后,铁芯被磁化吸动衔铁并带动簧片,使动触点和静触点闭合或分开,即原来闭合的触点断开,原来断开的触点闭合;当线圈断电后,电磁吸力消失,衔铁返回原来的位置,动触点和静触点又恢复到原来闭合或分开的状态。应用时只要把需要控制的电路接到触点上,就可利用继电器达到控制的目的。

5. 中间继电器的电气符号

中间继电器的电气符号如图 2-5 所示。

(二)D-U204-KLC 型瞬动中间继电器

1. 型号及含义

D-U200 系列瞬动中间继电器的型号含义如下：

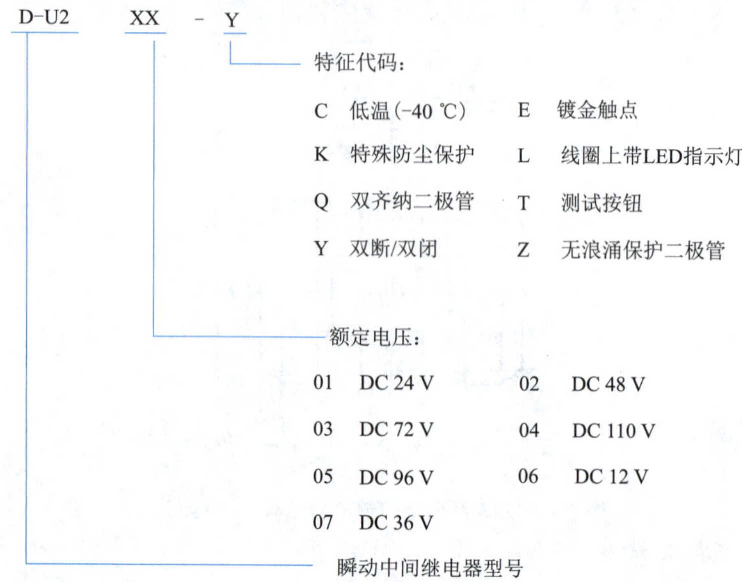

2. 作用

D-U204-KLC 型瞬动中间继电器属于 D-U200 系列继电器，它是一种小型插入式铁路专用瞬动继电器，主要用于铁路、地铁等列车相关设备中。如在 HXD1D、HXD3C、HXD3 型电力机车控制电路和辅助电路中，用于重联、预加热等电路中信号控制，实物如图 2-6 所示。

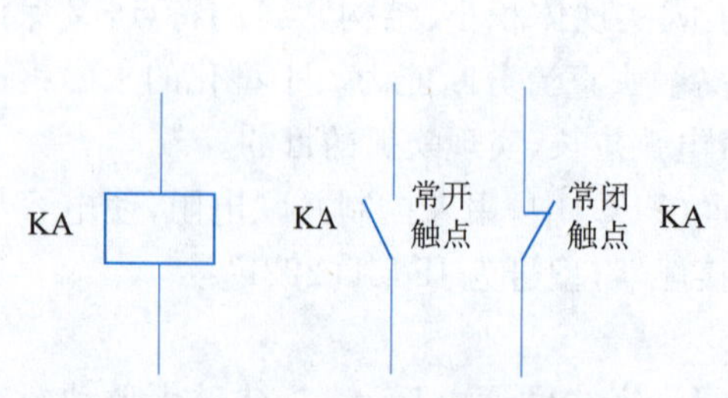

图 2-5 中间继电器的电气符号

图 2-6 D-U200 系列瞬动中间继电器

3. 结构

D-U204-KLC 型瞬动中间继电器主要由传动装置和触头装置组成，装有反电动势保护和电磁吹弧装置，有 LED 灯指示。该型继电器可插入标准的 V22BR 继电器底座，具有体积小、性能可靠等优点。其外形如图 2-7 所示，接线方式如图 2-8 所示。

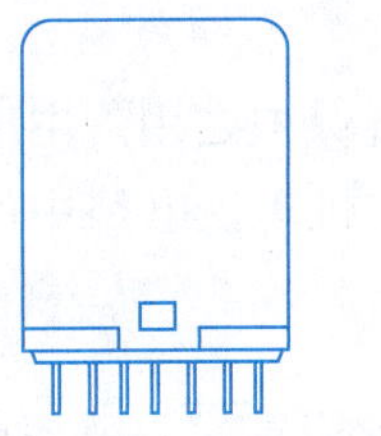

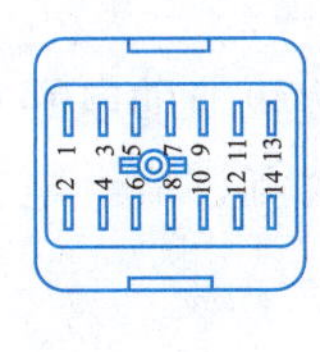

图 2-7　D-U204-KLC 型瞬动中间继电器外形图

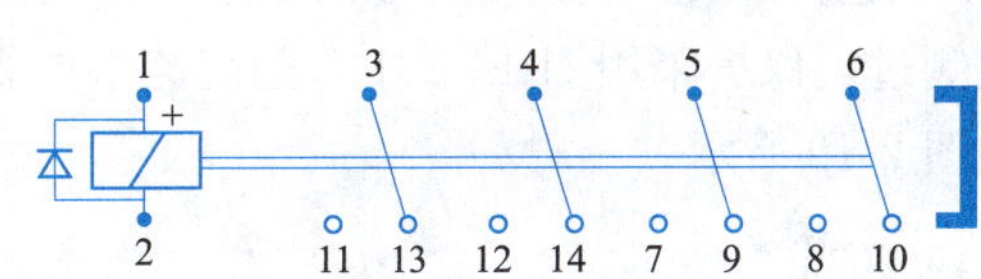

图 2-8　D-U204-KLC 型瞬动中间继电器端子接线图

4. 主要技术参数

D-U204-KLC 型瞬动中间继电器的主要技术参数见表 2-1、表 2-2。

表 2-1　D-U204-KLC 型瞬动中间继电器线圈数据(直流)

型　号	D-U204-KLC
额定电压	DC 110 V
最小电压	DC 77 V
最大电压	DC 137.5 V
线圈电阻	5 830 Ω
额定功耗	2.2 W
吸合时间	20 ms
释放时间	18 ms

表 2-2　D-U204-KLC 型瞬动中间继电器触点数据

额定电流	10 A
最大工作电流	16 A
最大开断电压	DC 350 V,AC 440 V
最小转换电压和电流	12 V,10 mA
最大接触电阻	15 mΩ
断开接点之间的绝缘接触力	>200 mN(2.5 kV;50 Hz;1 min)
分断容量及寿命	DC 110 V　0.5 Amp　L/R=40 ms　电气寿命:100 万次

二、交流继电器

以 JL14-20J/5 型过流继电器为例,实物如图 2-9 所示。

1. 型号及含义

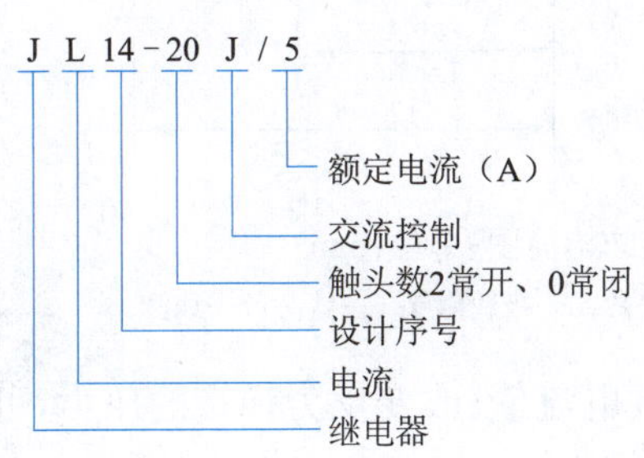

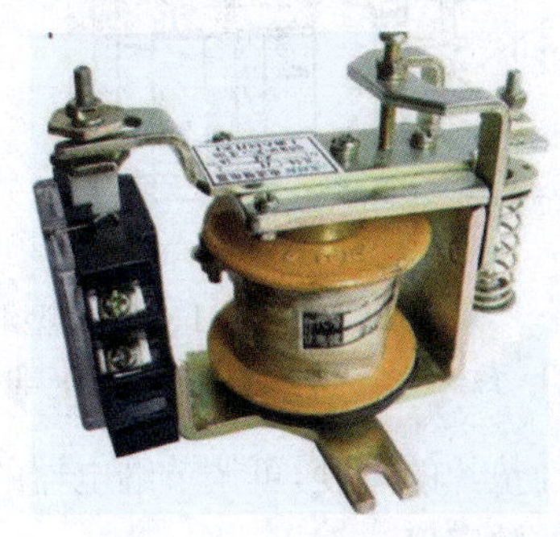

图 2-9　JL14-20J/5 型过流继电器

2. 作用

该型号交流继电器是作为主电路一次侧过流保护和辅助电路过流保护之用。主电路一次侧过流保护采用 JL14-20J/5 型交流继电器。一次侧过流继电器在机车主电路中的位置如图 2-10 所示。

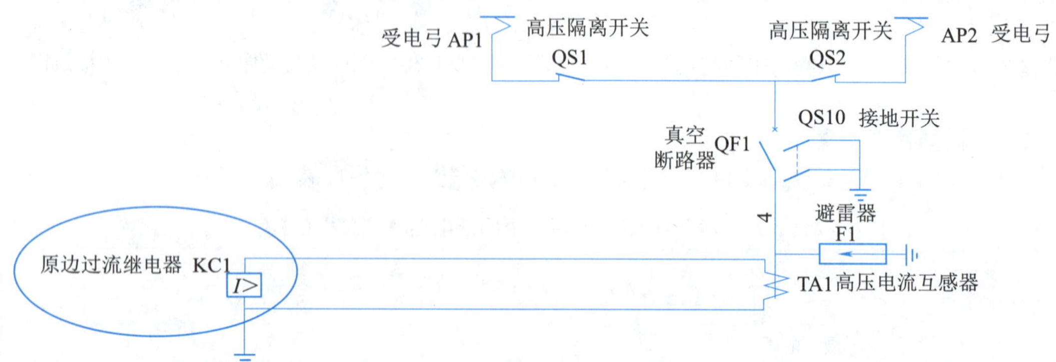

图 2-10 电力机车主电路中的一次侧过流继电器

3. 组成及工作原理

一次侧过流继电器采用 JL14-20J/5 型交流电流继电器，它接在高压交流电流互感器的二次侧，作牵引变压器一次侧过电流保护。其额定电流为 5 A，动作电流整定值为 10×(1±10%)A。

过流继电器的作用、结构、工作原理

该型继电器的结构如图 2-11 所示。它的电磁系统是由呈角板形的磁轭、固定在磁轭上的圆形铁芯、套装在铁芯上的吸引线圈以及平板形衔铁组成。衔铁可绕磁轭的棱角支点转动，形成拍合式动作。磁轭棱角的左下方装有反力弹簧，继电器失电时，衔铁可借助反力弹簧的反力打开。电磁系统右侧安装有触头组，触头支架与衔铁支件相连，衔铁动作时，可带动触头支架作相应的动作，使联锁触头开闭。在铁芯端的衔铁上装有非磁性垫片，用以防止因剩磁继续吸引衔铁而出现不释放的现象。

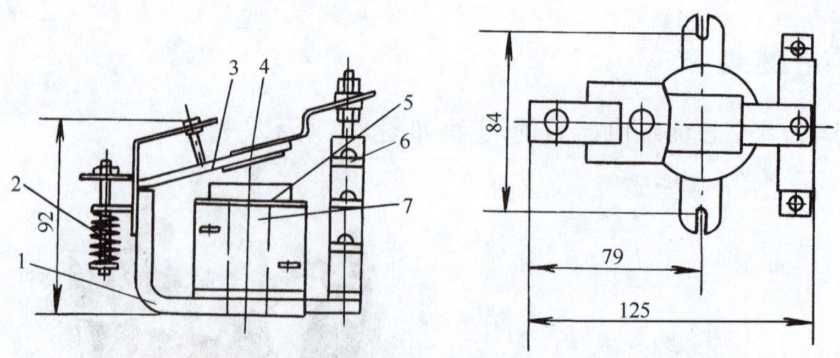

图 2-11 JL14-20J/5 型继电器结构简图(单位:mm)

1—磁轭;2—反力弹簧;3—衔铁;4—非磁性垫片;5—极靴触头 6—铁芯;7—线圈

改变非磁性垫片的厚度，可调节继电器的释放电流值；改变反力弹簧的压力，可调节继电器动作电流的整定值。

三、继电器检查内容与方法

继电器检查

1. 电力机车继电器的检查内容与方法见表 2-3。

表 2-3　继电器检查内容与方法

序号	作业项目	作业要领	作业标准	作业方法
1	整体	外部检查	(1)壳体应完整,无磨损、划痕、裂缝 (2)继电器标识完整、清晰,正确对应 (3)继电器底部引出端应端正,角度垂直底部表面 (4)整定旋钮应对应红色标记,不应出现松动、脱落(只适用于过流继电器) (5)防拆标签应无损坏,完整地贴在规定位置,不允许出现边缘脱胶而翘起	目视检查继电器外壳: (1)如有浮尘,使用吹尘工具吹掉继电器及底座表面附着的灰尘 (2)使用洁净的抹布浸蘸清水拧成较干后擦拭继电器罩壳外表及底座附着灰尘 (注意:清洁工作须在继电器不带电情况下操作)
		内部检查	(1)检查内部是否有纸屑、焊锡渣等异物 (2)检查电镀零件、喷漆零件、塑料零件的表面质量,如有无划伤、碰伤和变形现象 (3)检查内部所有零件锡焊处的质量,触点应光滑,无毛刺,连接线应整齐,长短合适	目视检查继电器内部
2	底座	底座状态检查	安装状态良好,无污垢,无脱落掉渣,继电器底座安装螺栓紧固无松动	目视检查安装状态,迟缓线无错位
		电源引线	软连线无破损、无污垢,接线端子处无断线、毛糙	目视检查电源引线外观,用万用表测量触头开合性能

2. 紧固力矩检查

目视检查继电器底座各处固定情况及电气连接的紧固性。一旦发现松动,必须按照表 2-4 力矩拧紧。

表 2-4　主断路器螺纹连接处的拧紧力矩

螺纹规格	拧紧力矩额定值(N·m)
M8	1
M3.5	0.5

电磁式继电器检查任务导学

姓名：		班级：		学号：	

1. 根据输入量变化来控制输出量跃变，可实现控制、保护有关电气设备的自动电器是____________________。
2. 电流继电器使用时其吸引线圈____________在电路中。
3. 在控制电路中常用____________继电器来增加触点数量和触头容量。
4. 继电器常用于电力机车的____________电路中。
5. JZ15-44Z 型中间继电器主要由____________装置和____________装置组成。
6. 过流继电器在电力机车上的作用是什么？

7. 题图 2-1 为水位自动报警装置工作示意图，试分析该装置是怎样连线并工作的。

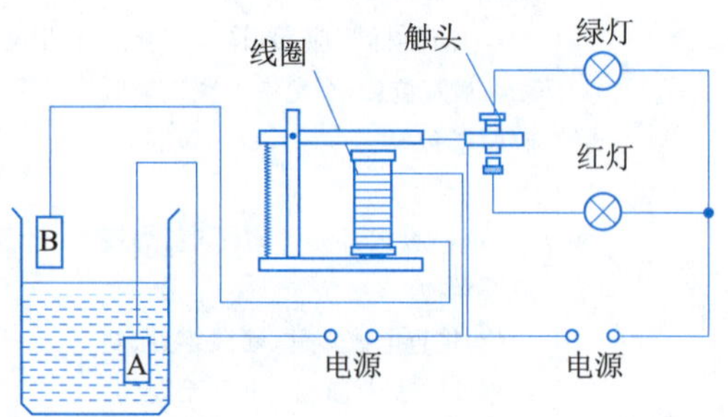

题图 2-1　水位自动报警装置工作示意图

要求如下：

(1)水位未达到金属块 B 时，绿灯亮；在题图 2-1 中用线画出电流路径。

(2)水位达到金属块 B 时，红灯亮。在题图 2-1 中用线画出电流路径。

(3)若在水位达到金属块 B 即水位不正常时为了提醒工作人员，最好再安装一个电铃，做成声光报警装置，电铃应该接在什么地方呢？请在题图 2-1 中画出。

(4)画出水位自动报警装置的电路原理图。

检查及维护安全须知：

(1)请勿触摸通电中的继电器端子部和底座端子部，以免发生触电的危险。

(2)在任何情况下，必须采取必要的安全和防护措施。

(3)绝对不可使用超过继电器开关容量等接点规格的负荷。

(4)绝对不可对线圈施加过电压或错误电压，也绝对不可有端子配线错误的情形。

一、任务实施准备

1. 工具器材准备

刷子	工具套件	万用表
吹尘工具	放大镜	电磁式继电器
		型号规格自定

2. 其他准备

(1)工位、安全警告标志牌。

(2)穿戴配备劳保用品。

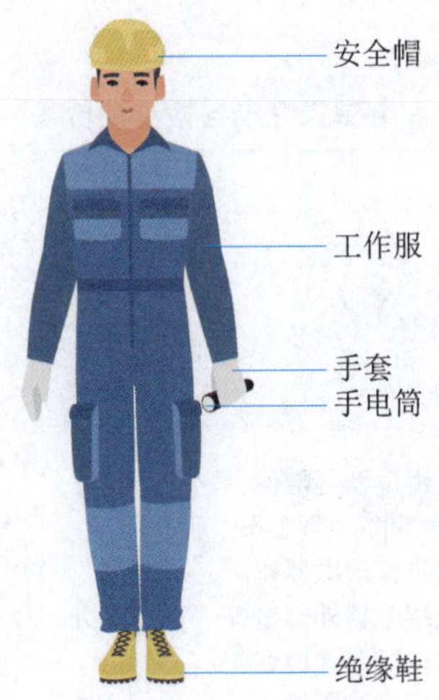

二、任务单

根据任务信息中电磁式继电器的检查标准和方法，对电磁式继电器实施检查，并填写任务单。

电磁式继电器检查任务单

<table>
<tr><td colspan="3">检查人姓名：　　　　班级：　　　　学号：</td><td>安全监督员：</td></tr>
<tr><td colspan="4">继电器型号：</td></tr>
<tr><td colspan="4">继电器检查项目</td></tr>
<tr><td>序号</td><td>操作项目</td><td>操作内容</td><td>结果记录</td></tr>
<tr><td rowspan="3">1</td><td rowspan="3">外部检查</td><td>壳体表面</td><td>□ 外观良好
□ 异常（　　　　）</td></tr>
<tr><td>继电器标识</td><td>□ 标识完整清晰
□ 异常（　　　　）</td></tr>
<tr><td>继电器底部引出端</td><td>□ 底部引出端端正
□ 异常（　　　　）</td></tr>
<tr><td rowspan="2">2</td><td rowspan="2">内部检查</td><td>内部零件表面</td><td>□ 零件表面
□ 异常（　　　　）</td></tr>
<tr><td>内部所有零件锡焊处</td><td>□ 焊接处质量良好
□ 异常（　　　　）</td></tr>
<tr><td rowspan="2">3</td><td rowspan="2">底座检查</td><td>底座状态</td><td>□ 安装状态良好
□ 异常（　　　　）</td></tr>
<tr><td>电源引线</td><td>□ 接线状态良好
□ 各触点通断正常
□ 异常（　　　　）</td></tr>
<tr><td>4</td><td colspan="3">整理、整顿、清扫、清洁</td></tr>
</table>

完成工作任务后，各组必须按照现场管理规范清理场地，归还工量具和器材。

电磁式继电器检查评价表

<table>
<tr><td colspan="2">姓名：</td><td>班级：</td><td colspan="3">学号：</td><td colspan="2" rowspan="2">教师评语：</td></tr>
<tr><td colspan="2">自评：
熟练□
不熟练□</td><td>互评：
熟练□
不熟练□</td><td colspan="3">师评：
优秀□　良好□
合格□　不合格□</td></tr>
<tr><td>序号</td><td>评分项</td><td>得分条件</td><td>配分</td><td>评分要求</td><td>自评</td><td>互评</td><td>师评</td></tr>
<tr><td>1</td><td>专业技术能力</td><td>□1. 能正确指认继电器各部件
□2. 能正确叙述中间继电器工作原理
□3. 能正确叙述过流继电器作用
□4. 能正确完成继电器外部检查
□5. 能正确完成内部零件检查
□6. 能正确完成底座紧固检查
□7. 能正确完成电源引线检查</td><td>55 分</td><td>未完成一项扣 2～8 分，扣分不超过 55 分</td><td>分数：</td><td>分数：</td><td>分数：</td></tr>
<tr><td>2</td><td>工具及设备使用能力</td><td>□1. 能正确使用万用表
□2. 能正确使用吹尘设备
□3. 能正确清洁继电器</td><td>20 分</td><td>未完成一项扣 1～7 分，扣分不超过 20 分</td><td>分数：</td><td>分数：</td><td>分数：</td></tr>
</table>

续上表

姓名：		班级：		学号：		教师评语：	
自评： 熟练□ 不熟练□		互评： 熟练□ 不熟练□		师评： 优秀□　良好□ 合格□　不合格□			
序号	评分项	得分条件	配分	评分要求	自评	互评	师评
3	资料信息查询能力	□1. 能正确使用维修手册查询资料 □2. 能在规定时间内查询所需资料	5 分	未完成一项扣 2.5 分，扣分不超过 5 分	分数：	分数：	分数：
4	表单填写与报告的撰写能力	□1. 能正确记录检查维护信息 □2. 字迹清晰 □3. 无错别字、无涂改、无抄袭 □4. 能正确表述报告主要内容	10 分	未完成一项扣 1～2.5 分，扣分不超过 10 分	分数：	分数：	分数：
5	职业素养	□1. 遵守规则制度、劳动纪律 □2. 正确穿戴劳保用品 □3. 积极主动承担工作任务 □4. 人身安全与设备安全 □5. 按照现场管理规范清理场地，归置物品	10 分	未完成一项扣 2.5 分，扣分不超过 10 分	分数：	分数：	分数：

任务二　时间继电器认知

在电气控制系统中不仅需要能迅速做出动作的继电器，而且也需要当继电器的感受元件获得外界输入信号以后，延迟一段时间才动作的继电器，这类继电器称为时间继电器。时间继电器常用于按时间原则进行控制的场合，适用范围广。

本任务学习电力机车上常用的时间继电器的作用、结构、工作原理和电气符号。

1. 掌握时间继电器的作用。
2. 熟悉 JT3 系列时间继电器的结构组成。
3. 理解时间继电器的工作原理。
4. 理解时间继电器在电力机车上的用途。
5. 熟悉时间继电器的电气符号。

时间继电器在电气控制系统中作为延时元件，按所预置时间接通或分断电路，实现延时控制。时间继电器按动作原理可分为电磁式、空气阻尼式、电子式、可编程式和数字式

等。其中，电磁式时间继电器的结构简单，价格低廉，但是体积和质量较大，延时时间短，只能用于直流断电延时。电子式时间继电器的逻辑电路采用CMOS集成电路和电子元器件、专用延时集成芯片等制成，具有工作模式多，延时精度高、延时范围广、体积小、调节方便、使用寿命长等优点，使得机车控制系统更加简单可靠。

一、JT3-21/5型时间继电器

JT3-21/5型时间继电器实物如图2-12所示。

1. 型号及含义

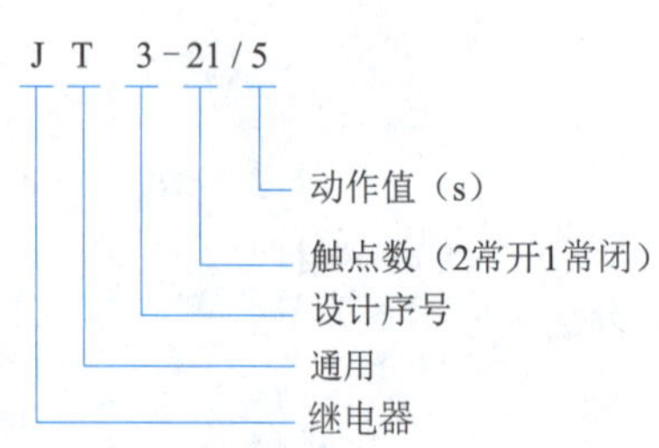

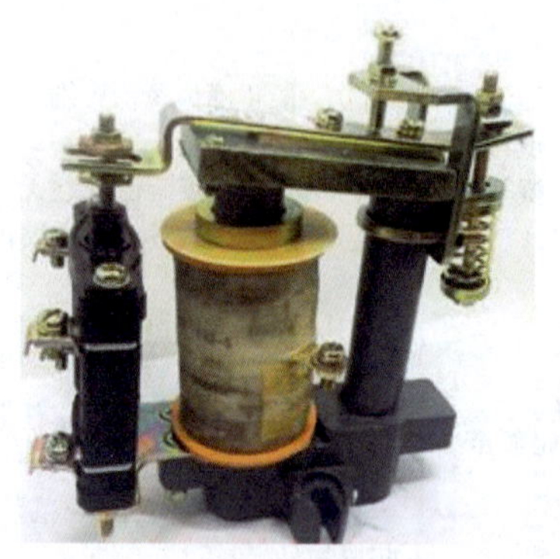

图2-12 JT3系列时间继电器实物

2. 作用

时间继电器

作为控制电路中的时间控制元件，控制电气设备延时或顺序启动，以避免同时启动带来的起动电流叠加。如控制通风机顺序启动的时间继电器，使两台该型继电器有3个时间等级：1 s(0.3～0.9 s)，3 s(0.8～3 s)，5 s(2.5～5 s)。

3. 结构

JT3-21/5型时间继电器是一种电磁式时间继电器，其结构如图2-13所示。该继电器的铁芯和磁轭采用圆柱形整体电工钢，采用拍合式衔铁。铁芯端部套有圆环状的极靴。在衔铁内侧与铁芯相接触处，装有一磷铜皮制成的非磁性垫片，此垫片使衔铁闭合时与铁芯间保持一定的距离(即衔铁与铁芯间有一定数值的磁阻)，以防止衔铁在闭合状态下，当吸引线圈断电时，剩磁将衔铁“粘住”使继电器不能正常释放而造成事故。时间继电器的延时作用是依靠套装在磁轭上的阻尼套筒来保证的。继电器断电时，可借助反力弹簧的作用使衔铁打开。

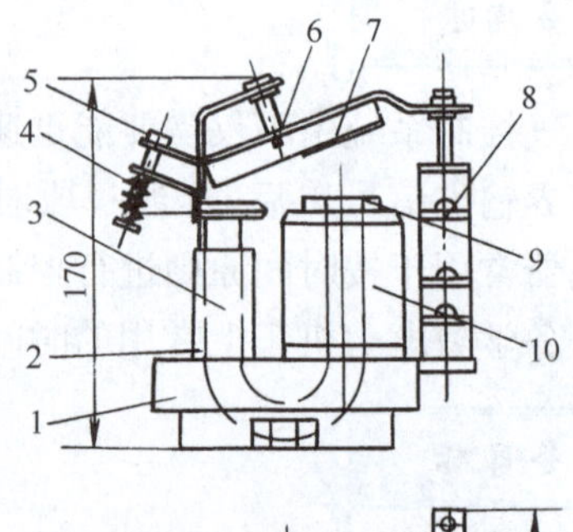

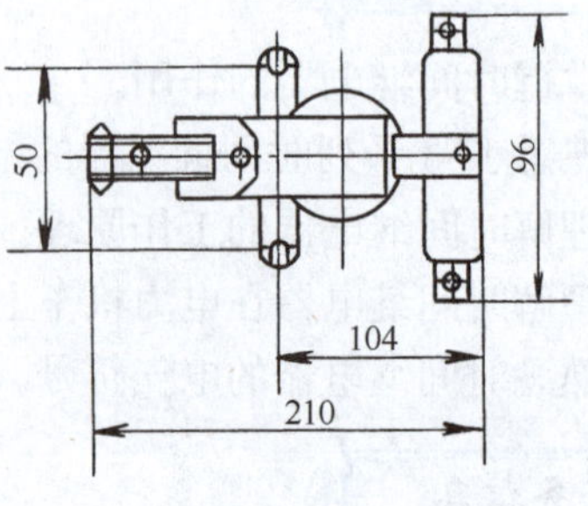

图2-13 JT3-21/5型时间继电器结构简图(单位:mm)

1—底座；2—阻尼套筒；3—铁芯；4—反力弹簧；5—反力调节螺母；6—衔铁；7—非磁性垫片；8—触头组；9—极靴；10—线圈

JT3-21/5型时间继电器的常开和常闭联锁触头的数量可按需要组合，它装在继电器的前侧。

4. 动作原理(延时原理)

电磁式时间继电器利用电磁原理控制触点的闭合或分断,但其一部分触点自线圈得电或断电时,延迟一段时间再动作。因此,时间继电器按延时方式分为通电延时型和断电延时型。通电延时时间继电器线圈通电以后延时触点延时动作,当线圈断电时延时触点瞬时动作;断电延时时间继电器线圈通电时延时触点瞬时动作,在线圈断电时延时触点延时动作。图 2-14 为触点延时时序图。

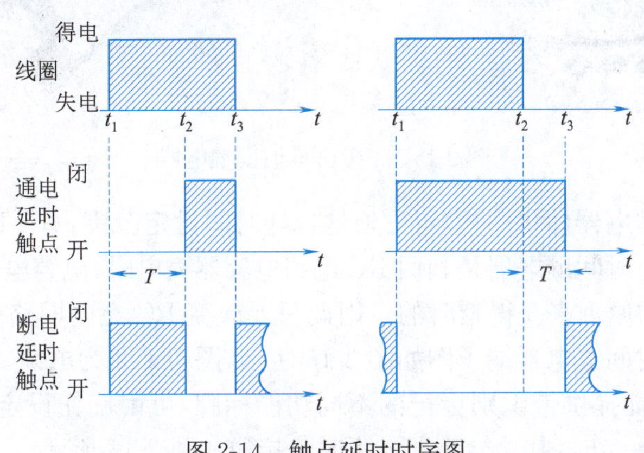

图 2-14　触点延时时序图

JT3-21/5 型时间继电器线圈通电时,在磁路中产生磁通。当磁通增加到能使衔铁吸动的数值时,衔铁开始动作,随着衔铁与铁芯之间气隙的减小,磁通也逐渐增大。当衔铁与铁芯吸合以后,磁通最大(此时的磁通大于将衔铁吸住时所需的磁通)。在线圈通电时,因为磁通的增长和衔铁的动作时间很短,所以联锁触头的动作几乎是瞬时的。当线圈断电时,电流将瞬时下降为零,对应于电流的主磁通也迅速减小,但因其变化率很大,根据楞次定律,在阻尼铜套(或阻尼铝套)内部将产生感应电势,并流过感应电流。此电流产生与原主磁通相同方向的磁通以阻止主磁通下降,这样就使磁路中的主磁通缓慢地衰减。直到磁通衰减到不能吸住衔铁时,衔铁才释放,接点相应地打开(或闭合),这样就得到了所需的延时。

为保证继电器延时的准确性,在使用时间继电器时必须保证有足够的充电时间(即线圈通电时间),使衔铁和铁芯中的磁通完全达到稳定值。若充电不足,没有建立起稳定的磁通,延时作用将大大削弱。JT3 系列时间继电器的充电时间不能小于 0.8 s,故继电器通电时间必须大于 1 s。

二、3RP1505 时间继电器

3RP1505 时间继电器是一种电子式时间继电器,适用于控制、启动、保护和调节电路中的各种延时开关操作,实物如图 2-15 所示。

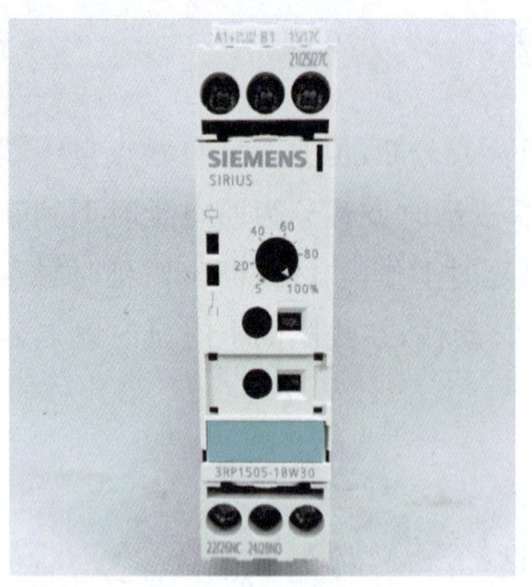

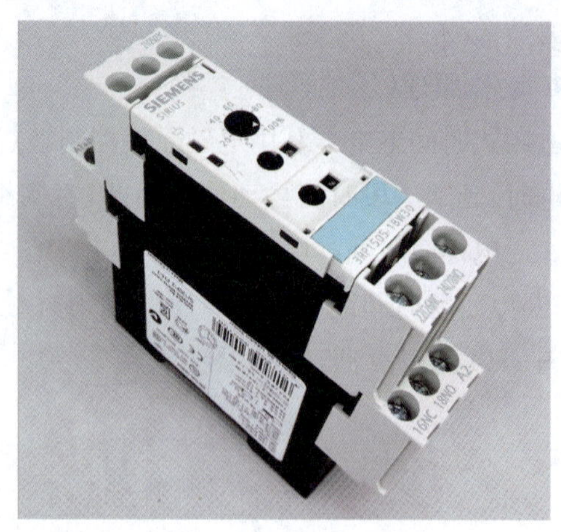

图 2-15　3RP1505 时间继电器

3RP1505 时间继电器体积小巧,可方便地选择时间设定范围,有 LED 显示开关状态和电源状态。3RP1505 时间继电器是利用 RC 电路电容器充电时,电容电压不能突变,只能按指数规律逐渐变化的原理来获得延时的。因此只要改变 RC 充电回路的时间常数,即可改变时间。3RP1505 时间继电器端子图如图 2-16 所示,图中 1、2 为电源。3RP1505 时间继电器为多功能继电器,能提供带识别标记的不同功能标牌,可由旋钮设定字母编码确定相应功能。例如设定字母 A 时,其功能为通电延时。接线如图 2-17 所示。

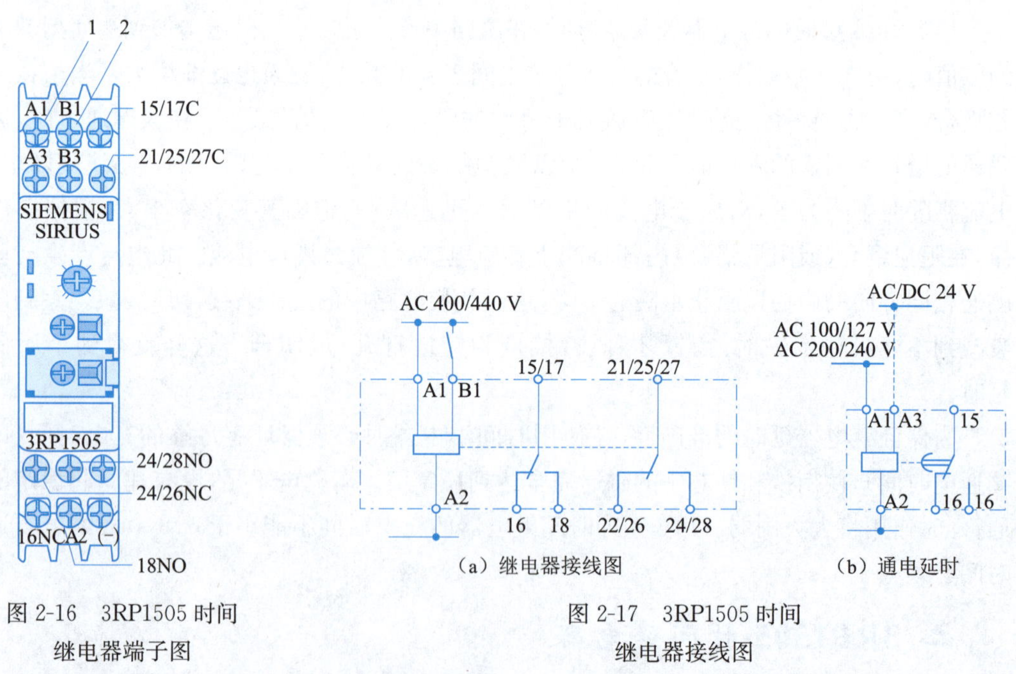

图 2-16　3RP1505 时间继电器端子图

图 2-17　3RP1505 时间继电器接线图

三、时间继电器的在电路中的表示方法

时间继电器的电气符号如图 2-18 所示。

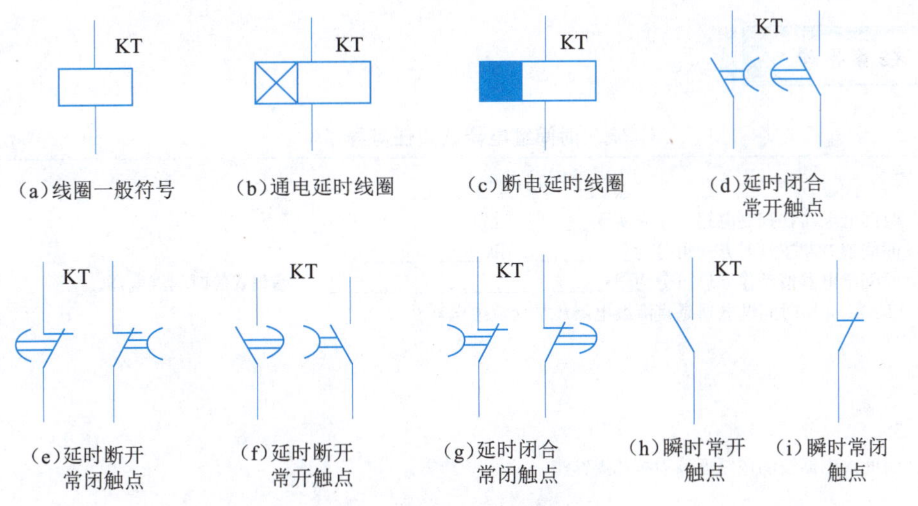

图 2-18　时间继电器电气符号

继电器和接触器的符号表示方法在电路图中一般都有说明，同一电器的输入(如线圈)和输出(如接点)往往不画在一起，但代号是相同的，以表示控制和被控制的关系。不同车型的代号编制方法是不同的，国产机车和进口机车的常开、常闭接点的表示方法一般也不同。国产电力机车的电器接点表示方法为“上开下闭，左开右闭”。图 2-19 为 SS4G 型电力机车控制电路中的一个环节，图中继电器有时间继电器和中间继电器。

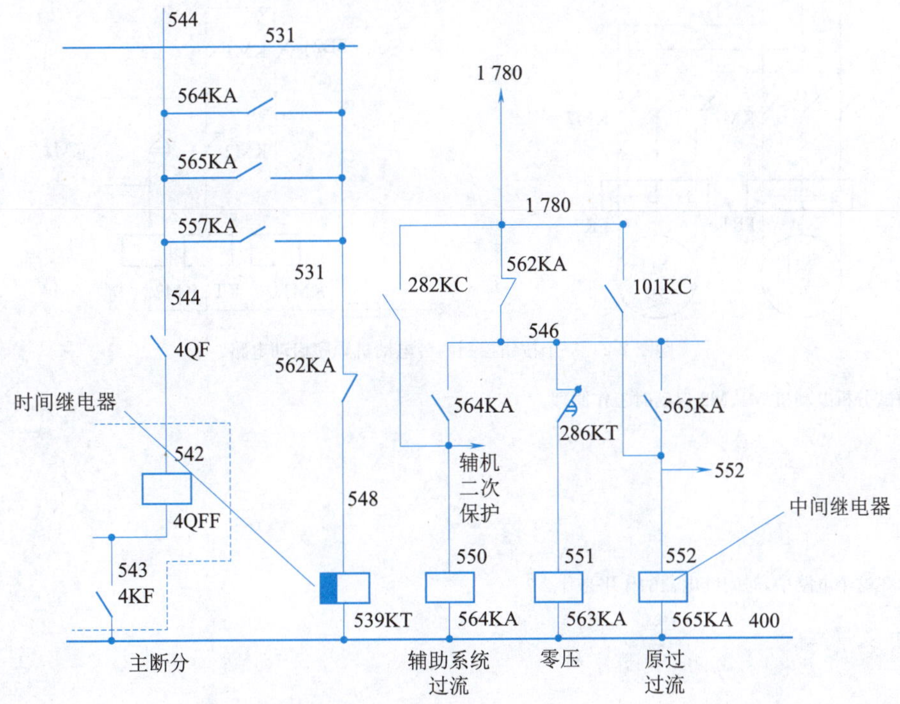

图 2-19　SS4G 型电力机车电气线路图中继电器的表示方法

时间继电器认知任务导学

姓名		班级		学号	

1. 时间继电器在控制电路中用来实现________控制。
2. 时间继电器按延时方式可分为____________和____________。
3. 时间继电器按动作原理可分为________、________、____________、可编程式等时间继电器。
4. JT3-21/5 型时间继电器是直流继电器还是交流继电器？

5. 时间继电器按动作原理分为哪几类？

6. 题图 2-2 为一个按钮控制两台电动机顺序启动电路原理图。(Q:闸刀开关;SB:按钮;FU 熔断器;FR 热继电器)

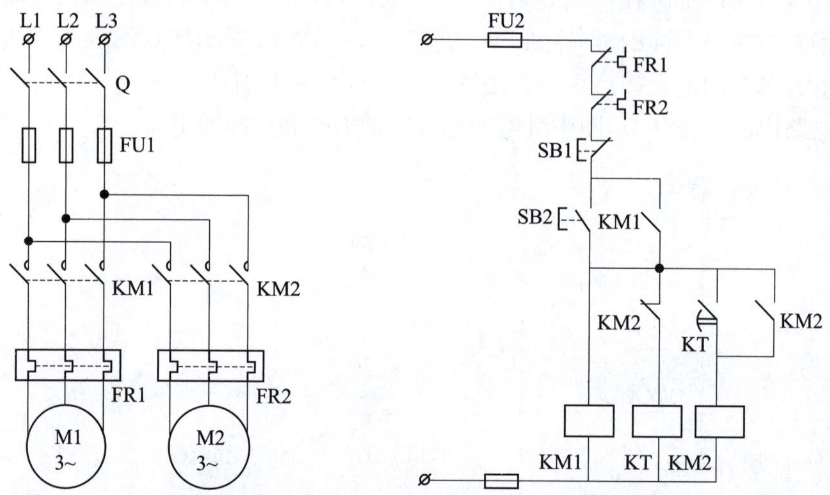

题图 2-2　一个按钮控制两台电动机顺序启动电路

(1)试分析电动机 M1、M2 启动时工作原理。

(2)在这个电路中,时间继电器的作用是什么？

任务评价标准

序号	评价项目	评价内容与标准	分值	得分
1	任务目标	能说出时间继电器分类	10 分	
2		能说出时间继电器的作用	10 分	
3		能理解电子式时间继电器原理	20 分	
4		能分析时间继电器的控制电路	20 分	
5		能识别时间继电器电气符号	20 分	
6	表达能力	仪态得体,逻辑严密,声音洪亮,讲解生动	10 分	
7	课堂表现	遵守课堂纪律,学习态度端正,积极配合教学安排	10 分	
合　计			100 分	

任务三　机械式继电器认知

电力机车的工作情况非常复杂,要保证机车正常运行,除了要实时监控电气系统,还要随时监测通风系统、空气管路和制动系统、冷却系统等处的非电量,这就需要能感测风速、风压、油路循环的继电器,机械式继电器就承担了大量的非电量的感测任务。

本任务学习电力机车常用机械式继电器的作用、结构和工作原理。

1. 熟悉机械式继电器的种类。
2. 掌握机械式继电器的结构组成。
3. 掌握机械式继电器型号含义、特点。
4. 掌握机械式继电器在电力机车上的作用。
5. 理解机械式继电器的工作原理。

任务信息

在电力机车上,除了感测电量的继电器,还有感测非电量的机械式继电器,它对机车的冷却系统、制动系统等都起着重要作用。电力机车上使用的机械式继电器有风道(风速)继电器、风压继电器、油流继电器等。

一、风道(风速)继电器

机械式继电器的作用、结构及工作原理

风道(风速)继电器安装在整流装置柜、制动风道电阻柜及牵引电机通风机系统的风道里,以确保通风系统有足够的风量。目前采用的继电器包括 TJY5(TJY5A)型风道继电器和 TJV1-7/10 型风速继电器。

(一)TJY5A 风道继电器

1. 型号及含义

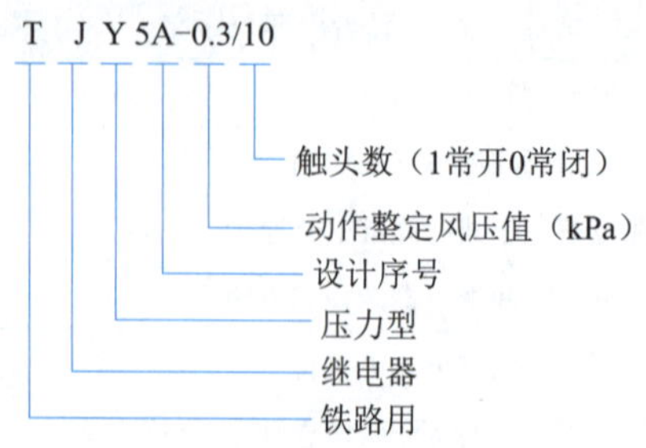

2. 作用

在韶山系列电力机车和 HXD3C 型电力机车上，安装在制动电阻柜和牵引电机通风系统风道中，用来反映通风系统的工作状态，保护发热设备。

3. 组成及结构

TJY5A-0. 3/10 型风道继电器外形为圆丘形，其结构如图 2-20 所示。它可分为触头装置和传动装置，也可分为测量机构、比较机构和执行机构。其测量机构是膜片，比较机构为反力弹簧，执行机构是一对常开联锁触头。整个继电器封装在铸铝合金壳体内。取下继电器盖，在壳体上部铸有一筋条，筋条中间安装有常开静触头。该静触头为螺丝状，拧入一塑料体中，塑料体安装在筋条上，可上、下调节，故静触头对地绝缘，并可调节触头开距及压力大小。在筋条的一侧装有引线端子座，用于连接内部动触头接线与外部连线。

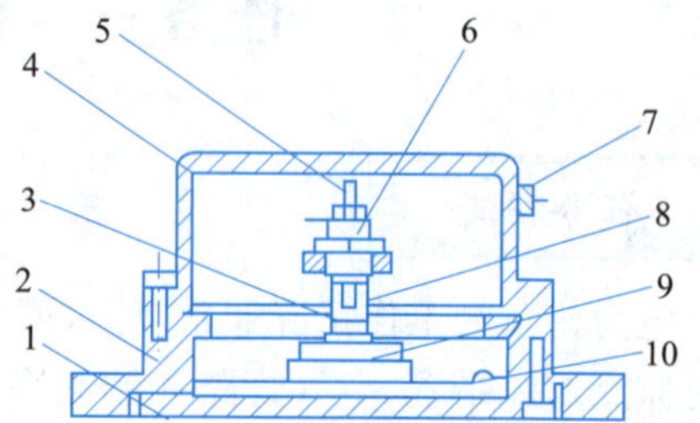

图 2-20 TJY5A-0. 3/10 型风道继电器结构

1—盖板；2—壳体；3—常开动触头；4—盖；5—常开静触头；6—塑料体；7—出线座；8—反力弹簧；9—塑料座；10—膜式铝片

风道继电器膜片为一很薄的尼龙编织制品，上、下铆以膜式铝片，起支承上部动触头和传递风压的作用。上铝片安装有塑料座，塑料座上装有常开动触头。下铝片面对盖板，盖板上开有孔，用于传递风压。无风压时，膜片在反力弹簧的作用下处于平直状态，其常开触头断开。

风道继电器应垂直安装，即膜片处于垂直状态，安装位置可以比较灵活，它与 TJV1 风速继电器不同，可以不安装在风道上。

4. 动作原理

TJY5A 型风道继电器一般用于监视牵引电机和制动电阻通风设备的工作情况。

牵引电机和制动电阻柜是依靠牵引风机和制动风机吹入的压缩空气将热量带走而进行冷却的。TJY5A 型风道继电器的风压取自牵引、制动风机风道，为正压力。吹进牵引电机或制动电阻柜的压缩空气从盖板的小孔经管道进入膜片下方的空腔内，由盖罩下部的气孔将常压空气引入膜片上方的空腔。当风机正常工作时，风道某处的压力达到继电器的动作值时，膜片下方与上方的压力差足以克服反力弹簧的反力，推动膜片向上移动，带动常开动触头与静触头闭合并保持一定的接触压力，接通相应的控制电路正常工作；当通风系统发生故障时，风量很小或为零，膜片下方与上方的风压差很小或为零，膜片在反力弹簧的作用下复位，使常开联锁触头断开，从而切断相应的控制电路。

(二)TJV1-7/10 型风速继电器

TJV1-7/10 型风速继电器实物如图 2-21 所示。

1. 型号及含义

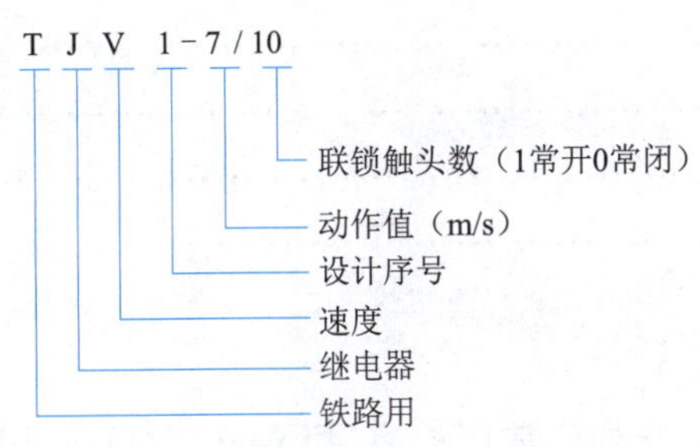

图 2-21　TJV1-7/10 型风速继电器

2. 作用

TJV1-7/10 型风速继电器装在各通风系统的风道里，用来反映通风系统的工作状态是否正常，以确保通风系统有一定的风量，保护发热设备。

3. 组成

TJV1-7/10 型风速继电器主要由测量机构、比较机构、执行机构三个部分组成，如图 2-22所示。测量机构由风叶组成，用以感测风速。比较机构由扭簧和反力弹簧等组成，以决定继电器是否有输出(动作)。执行机构由 LW-11 型微动开关来担任。在风叶轴上铆有传动块，并套有轴套，在轴套上套有扭簧，通过扭簧和传动块将叶片上的力矩传到传动组件。传动组件由传动板、滚轮和弹性传动件组成。传动块固定在轴套上，通过传动板上的拨杆、传动块又与扭簧相连，弹性传动件上端套在动开关的支架上，下端装有滚轮，通过滚轮与传动板接触。

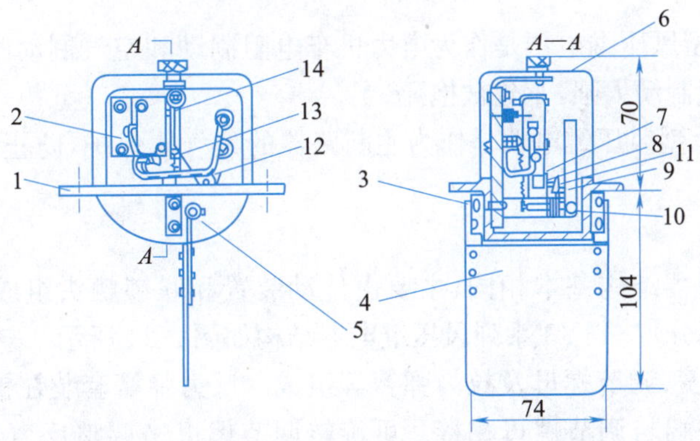

图 2-22　TJV1-7/10 型风速继电器结构(单位：mm)

1—底座；2—微动开关；3—挡块；4—风叶；5—转轴；6—盖；7—反力弹簧；8—传动板；9—传动块；10—扭簧；11—拨杆；12—滚轮；13—弹性传动件；14—微动开关按钮

4. 动作原理

当叶片在风压力作用下转动时，传动块随着转动，传动块通过扭簧拨动传动组件，克服反力弹簧的作用，压迫微动开关动作，使其常开触头闭合，接通相应的控制电路正常工作。

当通风系统发生故障无风量或风量很小时，风叶片在扭簧和反力弹簧的作用下恢复到原位，使继电器返回，微动开关释放，其常开触头打开，从而切断相应的控制电路。

继电器的动作值（风速）靠调节反力弹簧来整定，其返回值约为 6 m/s。

5. 主要技术参数

触头额定电压……………………………………………………………… DC 110 V
触头额定电流 ……………………………………………………………………… 3 A
触头数量 ………………………………………………………………………… 1 常开
风速整定值 ………………………………………………………………… 6.3～7.7 m/s

二、风压继电器

铁路机车上常用的风压继电器有 TJY 系列。常用的有 TJY3-1.5/11 型和 TJY3A-4.5/11型等。

TJY3 系列风压继电器实物如图 2-23 所示。

1. 型号及含义

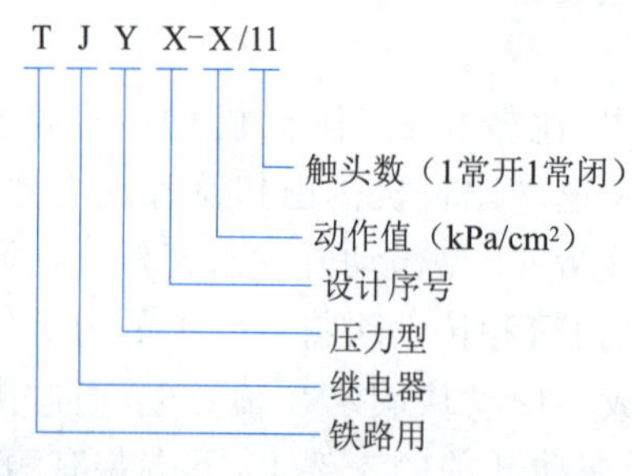

图 2-23　TJY3 系列风压继电器

2. 作用

TJY3-1.5/11 型风压继电器是作为电力机车电阻制动和空气制动间的安全联锁，在电阻制动时，防止空气制动太强，车轮被抱死。

TJY3A-4.5/11 型风压继电器是作为主断路器的欠气压保护，防止在低气压下分合主断路器。

3. 组成

TJY3 系列继电器结构基本相同，主要由传动装置和联锁触头组成（当然亦可分为测量、比较和执行三部分）。TJY3 系列风压继电器结构如图 2-24 所示。空气传动装置由橡胶薄膜、活塞、反力弹簧、调节螺母及拉力弹簧等组成。反力弹簧套装在铜质活塞上，其一端压装在基座上；另一端与调节螺母相接。可旋转调节螺母来调整反力弹簧对活塞的作用力，从而达到对该继电器的整定值的调整。当调节后，止挡弹出，防止调节螺母的误动，影响整定值。联锁触头采用 LX19K 行程开关。

TJY3A-4.5/11 型风压继电器的结构与 TJY3-1.5/11 型风压继电器相似，只是行程开关换成微动开关，安装支架、反力弹簧和阀体也略有不同。

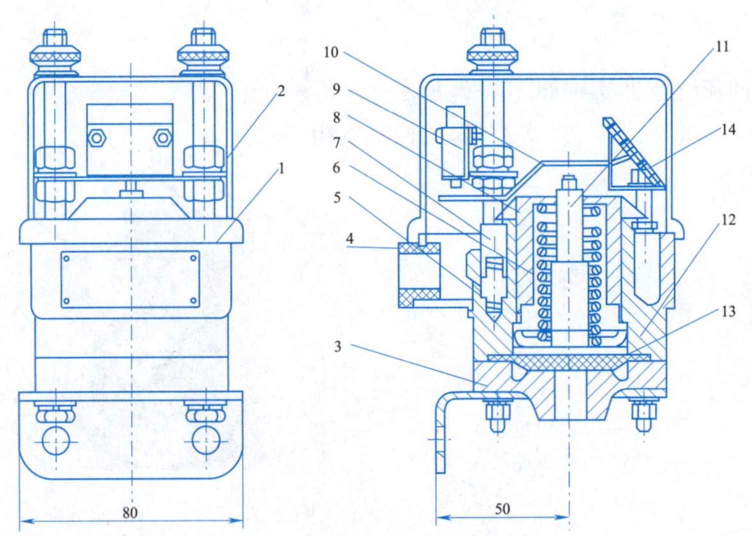

图 2-24　TJY3 系列风压继电器结构（单位：mm）

1—壳体；2—上盏；3—下盏；4—橡皮环；5—弹簧；6—反力弹簧；7—止销；8—调节螺母；9—行程开关；10—支架组装；11—活塞；12—阀体；13—橡胶薄膜；14—拉力弹簧

4. 动作原理及应用

当气压达到动作值时，空气压力大于反力弹簧的反力，推动橡胶薄膜及活塞上行，通过传动件使接点动作。

韶山系列电力机车上安装有 3 个风压继电器。

(1)一个 TJY3-1. 5/11 型风压继电器，在机车电阻制动和空气制动间起安全联锁作用。

(2)一个 TJY3A-4. 5/11 型风压继电器，作为主断路器的欠气压保护。

(3)另一个 TJY3A-4. 5/11 型风压继电器，用来检测机车蓄能制动器供风的停车制动风管的风压，当停车制动风管压力低于 450 kPa 时，蓄能制动器会上闸抱轮，若司机不注意就会引起动轮迟缓。它的作用是当停车制动风管风压低于 450 kPa 时，继电器触头闭合，司机台上“停车制动”信号灯亮，提醒司机现在风管压力偏低应采取措施。

5. 主要技术参数

触头形式 …………………………………………………… 桥式双断点

触头数量 …………………………………………………… 1 常开 1 常闭

触头额定电压 ……………………………………………… DC 110 V

触头额定电流 ……………………………………………… 5 A

额定气压 …………………………………………………… 900 kPa

TJY3 型

　　触头接通风压 ……………………………………………… 150 kPa

　　触头断开风压 ……………………………………………… 90～110 kPa

TJY3A 型

　　触头接通风压 ……………………………………………… 450～465 kPa

触头断开风压 ………………………………………………………… 400～425 kPa

三、油流继电器

TJV2 型油流继电器实物如图 2-25 所示。

此外还有 LJ-38 和 YJ-100 等型号,结构基本相同。

1. 型号及含义

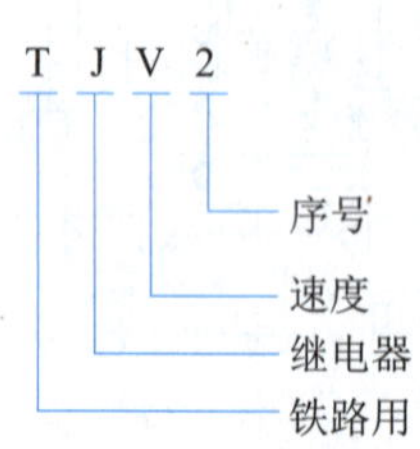

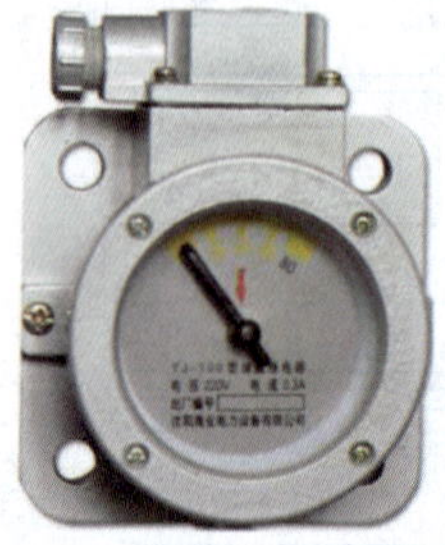

图 2-25　TJV2 型油流继电器

2. 作用

油流继电器用来监视主变压器油循环冷却系统的工作状况,当油流停止或不正常时,给司机发出警告信号。在电力机车主变压器两端的循环油管中,各设有一个油流继电器,位于主变压器油出口的位置。

3. 组成

如图 2-26 所示,TJV2 型油流继电器由叶片、扭簧和接线柱等组成。其测量机构由绕球轴承转动的叶片和扭簧组成,执行机构为由叶片和接线柱 9 组成的常闭联锁触头承担。

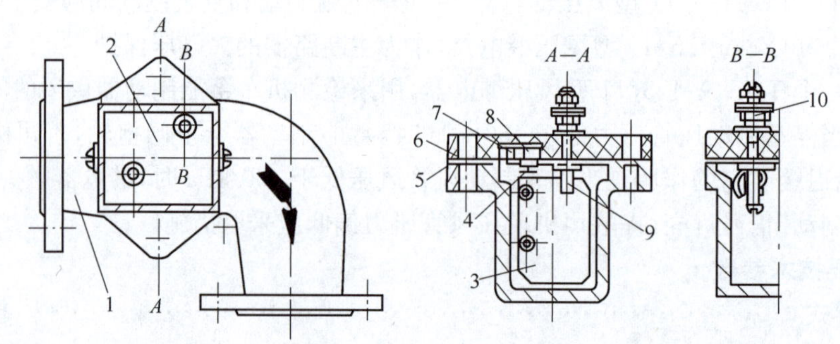

图 2-26　TJV2 型油流继电器

1—连管;2—外罩;3—叶片;4—扭簧;5—橡皮垫;6—底板;7—球轴承;8—转轴;9、10—接线柱

4. 动作原理

当油流正常循环时,油流推动叶片克服扭簧的扭力而转动,使常闭联锁触头(叶片 3 和接线柱 9)断开,司机台上无电信号显示;当油流停滞时,叶片在扭簧作用下返回,同接线柱 9 接触,电信号电路经接线柱 9、叶片、扭簧和接线柱 10 而接通,司机台上显示相应的电信号,表示油流不正常。该型油流继电器管体上标有油流方向箭头,分左、右两方向,不能装错。

机械式继电器认知任务导学

姓名		班级		学号	

1. 电力机车上常用的机械式继电器有哪几种？

2. 油流继电器的作用是什么？

3. 简述油流继电器的工作原理。

4. 利用思维导图归纳总结机械式继电器的知识。

任务评价标准

序号	评价项目	评价内容与标准	分值	得分
1	任务目标	能说出机车上常用机械继电器名称	10分	
2		能说出风道继电器在机车上的作用	10分	
3		能说出风压继电器在机车上的作用	20分	
4		能说出油流继电器在机车上的作用	20分	
5		能分析机械式继电器与电磁式继电器的异同	20分	
6	表达能力	仪态得体，逻辑严密，声音洪亮，讲解生动	10分	
7	课堂表现	遵守课堂纪律，学习态度端正，积极配合教学安排	10分	
合　计			100分	

继电器安装与使用注意事项

(1)继电器的使用应尽量符合产品说明书所列的各个参数范围。

(2)直流继电器尽量使用矩形波控制，交流继电器尽量使用正弦波控制。

(3)为了保持继电器的性能,请注意不要使继电器掉落或受到强冲击。

(4)继电器尽量在常温常湿且灰尘和有害气体少的环境中使用。有害气体包括含硫类、硅类和氧化氮类等气体。

(5)在有多组触点接线时,请把触点尽量排列在电源的同一极,负载在电源的另一极,如图 2-27(a)所示,这样可以防止触点与触点间存在电压差造成触点间短路的可能,避免如图 2-27(b)所示接线。

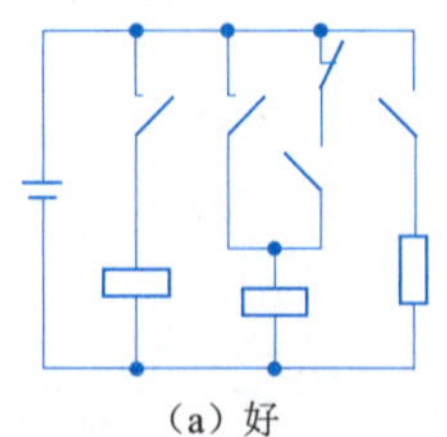

(a) 好

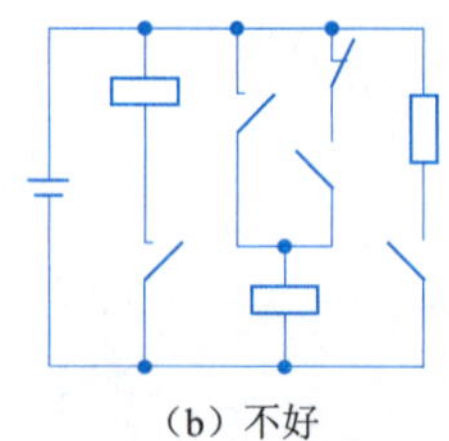

(b) 不好

图 2-27　继电器触点接线图

一、填空题

1. 从继电器的工作原理考虑,继电器一般由__________、__________、__________等部分组成。

2. 电磁式继电器的测量机构是__________,执行机构是__________。

3. JZ15-44Z 型中间继电器代号中第一个 Z 表示__________,第二个 Z 表示__________。

4. 国产电力机车上,继电器的触点表示方法遵循__________的原则。

5. 油流继电器在电力机车上,用来监视__________循环系统的工作情况,当油流停止成不正常时,给司机发出警告信号。

二、选择题

1. 下列叙述中,不属于中间继电器特性的是(　　)。

A. 电磁式继电器　　B. 增加触点数量

C. 增加触点容量　　D. 建立较长时间,较精确的延时

2. 对于大部分继电器来说,输入量可以是(　　)。

A. 电量　　B. 非电量　　C. 都可以

3. TJV1-7/10 型风速继电器风叶相当于继电器的(　　)。

A. 测量机构　　B. 比较机构　　C. 执行机构

4. TJY5-0.3/10 型风道继电器采用(　　)的传动形式。

A. 气缸传动　　B. 薄膜传动　　C. 电磁传动

5. 直流继电器、直流接触器铁芯选用的磁性材料是(　　)。

A. 硅钢片　　B. 电磁纯铁　　C. 铁镍合金　　D. 铁铝合金

6. 中间继电器的基本构造是(　　)。

A. 由电磁机构、触头系统、灭弧装置、辅助部件等组成

B. 与接触器基本相同，所不同的是它没有主、辅触头之分且触头对数多，没有灭弧装置

C. 与接触器完全相同

D. 与热继电器结构相同

7. 电流继电器线圈的正确接法是(　　)电路中。

A. 串联在被测量的　　B. 并联在被测量的

C. 串联在控制回路　　D. 并联在控制回路

三、判断题

1. 继电器可以用来开断主电路及大容量的控制电路。(　　)

2. 油流继电器在安装时要注意安装方向，确保油流方向与要求相符。(　　)

3. 风道继电器取的控制量为风量。(　　)

四、简答题

1. 风道(风速)继电器在电力机车控制电路中起什么作用?

2. 画出中间继电器的电气符号。

项目三 高压电器检查

高压电器检查
互感器检查
互感器原理
作用
高压电压互感器
作用
高压电流互感器
互感器检查
避雷器检查
作用
车顶避雷器
作用
车内避雷器
操作过电压
避雷器检查
高压隔离开关检查
作用
结构
高压隔离开关检查
受电弓检查
作用
结构
弓头
四铰链机构
阻尼装置
升弓装置
升降弓原理
升降弓过程分析
自动降弓装置ADD
升降弓特点
先快后慢
受电弓检查
主断路器检查
作用
分类
真空断路器
结构
工作原理
真空断路器检查
高压接地开关检查
作用
结构
机车高压连锁
高压接地开关检查

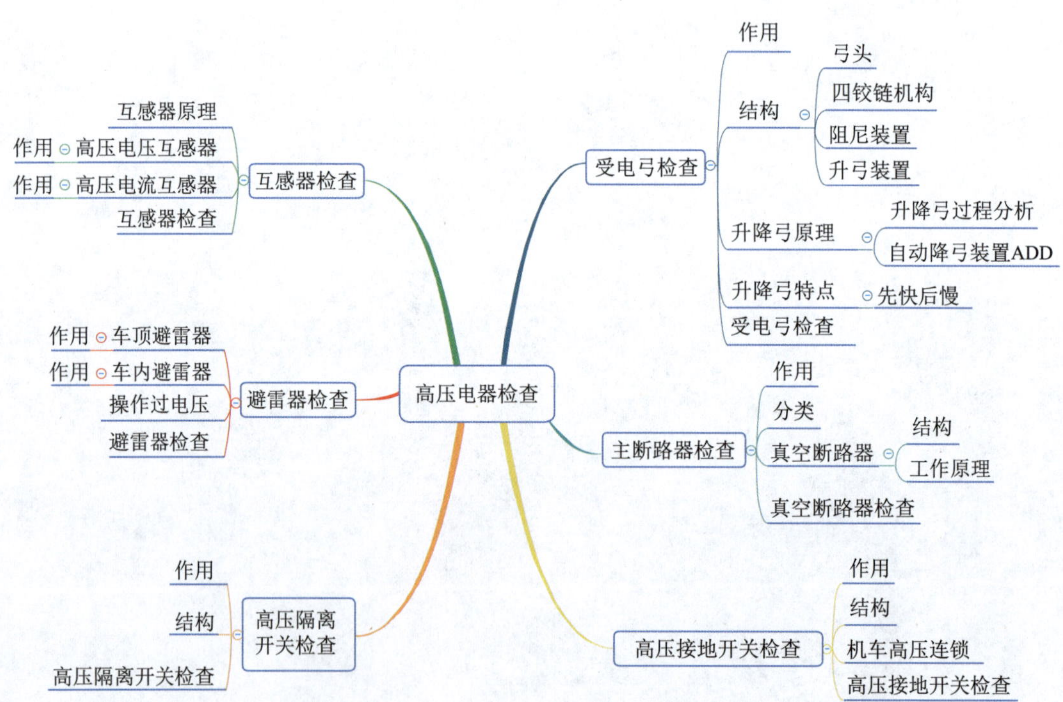

电力机车的高压电器指工作在网侧 25 kV 高压电环境下的电器，在机车电路中的位置如图 3-1 所示。电力机车高压电器实现受流、高压牵引控制、保护、冗余等功能，其稳定性直接影响到机车的正常运行。因此对于高压电器要注重日常检查，严把质量关，规范检修预防为主，以保证电力机车的安全运行。

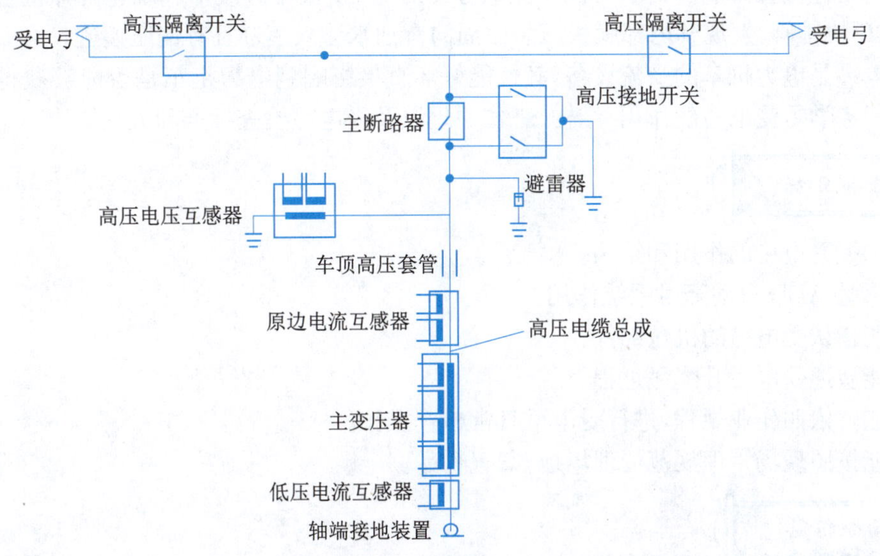

图 3-1　典型电力机车高压电器电路原理框图

高压电器检查共包含六个典型工作任务：受电弓检查、主断路器检查、高压接地开关检查、高压隔离开关检查、互感器检查和避雷器的检查。在检查过程中，要按企业实际岗位工作标准和方法完成任务，同时必须严格按照规定进行文明和安全操作。

1. 了解电力机车高压电器参数。
2. 熟悉电力机车高压电器结构。
3. 掌握电力机车高压电器作用。
4. 能够分析电力机车高压电器工作原理。
5. 能够依照岗位工作标准，进行高压电器的检查。

任务一　受电弓检查

任务描述

某机务段运用车间乘务员值乘 HXD3C 型电力机车。库内检查机车后，进行试验时工况屏显示受电弓 1 故障无法升弓，立即报修，行修人员上车后无法排除故障，机车需回库检查、试验。机务段技术人员检查机械间内机车受电弓 1 控制气路板外观无异常。整备司机动车进入整备场,登顶检查机车受电弓外观正常,气囊及各风管连接可靠,无裂损。机车进行升弓检查、试验,又多次出现受电弓 1 升不起,微机屏提示"自动降弓装置 1 动作",顶部人员仔细检查,发现 ADD 快排阀排风口有泄漏,将排风口人为堵塞,受电弓 1 多次升起正常。将机车受电弓 1、2 的 ADD 快排阀进行互换,进行升弓试验,受电弓 1 升起正常,受电弓 2 出现升不起现象,微机屏提示"自动降弓装置 2 动作"。

经过上述检查、试验,判断为机车受电弓 1 的 ADD 快排阀故障。现场解体检查受电弓 1 的 ADD 快排阀,发现其内部膜板压装面周向有油水渗入痕迹且有偏压痕迹。

受电弓是电力机车的受流设备,其性能好坏直接影响到电力机车是否能够获得动力来源。本任务学习受电弓的作用、结构、工作原理以及受电弓检查标准和方法。

1. 掌握受电弓的作用和结构。
2. 熟悉 ADD 自动降弓系统作用。
3. 能指认受电弓的机械部件。
4. 能叙述受电弓升降弓过程。
5. 能够依照作业规程,进行受电弓日常检查操作。
6. 能按照现场管理规范清理场地,归置物品。

一、受电弓作用和分类

电气化铁路线路上方供电网是接触网,为电力机车(除特指动车组外均含动车组)提供 25 kV/50 Hz 的单相交流电。电力机车顶部装有受电弓,受电弓升起后与接触网导线接触,从接触网上集取电流,并通过车顶母线传送到车内,为机车提供电能,如图 3-2、图 3-3 所示。

> **想一想:**电力机车与接触网只通过受电弓这一条线路连接,要想正常工作,供电系统是如何构成电流通路的呢?

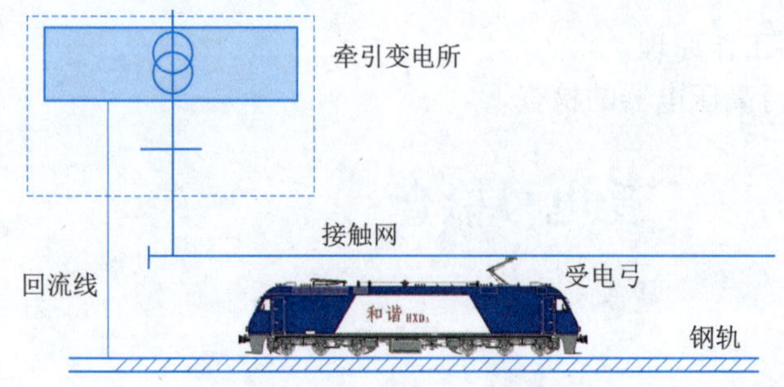

图 3-2 电力机车工作原理示意图

图 3-3 受电弓与接触网

受电弓按结构形式分为单臂和双臂两种,如图 3-4 所示。单臂受电弓结构简单、尺寸小、重量轻，具有良好的动态特性，广泛应用于干线电力机车上。

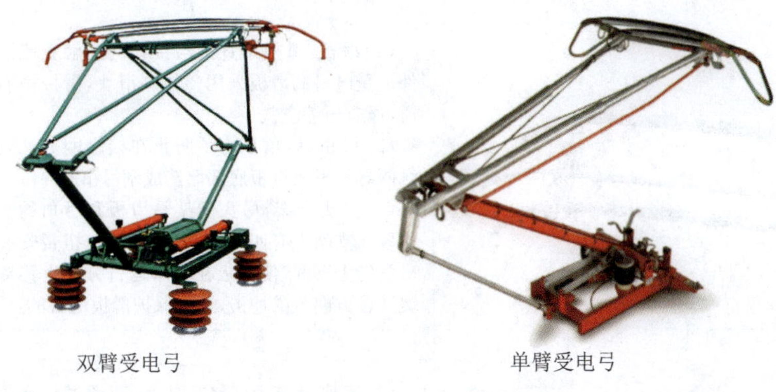

图 3-4　受电弓分类

受电弓的作用

目前，电力机车上采用各种型号的单臂受电弓，一类属于弹簧式的，如 SS_{3B} 型电力机车采用的 TSG1-600/25 型，SS_{4G} 型电力机车采用的 TSG1-630/25 型和 LV260-2 型，SS_6 型、SS_8 型电力机车采用的 TSG3-630/25 型等；另一类属于气囊式的，如 HXD_2 型、HXD_{3C} 型电力机车上采用的 DSA200 型单臂受电弓。本任务主要以 DSA200 型单臂受电弓为例进行学习。

二、DSA200 型单臂受电弓

受电弓的结构

1. DSA200 型单臂受电弓的基本结构

DSA200 型单臂受电弓主要由弓头部分、四铰链机构、阻尼装置、驱动装置和自动降弓装置 ADD（Automatic Dropping Device）等组成，如图 3-5 所示。其各组成部分作用见表 3-1。

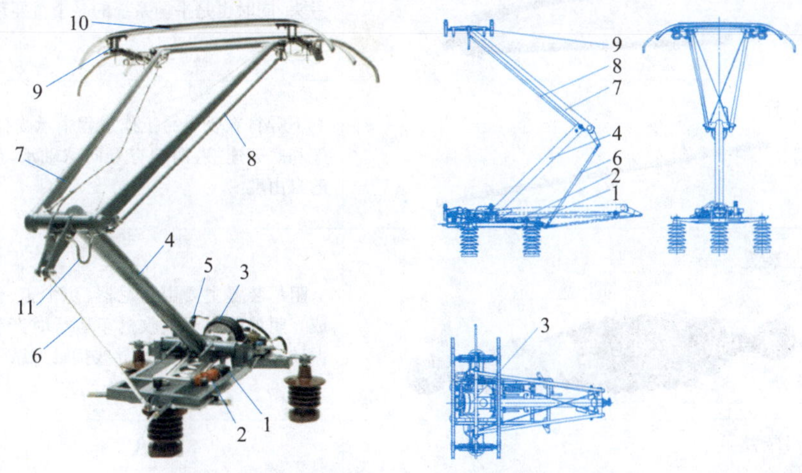

图 3-5　DSA200 型受电弓结构示意图

1—底架组装；2—阻尼器；3—升弓装置；4—下臂组装；5—弓装配；6—下导杆；7—上臂组装；8—上导杆；9—弓头；10—碳滑板；11—软编织线

表 3-1　受电弓各部分作用

序号	名称	作用
1	弓头 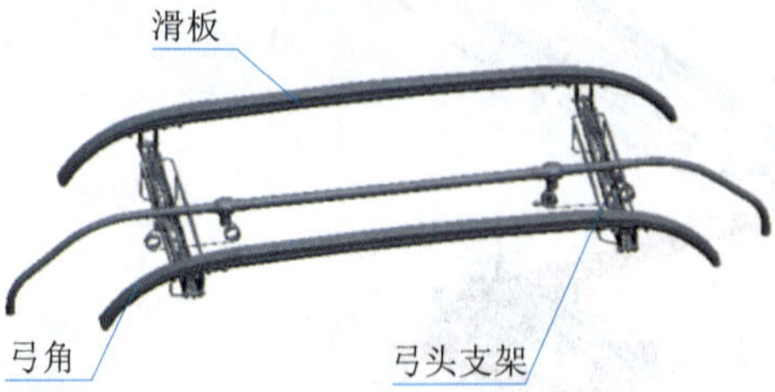 滑板 弓角 弓头支架	(1)滑板:滑板是直接与接触网接触受流的部件。受电弓的滑板采用整体碳滑块,滑板中有风道,通有压缩空气 (2)弓角:弓角是为了防止在接触网分叉处接触网导线滑入滑板底部而造成刮弓事故 (3)弓头支架:弓头支架是滑板和弓角的支撑装置。支架上有四个拉簧,通过两个扭簧安装在弓头与上臂间,使滑板在机车运行方向上移动时缓冲各方向上的冲击,达到保护滑板的目的
2	底架 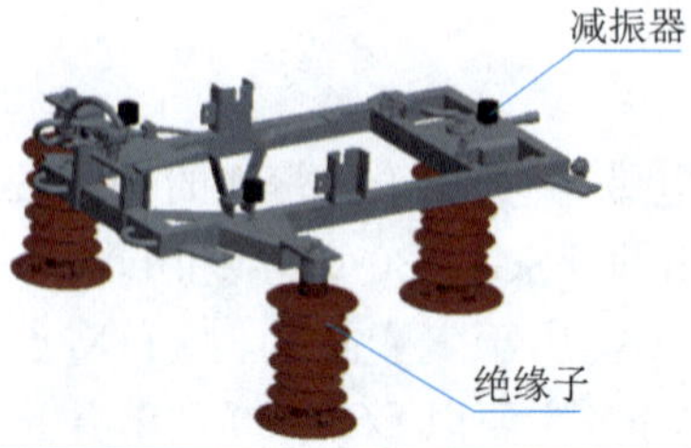 减振器 绝缘子	(1)底座是整个受电弓的基座,通过绝缘子固定在车顶,在受电弓的四连杆机构中作为静臂杆,也是驱动装置、自动降弓以及其他连杆机构的安装和连接枢纽 (2)底架上还安装三个橡胶减振器,用于落弓时缓解冲击力
3	下臂 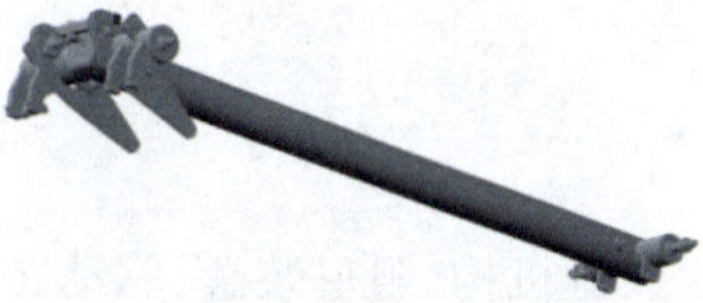	下臂作为四连杆机构中的主动杆,传递驱动装置的输出力矩给上框架,并最终作用于弓头系统,保证弓网接触压力,同时也是 ADD 系统气路的传输通道
4	上框架 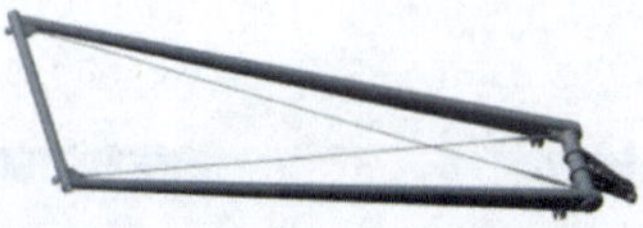	上框架作为四连杆机构的从动杆,传递力矩给弓头,同时也是平衡系统的一个重要环节
5	下导杆 	下导杆在受电弓工作过程中承受拉力,与上框架和底架连接,两端有万向球轴承,保证了灵活的自由度
6	阻尼装置  防尘盖 防护套	阻尼装置主要由阻尼器、防尘盖、保护套等组成。阻尼器用于吸收机车运行时产生的冲击和振动,保证滑板和接触导线接触可靠
7	升弓装置 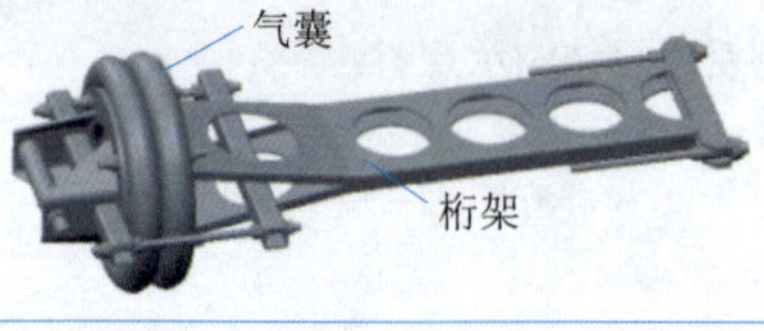 气囊 桁架	升弓装置可以控制受电弓的升降运行,升弓装置一端安装在底架上,另一端通过螺栓固定在下臂的调整板上

续上表

序号	名称	作用
8	控制阀板	控制阀板在机车运行中为受电弓提供压力恒定的压缩空气。阀板安装于及车内，单向节流阀(升弓)调节升弓速度，单向节流阀(降弓)调节降弓速度。如果调压阀出现故障，安全阀起到保护受电弓气路的作用
9	自动降弓装置(ADD)	在受电弓滑板断裂或磨损到限时，自动降弓装置会使受电弓迅速自动下降，避免受电弓和接触网继续损坏从而扩大故障

受电弓底架上方的杆件机构采用了两套嵌套的四连杆机构，其作用见表 3-2。图 3-6 所示为四连杆机构示意图，按位置分为上四连杆和下四连杆。

表 3-2　四连杆机构的作用

第一套四连杆机构由底架、下臂、上臂及下导杆组成，该机构的作用是受电弓完成工作过程中的升降动作。当下部四连杆机构中的下臂在驱动装置推动下顺时针转动时，受下导杆的牵制作用，上臂带动受电弓上部整体做逆时针运动，弓头升起	第二套四连杆机构由下臂、上臂、上导杆、弓头部分组成，上臂逆时针转动时提升弓头。上部四连杆机构有特殊的配合尺寸，保证弓头上安装的碳滑板在不同升弓高度均保持水平状态，以确保和接触网的接触面积最大

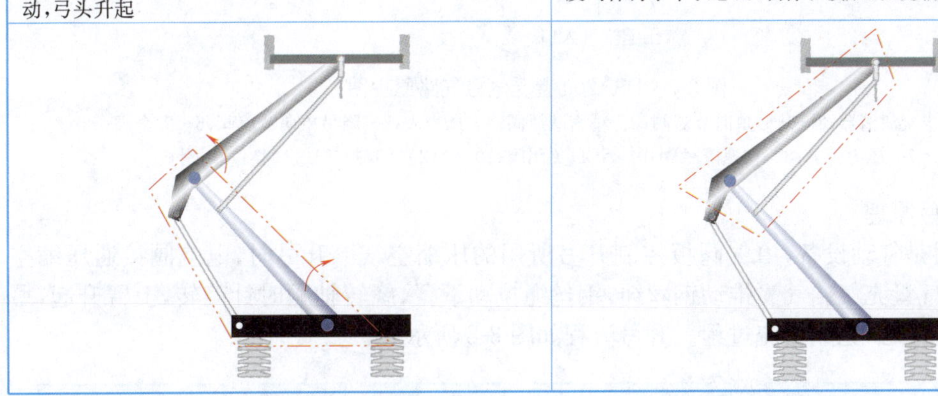

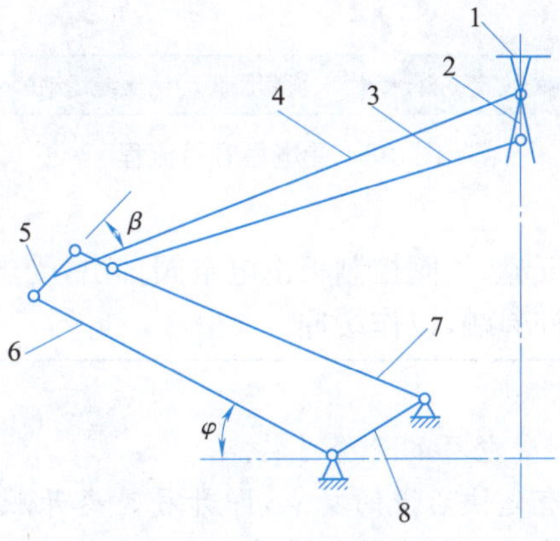

图 3-6　四连杆机构示意图

1—弓头；2—支架；3—上导杆；4—上臂；5—铰链座；6—下导杆；7—下臂；8—底座

各铰接处都装有滚动轴承并采用金属软编织线进行短接，以防止电流对轴承的烧损。

2. DSA200 型单臂受电弓的动作原理

受电弓采用气囊驱动方式升弓。受电弓的气路原理如图 3-7 所示。

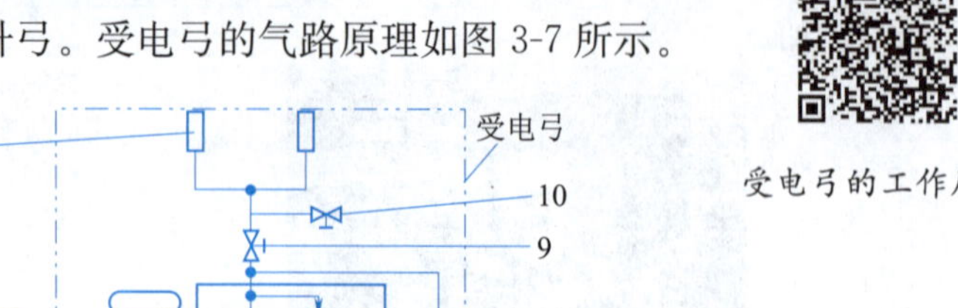

受电弓的工作原理

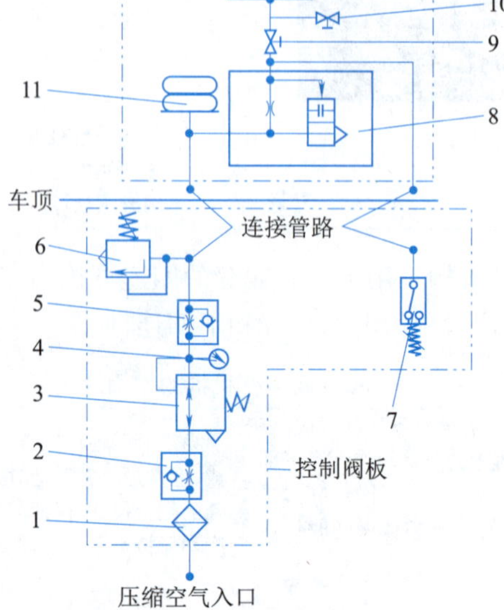

图 3-7　DSA200 型受电弓气路原理图

1—空气滤清器；2—升弓单向节流阀；3—精密减压阀；4—压力表；5—降弓单向节流阀；6—安全阀；7—压力开关；8—快速降弓阀；9—ADD 关闭阀；10—ADD 试验阀；11—气囊；12—滑板

(1)升弓原理

受电弓是气动设备，由气阀板控制升弓所用的压缩空气。升弓时，电空阀接通压缩空气，给升弓气囊充气。气囊推动钢丝绳，钢丝绳拉动下臂，绕转轴顺时针旋转，上臂升起，弓头与接触网接触，完成受流过程。升弓流程如图 3-8 所示。

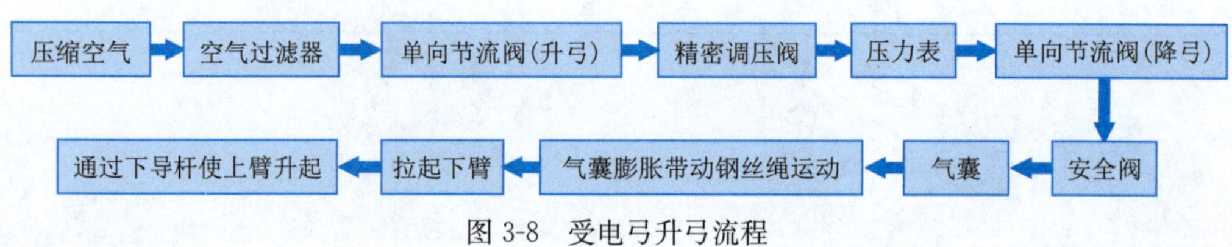

图 3-8　受电弓升弓流程

(2)降弓原理

降弓时，压缩空气经过气囊、气阀控制板由电空阀排出，受电弓靠自重下落并维持在降弓位。降弓时，在降弓位允许弹跳，以作缓冲。

背一背：

受电弓的升降弓特点

受电弓升降弓过程具有先快后慢的特点，即升弓时离开底架要快，但接触导线时要慢，以防弹跳；降弓时脱离接触导线要快，避免拉弧，接近底架时要缓慢，以减少对底架的机械冲击。

受电弓的特点

(3)自动降弓过程

图 3-9　与碳滑板连接的气路软管

DSA200 型单臂受电弓装有自动降弓装置(ADD)。快速降弓阀体内部分为两个腔体:一个腔体连接气囊,另一个腔体连接碳滑板。连接碳滑板的气路软管如图 3-9 所示。两个腔体的压缩空气同时导入一个利用压差工作的气动排风阀。在正常的升弓以及降弓的操作工况下,快速降弓阀不工作,其与碳滑板连接的腔体内部气压保持与碳滑板内部毛细气管一致。

当发生弓网故障造成滑板断裂或磨损到极限时,会导致控制管路内的压缩空气泄漏,当自动降弓装置检测到气压变化后迅速动作,将气囊内的空气迅速从快速降弓阀排出,使受电弓快速脱离网线,以避免网线和受电弓的进一步损坏。但碳滑板在允许范围内的小裂缝和少量的漏气不会影响正常使用。

3. 主要技术参数

额定电压 …… 25 kV

额定电流 …… 1 000 A

静态接触压力(调整量±10 N) …… 70 N

升弓时间 …… ≤5.4 s

降弓时间 …… ≤4 s

工作空气压力 …… 400~1 000 kPa

降弓保持力 …… ≥120 N

三、受电弓检查内容与方法

1. 受电弓检查

受电弓检查内容与方法见表 3-3。

表 3-3　受电弓检查内容与方法

序号	作业项目	作业要领	作业标准	作业方法
1	弓头检查	弓头支架外观检查	无污垢、变形、油漆脱落和缺陷	目测弓头支架无污垢、变形、油漆脱落和缺陷

续上表

序号	作业项目	作业要领	作业标准	作业方法
1	弓头检查	弹簧元件状态检查	无污垢和锈蚀、无损坏和松动，弹簧元件连接螺钉紧固 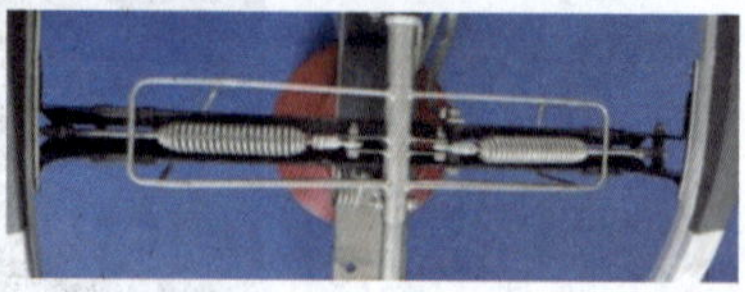	目测弹簧元件无污垢和锈蚀、无损坏和松动，弹簧元件连接螺钉紧固。弹簧按压后应可完全弹回，并保持两条滑板水平
		滑板状态和限度检查	(1)滑板无较大刻痕或剥落，滑板总剩余高度不得小于 22 mm，碳条残余高度不小于 5 mm，否则更换。不允许出现宽度达到 15 mm以上的切口和贯穿性裂纹以及纵向裂纹，不允许由于电弧导致的变形或缺陷 (2)弓角涂层不小于 0.1 mm 或磨损宽度不大于 5 mm，否则更换	(1)目视检查受电弓滑板有无损坏、裂纹或缺损，不允许松动、渗水。小切口或锋利棱角使用锉刀磨平。游标卡尺测量滑板厚度 (2)用游标卡尺和钢卷尺测量弓角磨损
2	底座检查	底座状态检查	安装状态良好，无污垢，无油漆脱落。减振橡胶堆无老化、变形。安装螺栓紧固无松动，迟缓线无错位 	(1)目视检查底座表面平整，无变形、裂纹，迟缓线无错位 (2)目视检查受电弓降弓状态下，弓体与橡胶支撑座之间减振、密贴良好
		各阀体外观检查	无污垢、油漆脱落和破损 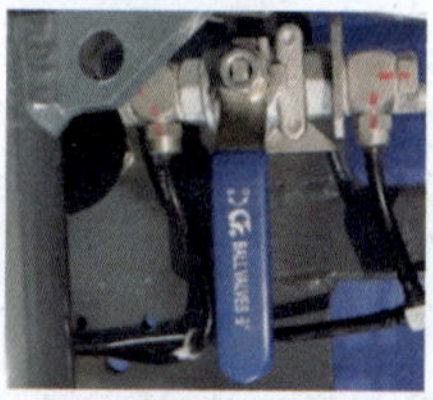	目视检查阀体无污垢、油漆脱落和破损。手动操作阀门无卡滞
3	铰链机构	支架外观检查	各支架、杆臂无损伤、油漆脱落和变形，无污垢  左、右纵支柱	目视检查受电弓上臂和上导杆外观无变形、裂损。杆端螺纹无滑丝现象

续上表

序号	作业项目	作业要领	作业标准	作业方法
3	铰链机构	轴承和轴销状态检查	轴承无偏离或变形、损坏、转动正常 	手动检查铰链机构各活动关节转动灵活无卡滞，轴承无偏离、变形和损伤。目视检查下导杆两端的关节轴承以及升弓装置销轴处润滑状态
		钢丝绳外观检查	钢丝绳无断股、无锈蚀，在降弓位时检查钢丝绳松紧程度 	目视检查升弓钢丝绳有无锈蚀和损坏，对锈蚀适当处理，如发现断股，则必须更换
4	升弓装置	气囊、桁架和底板外观检查	气囊无裂纹、无破损和泄漏，各安装紧固螺栓无松动 	目视检查升弓装置气囊无裂纹、破损现象。桁架和底板无破损、变形和污垢。目视检查迟缓线无错位 
5	阻尼装置	外观检查	无污垢和油漆脱落，不得有磨损、破损和泄漏现象 	目视检查阻尼器各紧固螺栓固定良好，阻尼器外观无泄漏，防尘套卡固定牢固，防尘套无老化、龟裂
		功能状态检查	阻尼器动作灵活，工作状态良好	升降弓时目视阻尼器工作状态良好，动作灵活
6	支撑绝缘子	外观检查	安装牢固，无烧损、无裂纹和缺损 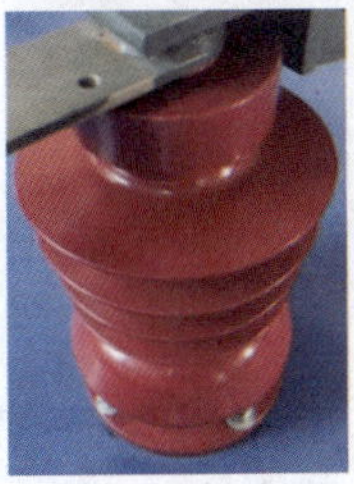	目视检查支撑绝缘子外观

续上表

序号	作业项目	作业要领	作业标准	作业方法
7	受电弓软连线	受电弓所有软连线外观检查	软连线无破损,连接状态良好 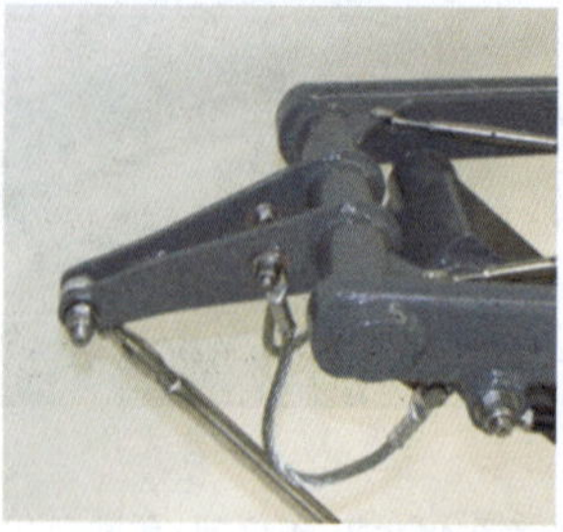	目视检查所有跨接软连线有无损坏和缺陷,连接螺母紧固,接触良好。断股不应大于5%,否则更换
8	气路检查	气路状态及空气软管检查	无污垢,管路接头密闭良好,无泄漏。气源控制阀组完好 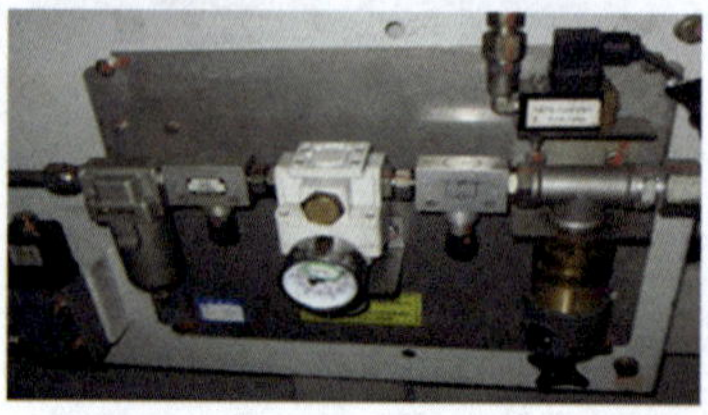	目视管路无污垢,管路接头密闭良好。与受电弓滑板连接软管无破损、无泄漏 
9	参数测量	升降弓时间	在额定工作气压下,滑板从落弓位上升1 400 mm,所需时间不大于5.4 s(不计充气时间),滑板从1 400 mm下降到落弓位所需时间不大于4 s	升降弓时用秒表记录升降弓时间
		静态接触压力	夏季应在65～75 N之间,冬季应在75～80 N之间	升弓时用弹簧刻度尺测量静态接触压力

2. 紧固力矩检查

(1)目视检查受电弓各处固定情况及电气连接的紧固性。一旦发现松动,必须按照表3-4力矩拧紧。

表3-4 受电弓主要装配部件螺纹连接处的拧紧力矩

装配部件	螺纹规格	拧紧力矩额定值(N·m)
气囊与桁架、底板装配	M10	33
底板组装	M8	15
方形钢管组装	M10	33
线导板组装	M16	144
下臂两端	M16	80
下导杆两端	M16	80
弓装配	M8	35
滑板组装	M8	15

(2)螺纹不得出现滑丝,与锁紧螺母连接的螺栓螺纹应露出螺母3 mm以上。

受电弓检查任务导学

姓名		班级		学号	

1. 阅读任务描述中案例，试讨论在电力机车检修车间，进行高压电器检查的工作班组应具备的职业素养有哪些？

2. 在题图 3-1 中标出受电弓各部件名称。

题图 3-1　DSA200 型单臂受电弓

3. 在题图 3-2 受电弓气路原理路上画出受电弓的气路路径。

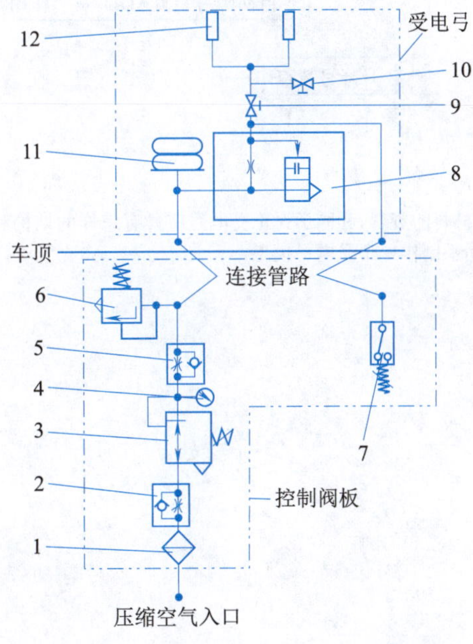

题图 3-2　DSA200 型受电弓气路原理图

续上表

姓名		班级		学号	

4. 简述 DSA200 型单臂受电弓动作原理。

5. 补充拓展受电弓认知思维导图。

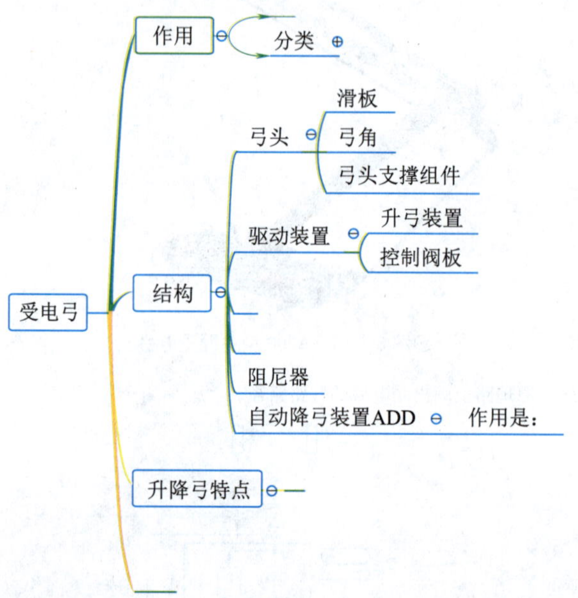

6. 在网上查询受电弓结构和材料的资料，和同学讨论受电弓应具有怎样的结构和材料特点。尝试设计一个受电弓，画出机械结构简图。也可以动手制作一个受电弓模型。

检查及维护安全须知：

(1)在任何情况下，必须采取必要的安全和防护措施。

(2)作业前接触网应断电，设备接地。

(3)受电弓升弓时，应采取必要措施，避免受电弓下降造成受电弓下人员的人身伤害。

(4)受电弓落弓位维修时，可用约 0.9 m 长的木棒支撑在底架和上臂的上交叉管，以方便开展各项作业。

一、任务实施准备

1. 工具器材准备

刷子	力矩扳手(8～40 N·m) 力矩扳手(60～220 N·m)	钢卷尺	锉刀
检漏喷剂	游标卡尺	钢丝钳	水平仪 600 mm
钢直尺 300 mm	弹簧刻度尺 0～100 N	秒表	

2. 其他准备

(1)检查工位、安全警告标志牌。

(2)穿戴配备劳保用品。

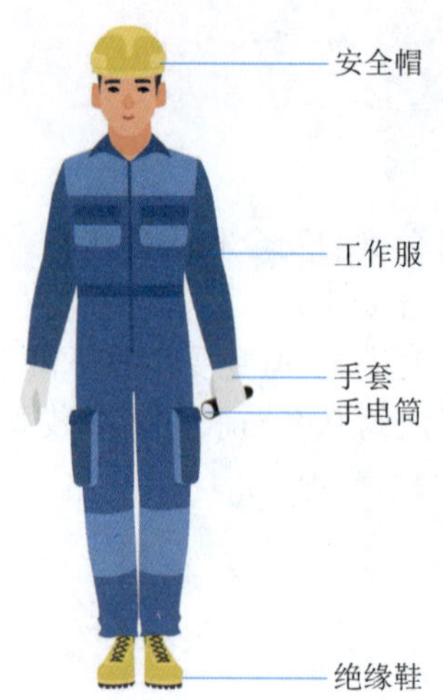

二、任务单

根据任务信息中受电弓的检查标准和方法，对受电弓实施检查，并填写任务单。

受电弓检查任务单

检查人姓名：	班级：	学号：	安全监督员：
受电弓型号：		机车型号：	
受电弓检查项目			
序号	操作项目	操作内容	结果记录
1	弓头检查	弓头支架外观检查	□ 外观良好 □ 异常（ ）
		弹簧元件状态检查	□ 状态良好 □ 异常（ ）
		滑板状态和限度检查	(1)滑板状态（ ） (2)滑板总剩余高度（ ） (3)碳条残余高度（ ）
2	底座检查	底座状态检查	□ 状态良好 □ 异常情况（ ）
		各阀体外观检查	□ 外观良好 □ 阀体动作良好 □ 异常（ ）
3	铰链机构	支架外观检查	□ 外观良好 □ 异常（ ）
		轴承和轴销状态检查	□ 状态良好 □ 异常（ ）
		钢丝绳外观检查	□ 外观良好 □ 异常（ ）

续上表

<table>
<tr><td colspan="2">检查人姓名：</td><td>班级：</td><td>学号：</td><td>安全监督员：</td></tr>
<tr><td colspan="3">受电弓型号：</td><td colspan="2">机车型号：</td></tr>
<tr><td colspan="5">受电弓检查项目</td></tr>
<tr><td>序号</td><td>操作项目</td><td>操作内容</td><td colspan="2">结果记录</td></tr>
<tr><td>4</td><td>升弓装置</td><td>气囊、桁架和底板外观检查</td><td colspan="2">□ 外观良好
□ 异常(　　　　)</td></tr>
<tr><td rowspan="2">5</td><td rowspan="2">阻尼装置</td><td>外观检查</td><td colspan="2">□ 外观良好
□ 异常(　　　　)</td></tr>
<tr><td>功能状态检查</td><td colspan="2">□ 状态良好
□ 异常(　　　　)</td></tr>
<tr><td>6</td><td>支撑绝缘子</td><td>外观检查</td><td colspan="2">□ 外观良好
□ 异常(　　　　)</td></tr>
<tr><td>7</td><td>受电弓软连线</td><td>受电弓所有软连线外观检查</td><td colspan="2">□ 外观良好
□ 螺母紧固状态良好
□ 无断股
□ 异常(　　　　)</td></tr>
<tr><td>8</td><td>气路检查</td><td>气路状态及空气软管检查</td><td colspan="2">□ 状态良好
□ 异常(　　　　)</td></tr>
<tr><td rowspan="2">9</td><td rowspan="2">参数测量</td><td>升降弓时间</td><td colspan="2">(1)升弓时间(　　　　)
(2)降弓时间(　　　　)</td></tr>
<tr><td>静态接触压力</td><td colspan="2">接触压力值(　　　　)</td></tr>
<tr><td>10</td><td colspan="4">整理、整顿、清扫、清洁</td></tr>
</table>

完成工作任务后，各组必须按照现场管理规范清理场地，归还工量具和器材。

受电弓检查评价表

<table>
<tr><td colspan="2">姓名：</td><td colspan="2">班级：</td><td colspan="2">学号：</td><td colspan="2" rowspan="2">教师评语：</td></tr>
<tr><td colspan="2">自评：
熟练□
不熟练□</td><td colspan="2">互评：
熟练□
不熟练□</td><td colspan="2">师评：
优秀□　良好□
合格□　不合格□</td></tr>
<tr><td>序号</td><td>评分项</td><td>得分条件</td><td>配分</td><td>评分要求</td><td>自评</td><td>互评</td><td>师评</td></tr>
<tr><td>1</td><td>专业技术能力</td><td>□1. 能正确指认受电弓各部件
□2. 能正确叙述受电弓工作原理
□3. 能正确完成支撑绝缘子检查
□4. 能正确完成受电弓各机械部件检查
□5. 能正确完成软连线和升弓钢丝绳检查
□6. 能正确完成紧固检查
□7. 能正确完成受电弓参数测量
□8. 能正确完成升弓装置检查</td><td>55 分</td><td>未完成一项扣 2～7 分，扣分不超过 55 分</td><td>分数：</td><td>分数：</td><td>分数：</td></tr>
</table>

续上表

<table>
<tr><td colspan="2">姓名：</td><td colspan="2">班级：</td><td colspan="2">学号：</td><td colspan="2" rowspan="2">教师评语：</td></tr>
<tr><td colspan="2">自评：
熟练□
不熟练□</td><td colspan="2">互评：
熟练□
不熟练□</td><td colspan="2">师评：
优秀□　良好□
合格□　不合格□</td></tr>
<tr><td>序号</td><td>评分项</td><td>得分条件</td><td>配分</td><td>评分要求</td><td>自评</td><td>互评</td><td>师评</td></tr>
<tr><td>2</td><td>工具及设备使用能力</td><td>□1. 能正确使用弹簧刻度尺和秒表
□2. 能正确使用锉刀
□3. 能正确使用游标卡尺
□4. 能正确使用扭力扳手</td><td>20 分</td><td>未完成一项扣 1～5 分，扣分不超过 20 分</td><td>分数：</td><td>分数：</td><td>分数：</td></tr>
<tr><td>3</td><td>资料信息查询能力</td><td>□1. 能正确查询不同型号受电弓资料
□2. 能在规定时间内查询所需工具使用方法</td><td>5 分</td><td>未完成一项扣 2. 5 分，扣分不超过 5 分</td><td>分数：</td><td>分数：</td><td>分数：</td></tr>
<tr><td>4</td><td>表单填写与报告的撰写能力</td><td>□1. 能正确记录检查维护信息
□2. 字迹清晰
□3. 无错别字、无涂改、无抄袭
□4. 能正确表述报告主要内容</td><td>10 分</td><td>未完成一项扣 1～2. 5 分，扣分不超过 10 分</td><td>分数：</td><td>分数：</td><td>分数：</td></tr>
<tr><td>5</td><td>职业素养</td><td>□1. 遵守规则制度、劳动纪律
□2. 正确穿戴劳保用品
□3. 积极主动承担工作任务
□4. 人身安全与设备安全
□5. 按照现场管理规范清理场地，归置物品</td><td>10 分</td><td>未完成一项扣 2. 5 分，扣分不超过 10 分</td><td>分数：</td><td>分数：</td><td>分数：</td></tr>
</table>

一、受电弓材料参数

受电弓各部件使用材料见表 3-5。

表 3-5　受电弓各部件使用材料

部件	材料
底架	优质碳钢
下臂	优质碳钢
下导杆	不锈钢
上臂	铝合金
弓头	铝合金/不锈钢
滑板	铝托架/纯碳或浸金属碳
弓角	不锈钢

二、受电弓常见故障及检查方法

受电弓常见故障及检查方法见表 3-6。

表 3-6　受电弓常见故障及检查方法

现象	可能原因	措施/测试/故障修复
受电弓无法升起	没有压缩空气	(1)检查阀板前端是否有气源输入 (2)检查阀板各元件是否有堵塞 (3)检查减压阀是否设置正确
	自动降弓装置启动	(1)检查滑板和 ADD 管路是否破损 (2)检查受电弓连接部分的是否漏气 (3)检查试验阀的位置 (4)如果需要关闭 ADD
	气动元件损坏	(1)检查压缩空气流动 (2)检查气路(冰,水)是否堵塞 (3)检查升弓装置 (4)检查是否有卡滞、粘连故障 (5)修复/更换故障件
受电弓升弓太快或太慢	升弓节流阀故障	检查升弓时间,如有必要重新调整或更换
	阻尼器故障	检查阻尼器,如果必要就更换
	气动元件损坏	(1)检查漏气 (2)检查堵漏/消除故障 (3)检查机械变形/消除故障
受电弓降弓太快或太慢	降弓节流阀故障	检查降弓时间,如有必要重新调整或更换
	阻尼器故障	检查阻尼器,如果必要更换阻尼器
滑板磨损不均	上导杆调整错误	调整上导杆
滑板有电弧痕迹	接触压力设定太低	检查如果必要调整接触压力
滑板裂纹	受电弓损伤	检查受电弓整体灵活性,如果必要更换零件
自动降弓	压力开关调整错误	检查压力开关,有必要就重新调整或更换
	ADD 启动	检查碳滑板或 ADD 风管是否破损
机车对网线不绝缘	绝缘子脏或空气闪络	清洁或更换绝缘子

任务二　主断路器检查

一台 HXD3C 型电力机车执行牵引任务时,因机车主断路器无法正常合闸,机车维持运行至下一站停车救援,回段检修。经段内对主断路器进行检查保养,确认为主断路器控制插头故障。电力机车线上运行情况复杂,主断路器故障是机车常见故障之一,对主断路器的检查检修要细致到位,各接线部分也要认真检查,消除松动、虚接等动态隐性故障。

本任务学习电力机车主断路器作用,真空断路器结构、工作原理,以及真空断路器检查标准和方法。

1. 掌握主断路器的作用。
2. 熟悉真空断路器结构。
3. 理解真空断路器的工作原理。
4. 能指认真空断路器主要部件。
5. 能够依照作业规程,进行主断路器日常检查操作。
6. 能按照现场管理规范清理场地,归置物品。

一、主断路器的作用

电路一般由电源、开关、连接导线和负载四大部分组成,其中由开关控制电路的接通和断开。电力机车作为牵引供电系统的负载,由接触网供电,受电弓将电流引入,这时需要一个开关电器实现电力机车电源的接通与断开,如图 3-10 所示。

> **想一想:**受电弓升弓时电力机车有电,降弓时电力机车断电。那能否用受电弓直接作为电力机车回路的开关呢?

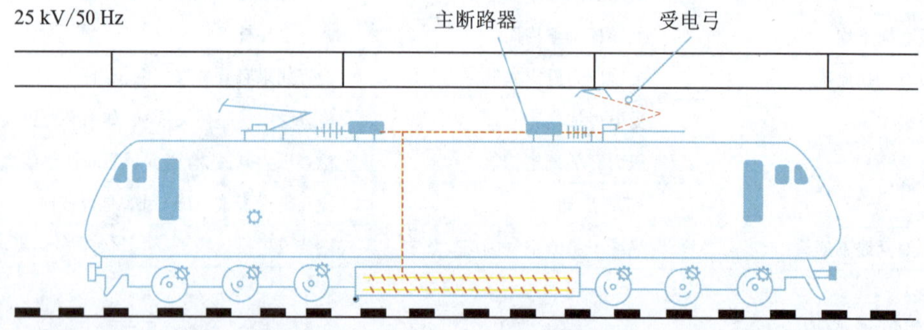

图 3-10　电力机车受流示意图

主断路器是连接在受电弓与主变压器之间的高压断路器,它是电力机车电源的总开关和机车的总保护,安装在机车车顶中部或车内高压电器柜中。当主断路器闭合时,机车通过受电弓从接触网获得电源,投入工作。如机车发生过流、接地、过电压、欠电压等故障时,故障信号通过控制电路使主断路器自动断开,切断机车的总电源,以免故障扩大使其他电气设备受到损害。

主断路器属于高压断路器的一种。按其灭弧介质不同分为油断路器、空气断路器、六氟化硫断路器和真空断路器。目前电力机车使用的大多是真空断路器。

二、真空断路器

真空断路器的作用、结构和工作原理

真空断路器是以真空作为绝缘介质和灭弧介质，利用真空耐压强度高和介质强度恢复快的特点进行灭弧的。与空气断路器相比，真空断路器具有结构简单、工作可靠、分断容量大、动作速度快、绝缘强度高、整机检修工作量小等诸多优点。

22CBDP1 型交流真空断路器是一种新型的电力机车主断路器，适用于干线交流 25 kV 各类型电力机车断路器与接地开关直接装配，安装在车内高压电器柜中，其外形如图 3-11 所示。

图 3-11　22CBDP1 型真空断路器

1. 22CBDP1 型真空断路器结构

22CBDP1 型真空断路器是一种单极交流真空主断路器，其结构如图 3-12 所示，由高压部分和低压部分组成。高压部分由两个绝缘子上下垂直安装，作为主电路连接器的真空开关管与上绝缘子浇注成一体，传动杆位于下绝缘子的内腔。低压部分集中安装在底座内，主要由调压阀、节流阀、转换阀、电磁阀、辅助触头、储气缸、气缸和压力开关组成。

真空断路器的传动控制和检测部件安装在基座中。

2. 真空断路器工作原理

真空断路器采用电空控制装置，由压缩空气控制触头的分合闸，工作原理如图 3-13 所示。压缩空气经过过滤器进入断路器后分为两路：一路经过调压阀，将气压调至 483～497 kPa，进入储风缸；一路经过节流阀进入下绝缘子内腔起吹扫作用，保证绝缘子内腔的干燥及清洁。

当主断路器收到闭合命令，电磁阀得电，转换阀动作，空气由储气缸进入气缸，推动活塞经传动杆压缩恢复弹簧，动触头上移，主触头闭合。活塞继续驱动，压缩复原弹簧并超过弹簧力，当力量相等时，活塞停止前进，完成真空主断路器闭合工作。

当主断路器收到断开指令时，电磁阀断开，带动转换阀闭合，气缸中的气体排出，弹簧恢复的压力使活塞回到底部位置，使主触头分开，完成真空主断路器断开工作。

压力开关与电磁阀线圈串联，当压缩空气压力下降至 345～358 kPa 时，压力开关打开，电磁阀线圈失电，真空断路器主触头自动断开。如要重新闭合空气断路器，压缩空气压力必须在 390～420 kPa。

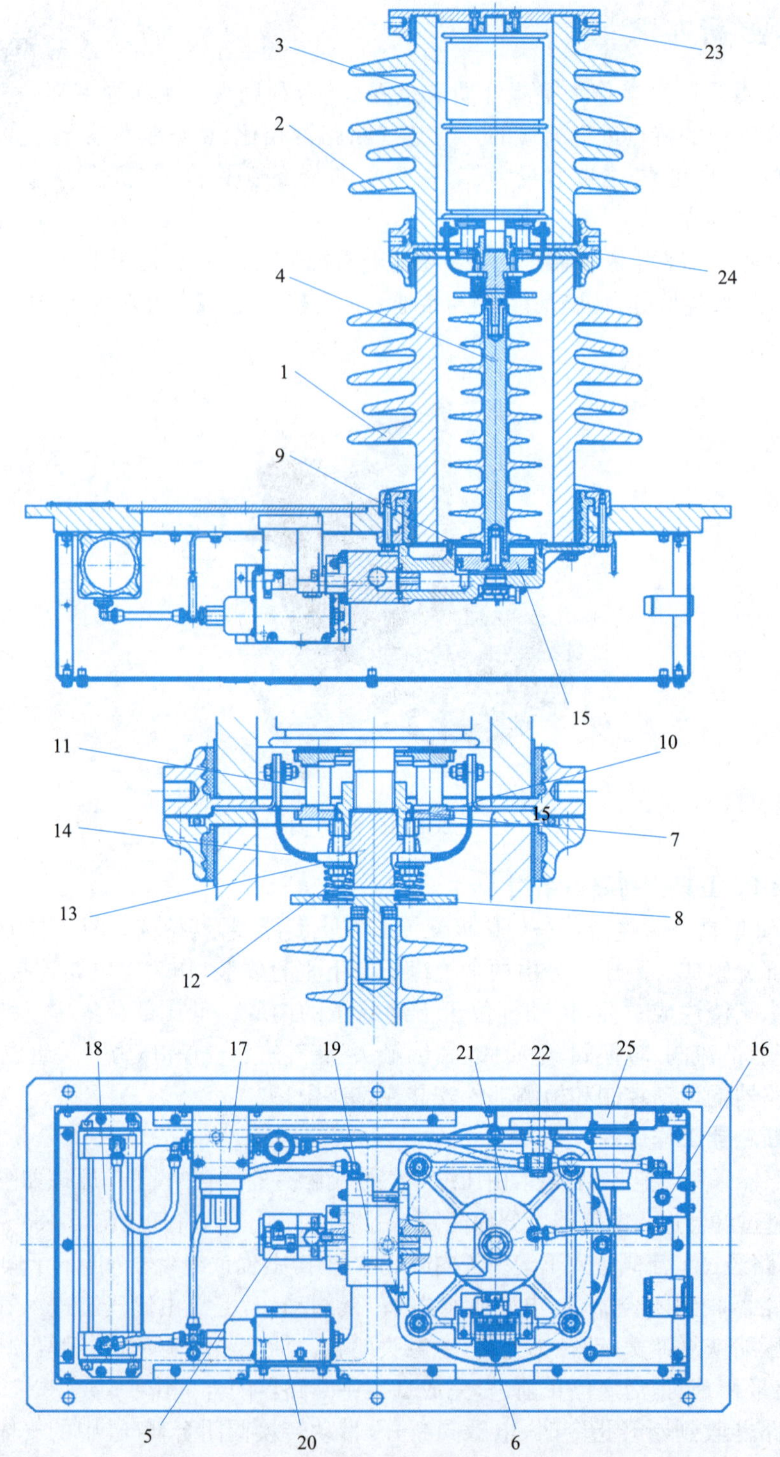

图 3-12　22CBDP1 型真空断路器结构

1—下绝缘子；2—上绝缘子；3—真空开关管；4—传动杆；5—电磁阀；6—辅助触头；7—压紧环；8—传动环；9—活塞限位环；10—弹簧座；11—主弹簧；12—恢复弹簧；13—连接块；14—软连线；15—活塞；16—节流阀；17—调压阀；18—储气缸；19—转换阀；20—压力开关；21—气缸；22—进气接头；23—上接线端；24—下接线端；25—电连接器

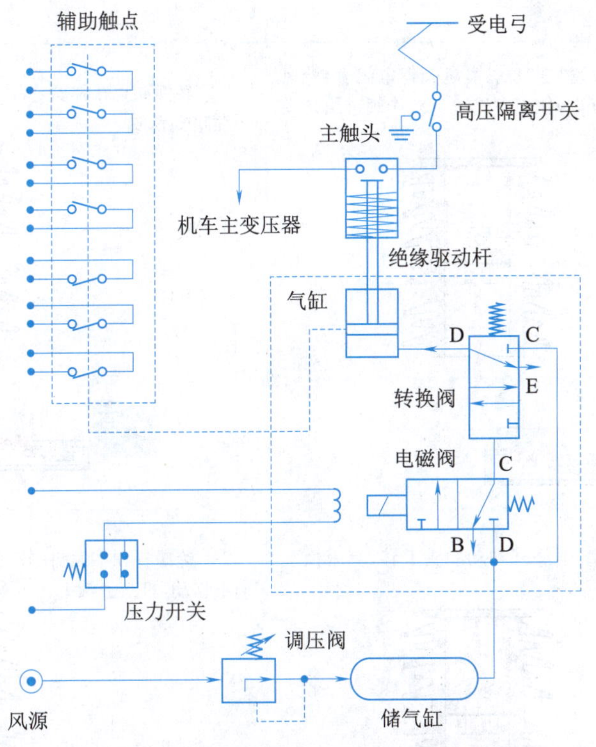

图 3-13　22CBDP1 型真空断路器工作原理图

22CBDP1 型真空断路器工作原理

当断路器活塞移动，辅助触头也随之运动，正常开闭。

真空断路器分合闸操作原理见表 3-7。

表 3-7　真空断路器分合闸操作

1. 合闸过程 1-1. 真空断路器失电时处于断开状态。 电磁阀没有得电，储风缸内的压缩空气无法进入传动风缸 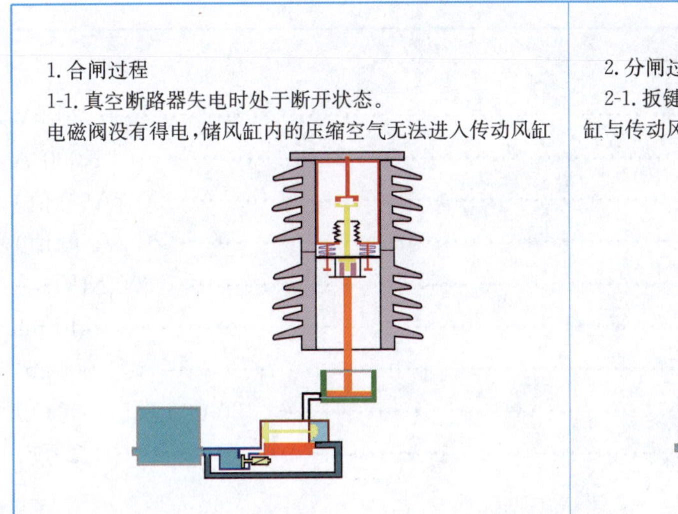	2. 分闸过程 2-1. 扳键开关置“分”位，电磁阀失电复位，闭合储风缸与传动风缸间的管路 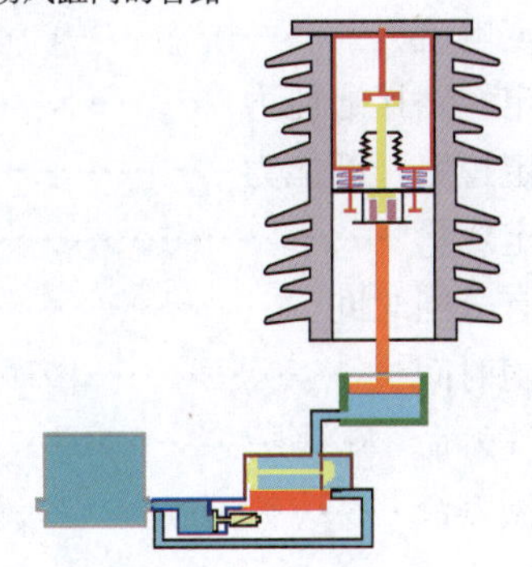

续上表

1-2. 主断路器扳键开关置"合"位。电磁阀得电闭合，储风缸内的压缩空气打开转换阀，压缩空气通过转换阀进出传动风缸 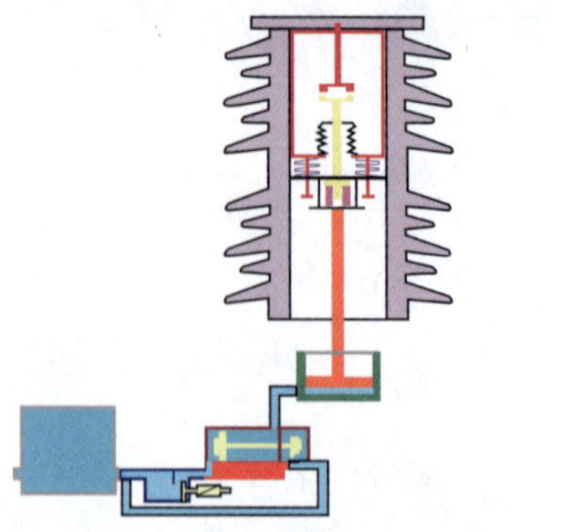	2-2. 转换阀也在弹簧作用下复位，将传动风缸内的压缩空气释放 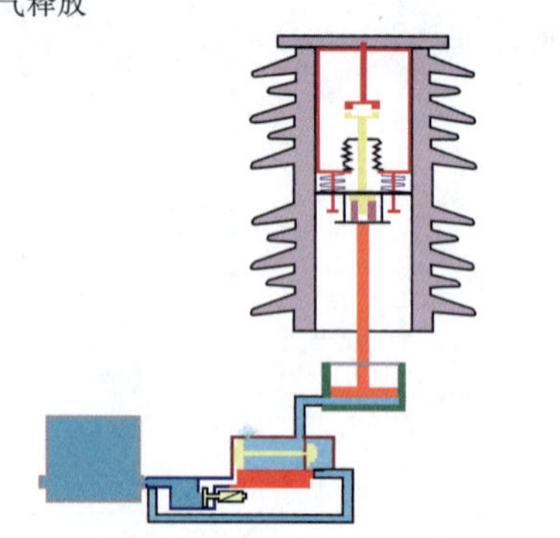
1-3. 压缩空气驱动活塞、绝缘杆和动触头上移，克服恢复弹簧压力，闭合主触头 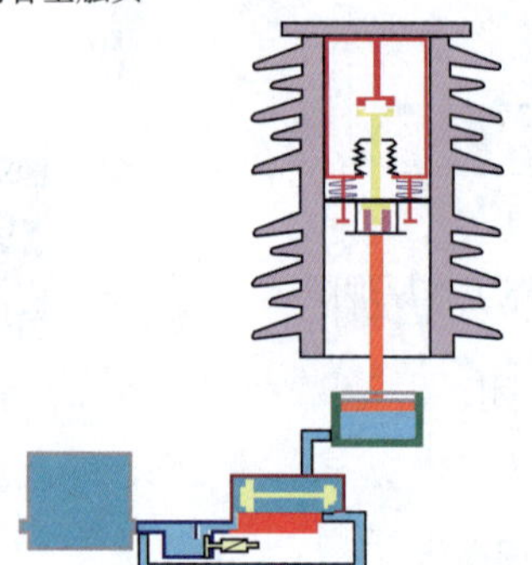	2-3. 绝缘杆和主触头的动触点在恢复弹簧作用下，向下移动，打开主触头 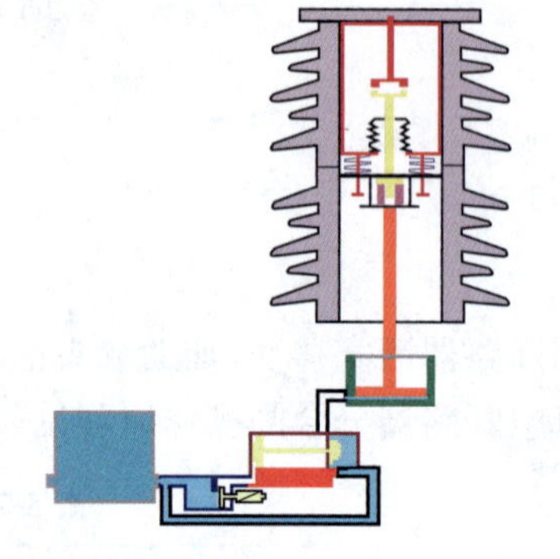

3. 主要技术参数

额定电压 …… 30 kV
额定电流 …… 1 000 A
额定短路接通能力 …… 50 kA(峰值)
额定短路开断能力 …… 20 kA(峰值)
额定容量 …… 600 MV · A
固有分闸时间 …… ≤40 ms
合闸时间 …… ≤1 000 ms
电气寿命 …… 20 000 次(1 000 A)
机械寿命 …… 25 万次

三、真空开关管

真空断路器的两个主触头安装在真空开关管内部，如图 3-14 所示。一个是静触头，另一个是动触头。在真空开关管中，触头电弧的产生和熄灭在真空中进行。真空灭弧依据零点熄弧原理，在交流电流过零点时，交流电弧很容易开断，触头间绝缘可以在毫秒级的时间内马上恢复，同时电弧不会重燃。真空因为具有良好的绝缘性，因而带电触头间的距离可以设计得很小。

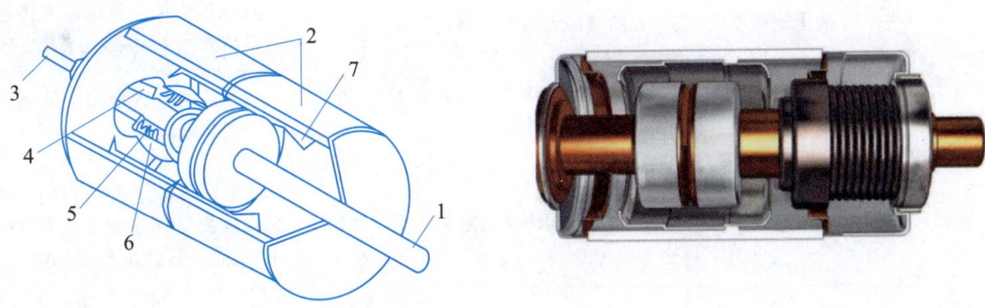

图 3-14　真空开关管

1—静触头；2—瓷质外罩；3—动触头；4—导套；5—金属波纹管；6—波纹管罩；7—金属罩

四、真空断路器检查内容与方法

1. 真空断路器检查

真空断路器检查内容与方法见表 3-8。

表 3-8　22CBDP1 型真空断路器检查内容与方法

序号	作业项目	作业要领	作业标准	作业方法
1	绝缘子	绝缘子外观检查	表面无污垢、无裂纹 绝缘子表面如果出现 3 cm^2 以上碎片或出现裂纹，或超过 5 道划痕则必须更换	目视检查绝缘子表面
2	基座	基座外观检查	安装状态良好，无污垢、无油漆脱落，安装螺栓紧固无松动，迟缓线无错位	目视检查基座外观和紧固螺栓
3	接地装置及连接铜牌	安装及连接检查	安装螺栓紧固无松动，迟缓线无错位	目视检查安装紧固螺栓
		外观检查	无变形、无镀层脱落，接地夹、接地触头表面结瘤不大于 1 mm	检查接地夹、接地触头是否有结瘤出现，如果小于 1 mm，用锉刀修平并润滑接地夹
		接地触头尺寸检查	接地触头厚度不小于 9.3 mm	使用游标卡尺测量接地触头尺寸
		接地夹两夹片间距离	接地夹刀夹两夹片之间距离 A 不大于9.2 mm，否则更换接地刀夹 A	使用游标卡尺测量接地夹刀夹两夹片之间距离
4	气路系统	气管外观检查	无泄漏，管路接头密闭良好，表面无老化、龟裂及磨损	目视检查气管及储风缸外观

续上表

序号	作业项目	作业要领	作业标准	作业方法
5	电路系统	插座外观检查	表面清洁无污垢,无破损、变形	目视检查插座及辅助联锁触头,各部件表面无污垢,无破损、变形
		电缆及接线端子外观检查	电线电缆绝缘层无破损或老化,各接线端子无松动	目视检查电线电缆。目视、手动检查各接线端子
6	主触头检查	绝缘电阻检查	主触头之间绝缘电阻不小于 200 MΩ	主断路器在分闸状态,用 1 000 V 兆欧表测量两主触头之间的绝缘电阻,要求其值大于 200 MΩ

2. 紧固力矩检查

(1)目视检查主断路器各部件固定情况及电气连接的坚固性。一旦发现松动,必须按照表 3-9力矩拧紧。

表 3-9 主断路器螺纹连接处的拧紧力矩

螺纹规格	拧紧力矩额定值(N·m)
M10	30
M12	48

(2)螺纹不得出现滑丝,与锁紧螺母连接的螺栓螺纹应露出螺母 3 mm 以上。

主断路器检查任务导学

姓名		班级		学号	

1. 简述主断路器的作用。

2. 真空断路器具有哪些特点?

续上表

姓名		班级		学号	

3. 在题图 3-3 真空断路器工作原理图中标出合闸时压缩空气流向。

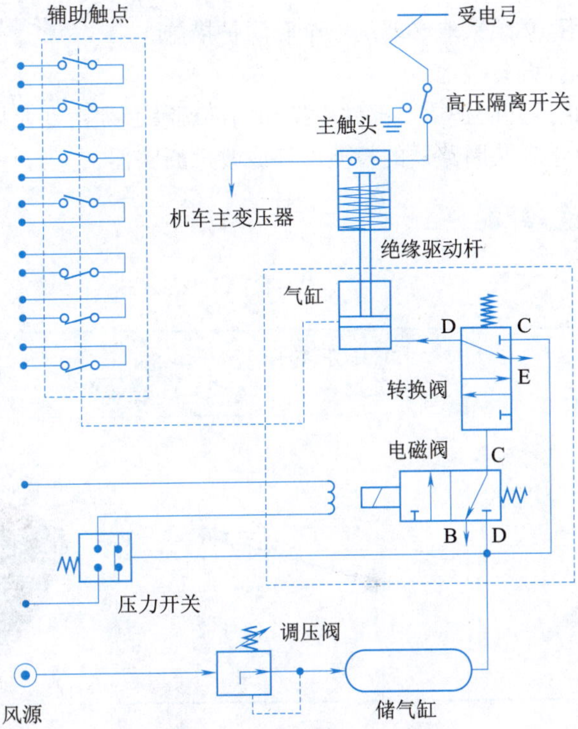

题图 3-3　真空断路器工作原理图

4. 试分析题图 3-3 真空断路器工作原理图中压力开关的作用。

5. 写出 22CBDP1 型真空断路器分合闸过程的流程图。

检查及维护安全须知：

(1)在任何情况下，必须采取必要的安全和防护措施。

(2)作业前应断电，设备接地。

(3)操作人员禁止拆开防护罩。部件更换和内部调整必须由专业技术人员进行操作。

(4)未经授权，禁止安装断路器的替换部件或改进断路器。

一、任务实施准备

1. 工具器材准备

游标卡尺	力矩扳手(10～50 N·m) 力矩扳手(20～100 N·m)	兆欧表(1 000 V)

2. 其他准备

(1)工位、安全警告标志牌。

(2)穿戴配备劳保用品。

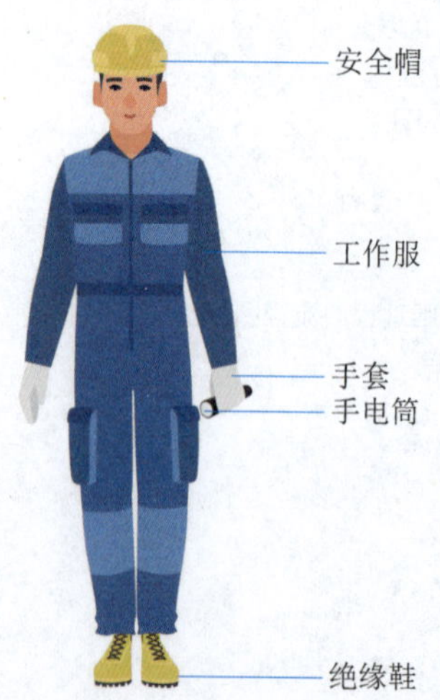

二、任务单

根据任务信息中真空断路器的检查标准和方法，对真空断路器实施检查，并填写任务单。

真空断路器检查任务单

<table>
<tr><td colspan="2">检查人姓名：</td><td>班级：</td><td>学号：</td><td>安全监督员：</td></tr>
<tr><td colspan="3">真空断路器型号：</td><td colspan="2">机车型号：</td></tr>
<tr><td colspan="5">真空断路器检查项目</td></tr>
<tr><td>序号</td><td>操作项目</td><td>操作内容</td><td colspan="2">结果记录</td></tr>
<tr><td>1</td><td>绝缘子</td><td>绝缘子外观检查</td><td colspan="2">□ 外观良好
□ 异常（ ）</td></tr>
<tr><td>2</td><td>基座</td><td>检查安装状态、安装螺栓、迟缓线</td><td colspan="2">□ 外观良好
□ 异常（ ）</td></tr>
<tr><td rowspan="4">3</td><td rowspan="4">接地装置及连接铜牌</td><td>安装及连接检查</td><td colspan="2">□ 外观良好
□ 异常（ ）</td></tr>
<tr><td>外观检查</td><td colspan="2">□ 外观良好
□ 异常（ ）</td></tr>
<tr><td>接地触头尺寸检查</td><td colspan="2">接地触头厚度（ ）</td></tr>
<tr><td>接地夹两夹片间距离</td><td colspan="2">片间距离（ ）</td></tr>
<tr><td>4</td><td>气路系统</td><td>气管外观检查</td><td colspan="2">□ 外观良好
□ 异常（ ）</td></tr>
<tr><td rowspan="2">5</td><td rowspan="2">电路系统</td><td>插座外观检查</td><td colspan="2">□ 外观良好
□ 异常（ ）</td></tr>
<tr><td>电缆及接线端子外观检查</td><td colspan="2">□ 外观良好
□ 接线端子无松动
□ 异常（ ）</td></tr>
<tr><td>6</td><td>主触头检查</td><td>绝缘电阻检查</td><td colspan="2">主触头之间绝缘电阻值（ ）</td></tr>
<tr><td>7</td><td colspan="4">整理、整顿、清扫、清洁</td></tr>
</table>

完成工作任务后，各组必须按照现场管理规范清理场地，归还工量具和器材。

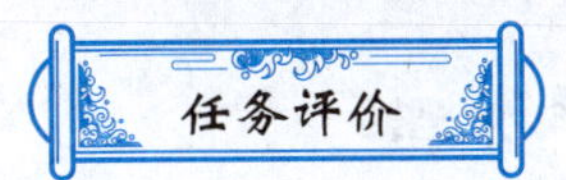

真空断路器检查评价表

<table>
<tr><td colspan="2">姓名：</td><td colspan="2">班级：</td><td>学号：</td><td colspan="3" rowspan="2">教师评语：</td></tr>
<tr><td colspan="2">自评：
熟练□
不熟练□</td><td colspan="2">互评：
熟练□
不熟练□</td><td>师评：
优秀□ 良好□
合格□ 不合格□</td></tr>
<tr><td>序号</td><td>评分项</td><td>得分条件</td><td>配分</td><td>评分要求</td><td>自评</td><td>互评</td><td>师评</td></tr>
<tr><td>1</td><td>专业技术能力</td><td>□1. 能指认真空断路器各部件
□2. 能正确完成绝缘子检查
□3. 能正确完成基座检查
□4. 能正确完成接地装置及连接铜牌
□5. 能正确完成气路系统检查
□6. 能正确完成电路系统
□7. 能正确完成主触头检查</td><td>55 分</td><td>未完成一项扣 2～8 分，扣分不超过 55 分</td><td>分数：</td><td>分数：</td><td>分数：</td></tr>
</table>

续上表

姓名：		班级：		学号：		教师评语：	
自评： 熟练□ 不熟练□		互评： 熟练□ 不熟练□		师评： 优秀□ 良好□ 合格□ 不合格□			
序号	评分项	得分条件	配分	评分要求	自评	互评	师评
2	工具及设备使用能力	□1. 能正确使用兆欧表 □2. 能正确使用游标卡尺 □3. 能正确使用扭力扳手	20 分	未完成一项扣 1～7 分，扣分不超过 20 分	分数：	分数：	分数：
3	资料信息查询能力	□1. 能正确使用维修手册查询资料 □2. 能在规定时间内查询所需资料	5 分	未完成一项扣 2.5 分，扣分不超过 5 分	分数：	分数：	分数：
4	表单填写与报告的撰写能力	□1. 能正确记录检查维护信息 □2. 字迹清晰 □3. 无错别字、无涂改、无抄袭 □4. 能正确表述报告主要内容	10 分	未完成一项扣 1～2.5 分，扣分不超过 10 分	分数：	分数：	分数：
5	职业素养	□1. 遵守规则制度、劳动纪律 □2. 正确穿戴劳保用品 □3. 积极主动承担工作任务 □4. 人身安全与设备安全 □5. 按照现场管理规范清理场地，归置物品	10 分	未完成一项扣 2.5 分，扣分不超过 10 分	分数：	分数：	分数：

BVAC N99 型真空断路器结构和工作原理

BVAC N99 型真空断路器主要用于主电路开断接通，同时还可以用于过载保护和短路保护。该设备安装在电力机车顶部，其实物如图 3-15 所示。

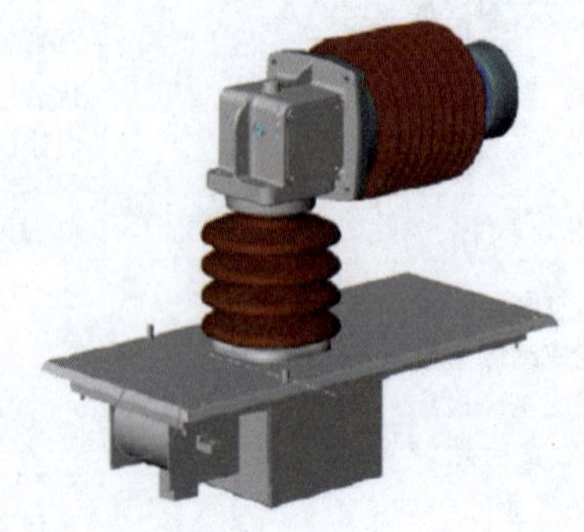

图 3-15　BVAC N99 型交流真空断路器

1. 结构及主要部件作用

BVAC N99 型真空断路器由三个主要部分组成，如图 3-16 所示。

(1)上半部分，高压部分，包括高压连接端、真空开关管和水平绝缘子。

(2)中间部分，确保与地面绝缘。

(3)下半部分，电动气动机构和低压电路部分。

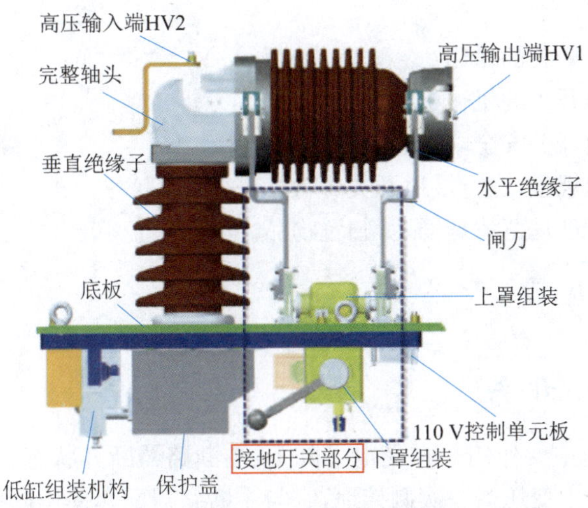

图 3-16　BVAC N99 真空断路器

2. 动作原理

(1)合闸

只有满足如下条件，断路器才能闭合。

①主断路器必须是断开的。

②必须有充足的压力。

具体合闸过程如下：

按合闸键→电磁阀得电，气路打开→压缩空气由储风缸通过电磁阀流入压力气缸，推动活塞向上运动→主动触头随着活塞的移动而运动→恢复弹簧压缩→主触头闭合→触头压力弹簧压缩→活塞到达行程末端→保持线圈在保持位置得电→电磁阀失电→压力气缸内的空气排出。

(2)分闸

保持线圈失电。

活塞在弹簧力作用下移动→主触头打开、真空开关管灭弧→行程结束，活塞缓冲。

任务三　高压接地开关检查

高压接地开关是电力机车高压电路重要的保护电器，为机车操作人员和检修人员登顶作业或维护高压电器提供可靠的接地保护。接地开关是机车安全保护设备，它直接关

系到能否保护操作人员免受高压电侵害，因此接地开关的日常检查工作需要一丝不苟地完成。

本任务学习高压接地开关的作用、结构、高压安全联锁，以及高压接地开关检查标准和方法。

1. 掌握高压接地开关的作用。
2. 熟悉高压接地开关的机械机构。
3. 理解高压接地开关安全联锁。
4. 能够依照作业规程，进行接地开关日常检查操作。
5. 能按照现场管理规范清理场地，归置物品。

一、高压接地开关

高压接地开关的主要作用是在受电弓降下、主断路器断开状态下，将主断路器两侧的车顶高压设备回路和主变压器一次侧接地，它与主断路器配套使用。接地开关实物如图 3-17 所示。接地开关保证了机车的安全操作，当工作人员进行机车检查、维护、消除故障和修理时，保证工作人员的人身安全。

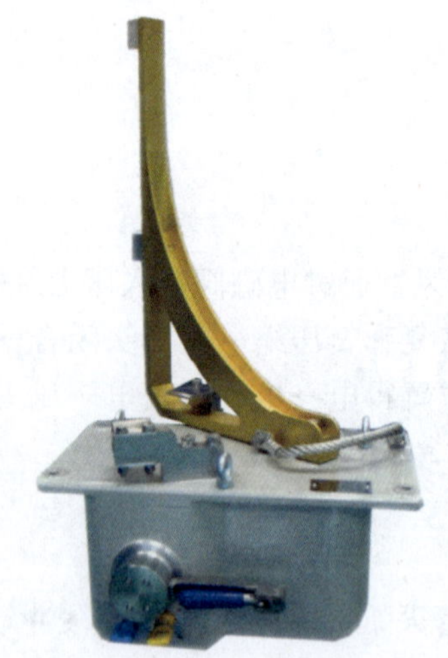

图 3-17　接地开关

1. 接地开关结构

接地开关主要分为箱体以上部分和箱体以下部分。其主要部件有接地夹、接地臂、转轴、箱体、锁组装、手柄组装、传动机构、辅助联锁装置等。接地开关结构如图 3-18 所示。

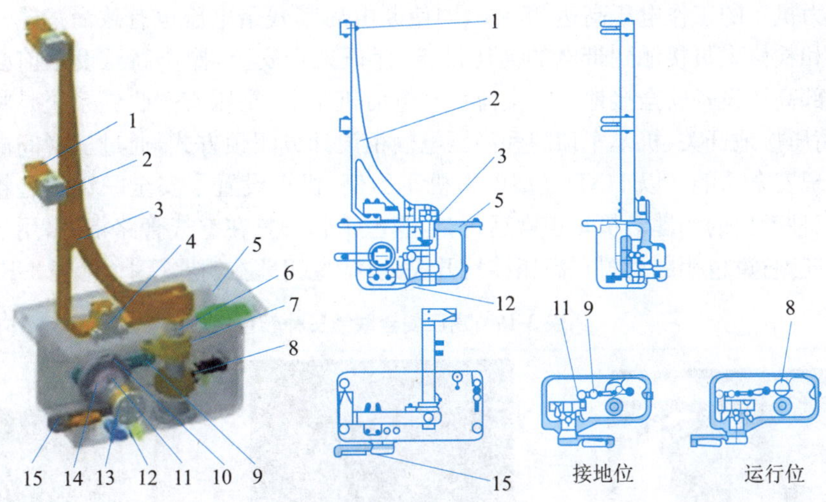

图 3-18　接地开关结构

1—接地夹；2—接地臂；3—转轴；4—止挡夹；5—箱体；6—右传动轴；7—曲柄；8—辅助联锁装置；9—连接杆组装；10—内转盘；11—外转盘；12—锁组装；13—手柄轴；14—左传动轴；15—手柄组装

2. 动作原理

接地开关手柄（图 3-19）的转动受锁组装控制。锁组装共有两个锁芯，一个供蓝钥匙使用，一个供黄钥匙使用。只有蓝钥匙插入蓝色锁后，手柄才能从“工作”位旋转转动手柄，可以带动传动机构动作，从而带动接地臂转动，实现接地夹与真空断路器接地触头的连接与分离。手柄从一端旋转 180°到另一端时，接地臂也相应旋转 90°，转换接地开关的“工作”位和“接地”位。同时右传动轴带动辅助联锁触头动作，将接地开关的状态改变以电信号的形式反馈给机车控制系统。

图 3-19　接地开关手柄

3. 主要技术参数

标称电压 …… 25 kV
额定电压 …… 30 kV
额定频率 …… 50～60 Hz
额定电流 …… 400 A
峰值耐受电流 …… 20 kA
短时耐受电流 …… 8 kA/s
机械寿命 …… 20 000 次

二、高压安全联锁

想一想： 在进行机车高压设备检修时，必须降下受电弓并切断高压回路。试设计一个安全联锁方案，保证机车操作人员和检修人员在打开高压柜门或车顶门时，受电弓气路关闭并且高压回路断电。

高压接地开关

电力机车的工作电压高达 25 kV，即使断电后其残余电压也有致命危险。为了防止司乘人员和检修人员接触到带电的高压设备，保证人身安全，操作高压设备前必须确保电力机车内部高压设备安全接地。在交流传动电力机车上，高压安全联锁系统是将受电弓供风管道、高压接地开关、机车车顶门和高压电气柜设计成闭锁方式，通过三者间的自锁及逐级联锁实现安全功能。以 HXD_{3C} 型电力机车为例，机车设置了安全联锁钥匙箱，共设有蓝、黄、绿三种颜色的钥匙。机车正常运行时，蓝色钥匙设置在空气管路柜处，用于开启受电弓的升弓气路；黄色钥匙设置在高压接地开关处；绿色钥匙在钥匙箱上，见表 3-10。

表 3-10　高压安全联锁三种颜色钥匙

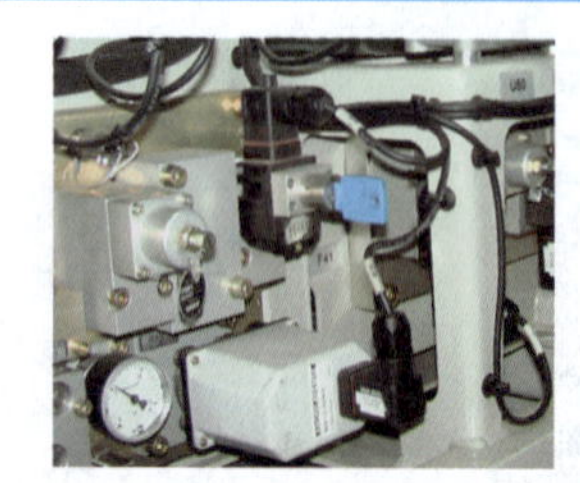		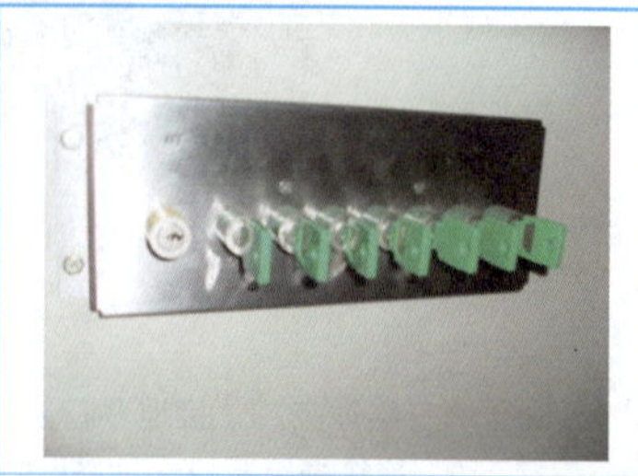
蓝钥匙	黄钥匙	绿钥匙

第一级为蓝钥匙，控制受电弓的气路。受电弓气路在开通位，蓝钥匙无法取出。要取出蓝钥匙，必须保证受电弓在降弓位、主断路器在断开位。操作顺序见表 3-11。

表 3-11　机车高压安全联锁第一级控制

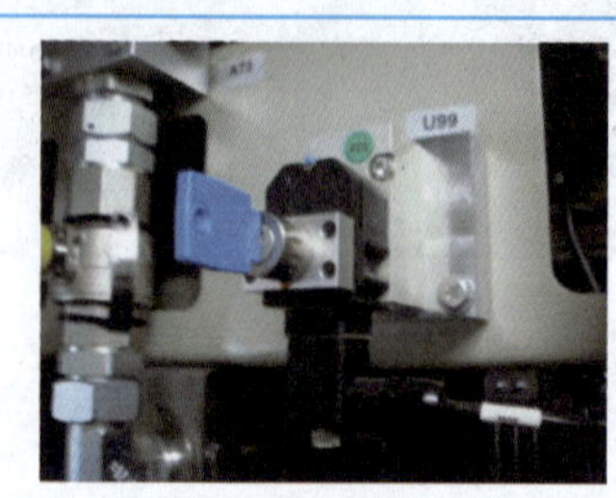	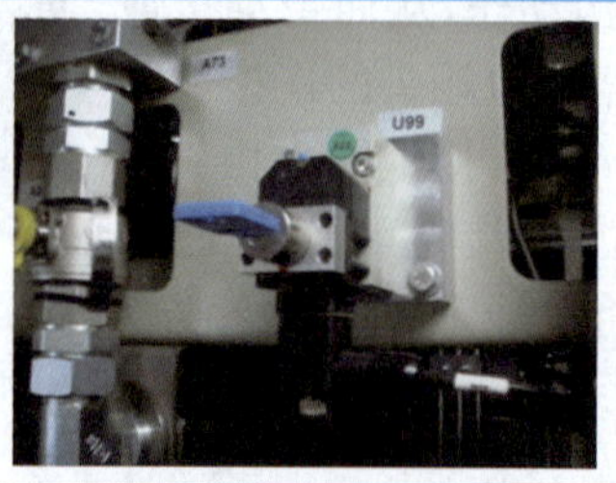	
受电弓气路开通	受电弓气路关闭	取出蓝钥匙

第二级为黄钥匙，控制钥匙箱。蓝钥匙取出后，插到主断路器接地开关的蓝色锁芯，旋转蓝钥匙后转动接地开关手柄，接地开关从“工作”位转到“接地”位。此时蓝钥匙无法取出，可以取出黄钥匙。操作顺序见表 3-12。

表 3-12　机车高压安全联锁第二级控制

	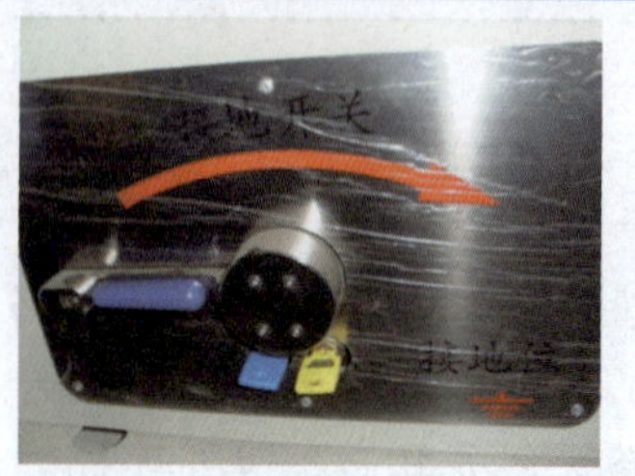	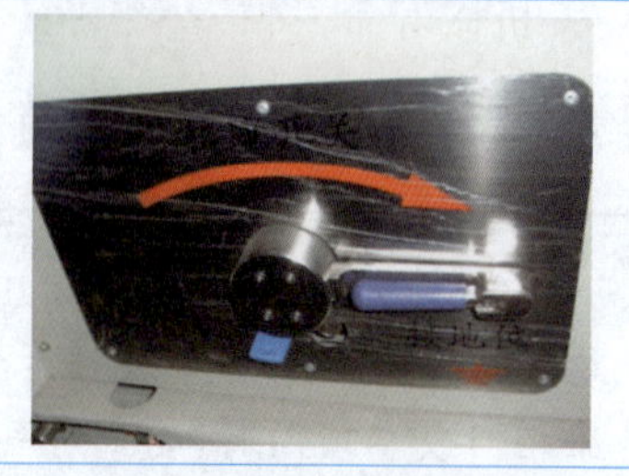
接地开关置“工作”位	插入蓝钥匙，才旋转手柄	接地开关置“接地”位

第三级为绿钥匙。得到黄钥匙后，插到安全钥匙联锁箱的黄色锁芯，旋转黄钥匙，可以取出绿钥匙。绿钥匙控制高压电器柜柜门和机车车顶门，操作顺序见表 3-13。

表 3-13　机车高压联锁第三级控制

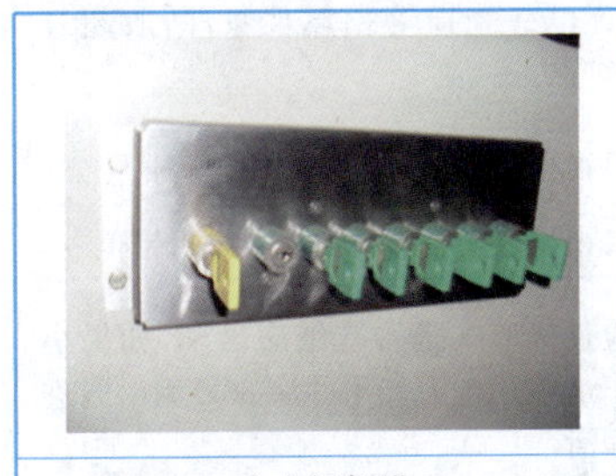		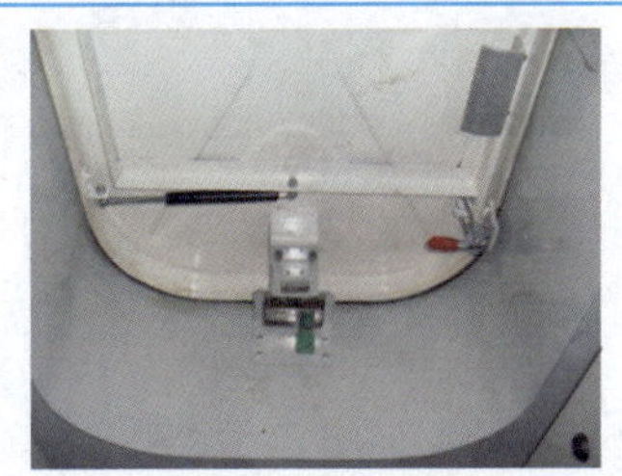
取出绿钥匙	高压电器柜	机车车顶门

> **注意！**
> 想要取出上一级的钥匙，必须集齐所有下一级钥匙。同一级别的钥匙可以打开所有对应级别的锁芯。

机车高压安全联锁方案如图 3-20 所示。

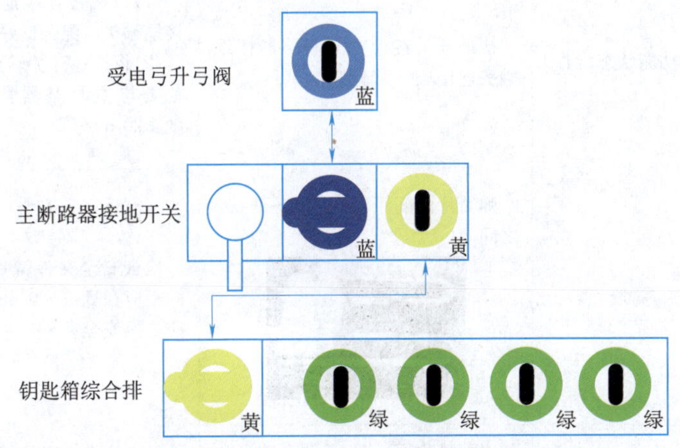

图 3-20　机车高压安全联锁方案图

三、接地开关检查内容与方法

1. 接地开关检查

接地开关检查内容与方法见表 3-14。

表 3-14　接地开关检查内容与方法

序号	作业项目	作业要领	作业标准	作业方法
1	箱体	箱体外观检查	安装状态良好，无破损，无污垢，无油漆脱落，安装螺栓紧固无松动	（1）目视检查箱体表面清洁，无油漆脱落 （2）目视检查安装螺栓迟缓线是否错位

续上表

序号	作业项目	作业要领	作业标准	作业方法
2	接地线	外观检查	无明显断裂、脱股、无电弧烧损等损坏现象	目视检查接地软连线无明显断裂、脱股、无电弧烧损等损坏现象，断股超过5%，应更换
		安装及接线检查	安装螺栓紧固无松动	目视检查安装螺栓迟缓线是否错位
3	接地夹	安装及连接检查	各安装紧固螺栓无松动	目视检查安装螺栓迟缓线是否错位
		外观检查	无变形、无镀层脱落，接地夹表面无瘤	检查接地夹是否有结瘤出现，如果小于1 mm，用锉刀修平并涂89D润滑脂进行润滑
		接地夹尺寸检查	接地夹刀夹两夹片之间距离不大于9.2 mm	用游标卡尺检查接地夹刀夹两夹片之间距离不大于9 mm，否则更换接地刀夹
		功能状态检查	接地开关接地夹与断路器接地触头连接顺畅无卡滞	(1)目视检查接地夹弹簧片与断路器接地触头应配合良好 (2)将接地开关转到“接地”位，检测接地夹与主断路器接地触头的接触长度≥20 mm
4	安全夹	尺寸检查	弹簧片的间距应在8.6～9 mm之间	检查安全夹弹簧片的间距，弹簧片的间距应在8.6～9 mm之间，大于9 mm应更换安全夹
5	电路系统	插座外观检查	表面清洁无污垢，不得有破损和变形	目视检查插座及辅助联锁触头系统各部件表面清洁，无裂损、变形
		电缆及接线端子外观检查	电缆绝缘层无破损或老化，接线端子无松动	目视检查电缆绝缘层无破损或老化，接线端子无松动
6	功能检查	接地开关动作检查	对接地开关进行接地、运行位操作，接地开关动作正常，信号输出正常	操作接地开关手柄，动作正常无卡滞。辅助联锁触头动作正常

2. 紧固力矩检查

(1)目视检查接地开关各处固定情况及电气连接的紧固性，一旦发现松动，必须按照表3-15力矩拧紧。

表 3-15　接地开关螺纹连接处的拧紧力矩

螺纹规格	拧紧力矩(N·m)
M8	22
M10	30

(2)螺纹不得出现滑丝,与锁紧螺母连接的螺栓螺纹应露出螺母 3 mm 以上。

高压接地开关检查任务导学

姓名		班级		学号	

1. 高压接地开关的主要作用是什么?

2. 和谐型电力机车通过设置________________,来实现机车的高压安全联锁。

3. 画出接地开关“接地”状态操作流程图。

4. 画出接地开关“工作”状态的操作流程图。

5. HXD_{3C} 型电力机车采用的是三级安全联锁,思考一下这种方案的优缺点,试设计一个机车安全联锁方案,并画出方案图。

检查及维护安全须知：

(1)在任何情况下，必须采取必要的安全和防护措施。

(2)进行检查作业前，接触网必须切断电源并接地，受电弓降弓。

(3)如有可能，应在无接触网区或没有接触网的车间进行维护和修理。

(4)操作人员禁止拆开盖板。未经授权，禁止安装接地开关替换部件或改进接地开关。

一、任务实施准备

1. 工具器材准备

刷子	力矩扳手(10～50 N·m)	游标卡尺	锉刀

2. 其他准备

(1)工位、安全警告标志牌。

(2)穿戴配备劳保用品。

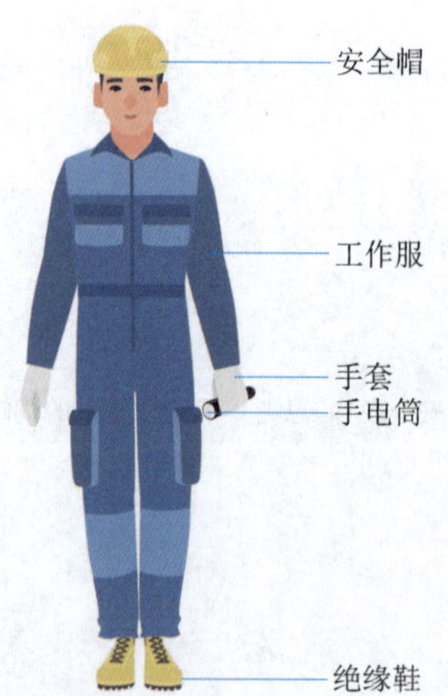

二、任务单

根据任务信息中高压接地开关的检查标准和方法，对高压接地开关实施检查，并填写任务单。

高压接地开关检查任务单

<table>
<tr><td colspan="2">检查人姓名：</td><td>班级：</td><td>学号：　　　安全监督员：</td></tr>
<tr><td colspan="3">接地开关型号：</td><td>机车型号：</td></tr>
<tr><td colspan="4">接地开关检查项目</td></tr>
<tr><td>序号</td><td>操作项目</td><td>操作内容</td><td>结果记录</td></tr>
<tr><td>1</td><td>箱体</td><td>箱体外观检查</td><td>□ 外观良好
□ 异常（　　　）</td></tr>
<tr><td rowspan="2">2</td><td rowspan="2">接地线</td><td>外观检查</td><td>□ 无明显断裂、脱股、无烧损
□ 异常（　　　）</td></tr>
<tr><td>安装及接线检查</td><td>□ 迟缓线无错位
□ 异常（　　　）</td></tr>
<tr><td rowspan="4">3</td><td rowspan="4">接地夹</td><td>安装及连接检查</td><td>□ 迟缓线无错位
□ 异常（　　　）</td></tr>
<tr><td>外观检查</td><td>□ 外观良好
□ 异常（　　　）</td></tr>
<tr><td>接地夹尺寸检查</td><td>两夹片之间距离（　　　）</td></tr>
<tr><td>功能状态检查</td><td>□ 接地开关动作配合良好
□ 异常（　　　）
接地夹与主断路器接地触头的接触长度（　　　）</td></tr>
<tr><td>4</td><td>安全夹</td><td>尺寸检查</td><td>安全夹弹簧片的间距（　　　）</td></tr>
<tr><td rowspan="2">5</td><td rowspan="2">电路系统</td><td>插座外观检查</td><td>□ 外观良好
□ 异常（　　　）</td></tr>
<tr><td>电缆及接线端子外观检查</td><td>□ 电缆绝缘层无破损或老化
□ 接线端子无松动
□ 异常（　　　）</td></tr>
<tr><td>6</td><td>功能检查</td><td>接地开关动作检查</td><td>□ 接地开关动作正常
□ 辅助联锁触头动作正常
□ 异常（　　　）</td></tr>
<tr><td>7</td><td colspan="3">整理、整顿、清扫、清洁</td></tr>
</table>

完成工作任务后，各组必须按照现场管理规范清理场地，归还工量具和器材。

高压接地开关检查评价表

<table>
<tr><td colspan="2">姓名：</td><td colspan="2">班级：</td><td colspan="2">学号：</td><td colspan="2" rowspan="2">教师评语：</td></tr>
<tr><td colspan="2">自评：
熟练□
不熟练□</td><td colspan="2">互评：
熟练□
不熟练□</td><td colspan="2">师评：
优秀□　良好□
合格□　不合格□</td></tr>
<tr><td>序号</td><td>评分项</td><td>得分条件</td><td>配分</td><td>评分要求</td><td>自评</td><td>互评</td><td>师评</td></tr>
<tr><td>1</td><td>专业技术能力</td><td>□1. 能指认接地开关各部件
□2. 能正确完成箱体检查
□3. 能正确完成接地线检查
□4. 能正确完成接地夹检查
□5. 能正确完成安全夹检查
□6. 能正确完成紧固检查
□7. 能正确完成电路系统检查
□8. 能正确完成功能检查</td><td>55 分</td><td>未完成一项扣 2～7 分，扣分不超过 55 分</td><td>分数：</td><td>分数：</td><td>分数：</td></tr>
<tr><td>2</td><td>工具及设备使用能力</td><td>□1. 能正确使用锉刀
□2. 能正确使用游标卡尺
□3. 能正确使用扭力扳手</td><td>20 分</td><td>未完成一项扣 1～7 分，扣分不超过 20 分</td><td>分数：</td><td>分数：</td><td>分数：</td></tr>
<tr><td>3</td><td>资料信息查询能力</td><td>□1. 能正确使用维修手册查询资料
□2. 能在规定时间内查询所需资料</td><td>5 分</td><td>未完成一项扣 2.5 分，扣分不超过 5 分</td><td>分数：</td><td>分数：</td><td>分数：</td></tr>
<tr><td>4</td><td>表单填写与报告的撰写能力</td><td>□1. 能正确记录检查维护信息
□2. 字迹清晰
□3. 无错别字、无涂改、无抄袭
□4. 能正确表述报告主要内容</td><td>10 分</td><td>未完成一项扣 1～2.5 分，扣分不超过 10 分</td><td>分数：</td><td>分数：</td><td>分数：</td></tr>
<tr><td>5</td><td>职业素养</td><td>□1. 遵守规则制度、劳动纪律
□2. 正确穿戴劳保用品
□3. 积极主动承担工作任务
□4. 人身安全与设备安全
□5. 按照现场管理清理场地，归置物品</td><td>10 分</td><td>未完成一项扣 2.5 分，扣分不超过 10 分</td><td>分数：</td><td>分数：</td><td>分数：</td></tr>
</table>

任务四　高压隔离开关检查

某机务段乘务员值乘 HXD$_{1D}$ 型电力机车，列车运行过程中，司机发现机车无网压后立即采取紧急停车措施。受电弓未自动降下，接触网和车顶无异常。停车后，司机询问车站，车站告知接触网停电，并进行弓网检查后正常。后车站通知司机接触网来电可以升弓，司机操作升弓后听到车顶异响。指挥中心立即联系车队派专人进行指导，故障不能排除，司机请求救援。现场调查发现，机车 A 节高压隔离开关主触头放电烧损，需回段检修。

检修员在段内要根据调度任务对高压隔离开关进行检查试验，并填写检查试验记录。

本任务学习高压隔离开关的作用、机械结构、工作原理以及高压隔离开关检查标准和方法。

任务目标

1. 了解高压隔离开关的机械机构。
2. 掌握高压隔离开关的作用。
3. 理解高压隔离开关工作原理。
4. 能够依照作业规程，进行高压隔离开关日常检查操作。
5. 按照现场管理规范清理场地，归置物品。

一、高压隔离开关作用

高压隔离开关安装在机车车内的高压电器柜内，采用电空控制方式，实物如图 3-21 所示。当开关打至隔离位时，故障受电弓通过隔离开关可靠接地，保证高压柜内部的安全可靠。机车一台受电弓发生故障接地时，可通过微机显示屏上受电弓预选软开关将其隔离，同时使用另外一台受电弓维持机车正常运行，提高机车运用可靠性。

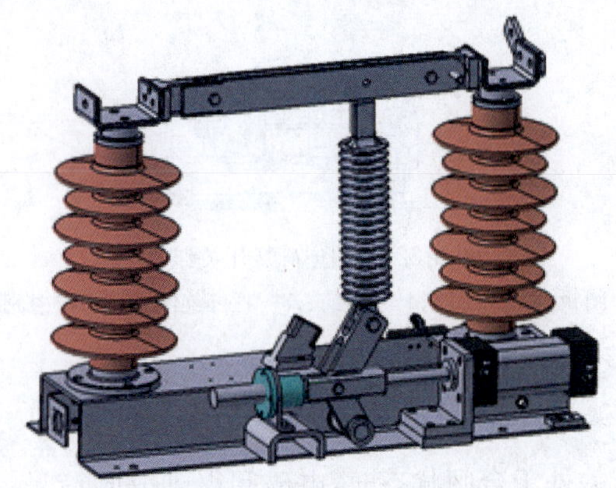

图 3-21　高压隔离开关

二、高压隔离开关结构

高压隔离开关通过高隔底架安装在机车车内高压电器柜中，结构如图 3-22 所示。它装有两个刀闸板，一端固定在固定座上，另一端延伸到接触头上。刀闸板通过拉杆与下面的传动机构相连，传动机构采用长槽滑块机构，采用电控、气动的控制方式。在高隔底架两侧，分别固定安装电磁阀和传动气缸、传动轴，保证了刀闸板与传动机构的转动。高隔底架上装有接地座，当高压隔离开关处于分闸状态时，刀闸板转到接地位与接地座连接。转轴末端上的凸轮是用来控制安装在高隔底架上的两个辅助触头开关，两个辅助触头开关用于高压隔离开关状态信号的输出。

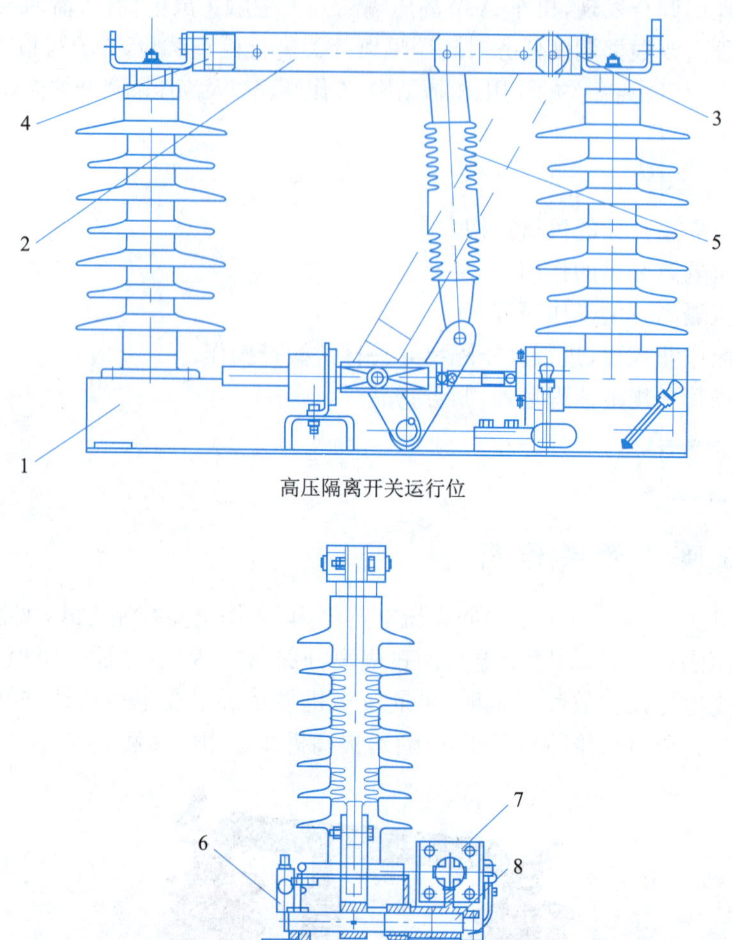

图 3-22　高压隔离开关结构

1—高隔底架；2—刀闸板；3—固定座；4—接触头；5—栏杆绝缘子；6—电磁阀；7—气缸；8—转轴

三、工作原理

分闸：当高压隔离开关处于合闸状态时，电磁阀得到分闸信号，得电动作，打开气路，压缩空气经电磁阀进入压力气缸，推动操纵杆，使转轴旋转 60°，隔离开关分断，刀闸板转到接地位与接地座连接。转轴转动的同时，固定在转轴上的凸轮驱动低压联锁改变为分闸状态，并将信号传到司机室。

合闸：当高压隔离开关处于分闸状态时，电磁阀得到分闸信号，得电动作，打开气路，压缩空气经电磁阀进入压力气缸，推动操纵杆，使转轴旋转 60°，隔离开关闭合，刀闸板与接触头连接。转轴转动的同时，固定在主轴上的凸轮驱动低压联锁改变为合闸状态，并将信号传到司机室。

高压隔离开关不带灭弧装置，不具有开断电流的能力。因此，它的所有动作都必须在主断路器处于分断状态时进行。

四、主要技术参数

标称电压 …… 25 kV
额定电压 …… 30 kV
最大工作电压 …… 31.5 kV
额定电流 …… 500 A
额定频率 …… 50 Hz
冲击电压 …… 170 kV(1.2/50 μs)
控制电压 …… DC 110 V
最小动作电压 …… DC 77 V
额定工作气压 …… 400～1 000 kPa
机械寿命 …… 20 000 次
工作环境温度 …… −40～+70 ℃

五、高压隔离开关检查内容与方法

1. 高压隔离开关检查

高压隔离开关检查内容与方法见表 3-16。

表 3-16　高压隔离开关检查内容与方法

序号	作业项目	作业要领	作业标准	作业方法
1	刀闸板、接触头、接地座	刀闸板、接触头、接地座状态和限度检测	刀闸板与接触头接触长度不小于 35 mm。接触头与接地座接触部分厚度大于 20.75 mm，刀闸板自由状态下间距在 20.65～20.75 mm 之间	用游标卡尺测量刀闸板与接触头接触长度、接触头与接地座接触部分厚度刀闸板自由状态下间距
		刀闸板、接触头外观检查	无污垢、变形、电弧烧损等缺陷	目视检查刀闸板、接触头外观
2	底座	底座状态检查	安装状态良好，无污垢，无油漆脱落，底座安装螺栓紧固无松动，迟缓线无错位	目视检查底座外观，安装螺栓无松动
3	传动机构	安装及连接检查	各安装紧固螺栓无松动，管路接头密闭良好无泄漏	目视检查传动机构安装螺栓、管路接头
4	绝缘子	外观检查	安装牢固，无放电造成的烧损，无裂纹和缺损	目视检查绝缘子外观
5	功能检查	验证高压隔离开关功能	在降弓状态下动作隔离开关，动作正常	手动检查机构各活动关节转动灵活无卡滞，轴承无偏离和损伤
6	辅助触头	微动开关状态检查	微动开关弹性良好，触头无磨损	按压微动开关的触点，应具有良好的弹性，开、断声音干脆。目视触头无磨损

2. 紧固力矩检查

(1)目视检查高压隔离开关各处固定情况及电气连接的紧固性。一旦发现松动,必须按照表 3-17 力矩拧紧。

表 3-17 高压隔离开关螺纹连接处的拧紧力矩

螺纹规格	拧紧力矩(N·m)
M8	16
M12	55

(2)螺纹不得出现滑丝,与锁紧螺母连接的螺栓螺纹应露出螺母 3 mm 以上。

高压隔离开关检查任务导学

姓名		班级		学号	
1. 高压隔离开关的主要作用是什么?					
2. 在没有电源和气源的情况下,高压隔离开关应处于什么状态?					
3. 在电力机车上,高压隔离开关接在哪两个设备之间?					
4. 高压隔离开关可以有载(带负载)断开吗?为什么?					
5. 对比高压隔离开关、高压接地开关、主断路器这几种高压开关电器的特点和异同点。					

检查及维护安全须知：

（1）在任何情况下，必须采取必要的安全和防护措施。

（2）进行检查作业前，接触网必须切断电源并接地，受电弓降弓。

（3）如有可能，应在无接触网区或没有接触网的车间进行维护和修理。

一、任务实施准备

1. 工具器材准备

刷子	力矩扳手（8～60 N·m）	游标卡尺

2. 其他准备

（1）工位、安全警告标志牌。

（2）穿戴配备劳保用品。

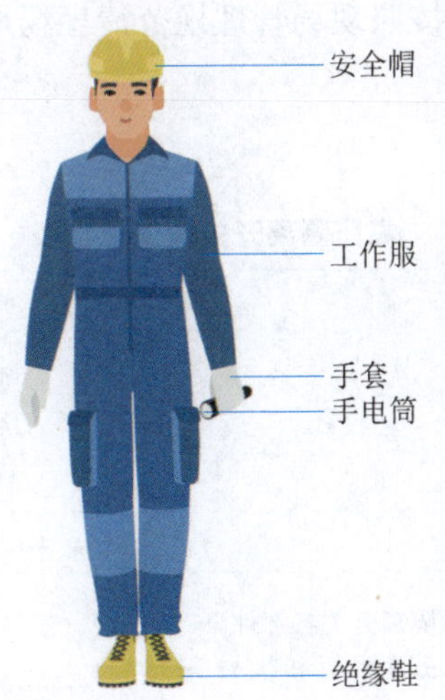

二、任务单

根据任务信息中高压隔离开关的检查标准和方法，对高压隔离开关实施检查，并填写任务单。

高压隔离开关检查任务单

<table>
<tr><td colspan="2">检查人姓名：</td><td>班级：</td><td>学号：　　安全监督员：</td></tr>
<tr><td colspan="3">高压隔离开关型号：</td><td>机车型号：</td></tr>
<tr><td colspan="4">高压隔离开关检查项目</td></tr>
<tr><td>序号</td><td>操作项目</td><td>操作内容</td><td>结果记录</td></tr>
<tr><td rowspan="2">1</td><td rowspan="2">刀闸板、接触头、接地座</td><td>状态和限度检测</td><td>(1)接触长度(　　)
(2)接触厚度(　　)
(3)间距(　　)</td></tr>
<tr><td>外观检查</td><td>□ 外观良好
□ 异常(　　)</td></tr>
<tr><td>2</td><td>底座</td><td>底座状态检查</td><td>□ 外观良好
□ 安装螺栓迟缓线无错位
□ 异常(　　)</td></tr>
<tr><td>3</td><td>传动机构</td><td>安装及连接检查</td><td>□ 紧固螺栓无松动
□ 管路接头密闭良好
□ 异常(　　)</td></tr>
<tr><td>4</td><td>绝缘子</td><td>外观检查</td><td>□ 外观良好
□ 异常(　　)</td></tr>
<tr><td>5</td><td>功能检查</td><td>降弓状态下隔离开关动作状态</td><td>□ 动作正常无卡滞
□ 轴承无偏离
□ 异常(　　)</td></tr>
<tr><td>6</td><td>辅助触头</td><td>微动开关状态检查</td><td>□ 微动开关弹性良好
□ 触头无磨损
□ 异常(　　)</td></tr>
<tr><td>7</td><td colspan="3">整理、整顿、清扫、清洁</td></tr>
</table>

完成工作任务后，各组必须按照现场管理规范清理场地，归还工量具和器材。

高压隔离开关检查评价表

<table>
<tr><td colspan="2">姓名：</td><td colspan="2">班级：</td><td colspan="2">学号：</td><td colspan="2" rowspan="2">教师评语：</td></tr>
<tr><td colspan="2">自评：
熟练□
不熟练□</td><td colspan="2">互评：
熟练□
不熟练□</td><td colspan="2">师评：
优秀□　良好□
合格□　不合格□</td></tr>
<tr><td>序号</td><td>评分项</td><td>得分条件</td><td>配分</td><td>评分要求</td><td>自评</td><td>互评</td><td>师评</td></tr>
<tr><td>1</td><td>专业技术能力</td><td>□1. 能指认高压隔离开关各部件
□2. 能正确完成刀闸板和接触头检查
□3. 能正确完成底座检查
□4. 能正确完成传动机构检查
□5. 能正确完成绝缘子检查
□6. 能正确完成功能检查
□7. 能正确完成辅助触头检查</td><td>55 分</td><td>未完成一项扣 2～8 分，扣分不超过 55 分</td><td>分数：</td><td>分数：</td><td>分数：</td></tr>
</table>

续上表

姓名：		班级：		学号：		教师评语：	
自评： 熟练□ 不熟练□		互评： 熟练□ 不熟练□		师评： 优秀□　良好□ 合格□　不合格□			
序号	评分项	得分条件	配分	评分要求	自评	互评	师评
2	工具及设备使用能力	□1. 能正确使用游标卡尺 □2. 能正确使用扭力扳手	20 分	未完成一项扣 1～10 分	分数：	分数：	分数：
3	资料信息查询能力	□1. 能正确使用维修手册查询资料 □2. 能在规定时间内查询所需资料	5 分	未完成一项扣 2.5 分，扣分不超过 5 分	分数：	分数：	分数：
4	表单填写与报告的撰写能力	□1. 能正确记录检查维护信息 □2. 字迹清晰 □3. 无错别字、无涂改、无抄袭 □4. 能正确表述报告主要内容	10 分	未完成一项扣 1～2.5 分，扣分不超过 10 分	分数：	分数：	分数：
5	职业素养	□1. 遵守规则制度、劳动纪律 □2. 正确穿戴劳保用品 □3. 积极主动承担工作任务 □4. 人身安全与设备安全 □5. 按照现场管理规范清理场地，归置物品	10 分	未完成一项扣 2.5 分，扣分不超过 10 分	分数：	分数：	分数：

任务五　避雷器检查

任务描述

某机务段乘务组值乘 HXD3C 型电力机车，9 时 41 分开车，10 时 05 分运行至某站进站后机车主断路器跳闸，伴随车顶有响声，司机降弓的同时立即采取紧急制动措施，停车后向车站及调度进行汇报。车站通知该分相内其他机车降弓，并要求该司机升弓，司机升弓后车顶再次跳主断路器，司机立即降弓，经检查初步判断机车避雷器故障。于 10 时 20 分通知车站请求救援，回段检修。检修人员对避雷器进行检查试验，并填写检查试验记录，确认故障原因是车顶避雷器炸裂。

本任务学习电力机车避雷器的作用、工作原理，过电压的概念以及避雷器的检查标准和方法。

1. 掌握避雷器的安装位置及作用。
2. 了解避雷器的工作原理及基本技术参数。

3. 熟悉过电压种类和定义。

4. 能够依照作业规程，进行避雷器日常检查操作。

5. 按照现场管理规范清理场地，归置物品。

避雷器

一、避雷器作用

SS_{4G}、SS_7、SS_8 型电力机车采用 Y10W-42/105TD 型氧化锌避雷器，HXD_{3C} 型电力机车共有三个无间隙氧化锌避雷器(F1、F2、F3)，其外形如图 3-23 所示。其中，避雷器 F1 和 F2 属于车顶避雷器，型号为 YH10WT-42/105D，分别并联于受电弓和高压隔离开关之间，可以抑制机车外部的雷击过电压和电网过电压，保护车顶和车内的高压电器。

(a) 车顶避雷器

(b) 高压柜内避雷器

图 3-23　电力机车避雷器

避雷器 F3 属于车内避雷器，型号为 YH10WT-43/108BN，并联于主断路器和高压一次侧电流传感器之间，它主要抑制主断路器开闭时产生的操作过电压，避免对机车内部的控制电器产生过电压侵害。车顶避雷器 F1、F2 的持续额定工作电压低于车内避雷器 F3 的持续额定工作电压，从而确保机车外部的雷击过电压和电网过电压在车顶上就被抑制，避免进入车内造成危害。

氧化锌避雷器型号含义如下：

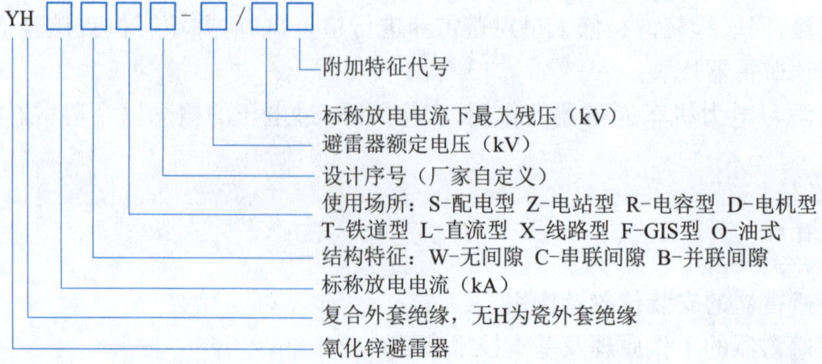

二、操作过电压和雷击过电压

过电压是指对电气设备绝缘有危险的电压升高，它是由系统的电磁能量发生瞬间突变引起的。机车过电压有雷击过电压和操作过电压两种。雷击过电压是由外部直击雷或雷电感应突然加到机车上引起的。操作过电压是由电路本身的变化产生的，如切断感性电路、整流装置换相故障等引起机车内部电磁能量的震荡、聚集和释放。由于这两种过电压产生时，电压增长速度很快，以冲击波的形式出现，因而一般不用带有传动件的电器进行保护。

三、避雷器结构及工作原理

金属氧化锌避雷器主要由硅橡胶复合外套、绝缘筒、接线端子、上下法兰、氧化锌电阻片（阀片）、垫筒等构成，如图 3-24 所示。硅橡胶复合外套具有优良的绝缘性能和耐污能力，氧化锌电阻片在内部紧固成一体，结构紧凑，具有良好的冲击振动性能。高压接线端和连接底板等采用不锈钢材料，保证表面的耐蚀性和美观。

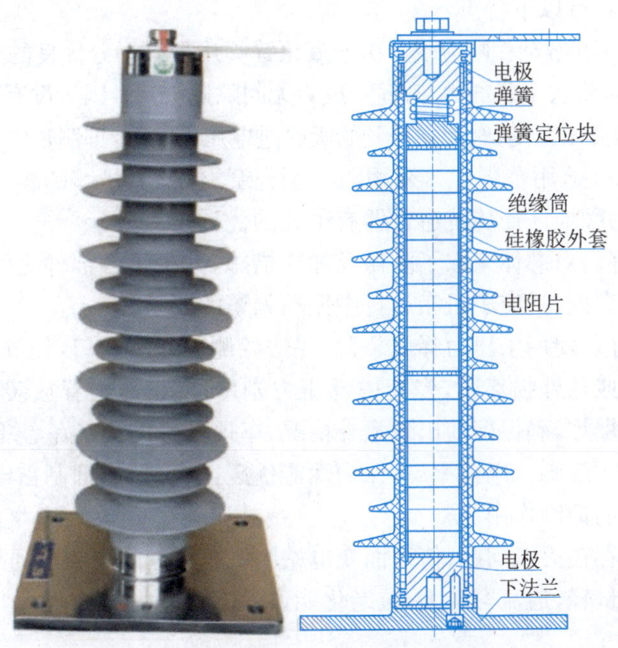

图 3-24　避雷器结构

氧化锌电阻片具有优良的伏安特性，实现对过电压的限制。在避雷器额定电压和系统正常工作电压下，氧化锌电阻片呈现高电阻，仅有微安级的泄漏电流流过避雷器，约几十微安，起到与系统绝缘的作用。当系统出现过电压时，氧化锌电阻片呈现低电阻，吸收过电压能量，过电压被限制在允许值以下，从而对电气设备提供可靠的保护。

四、主要技术参数

避雷器型号 …………………………………………………… YH10WT-42/105D

系统电压(r. m. s) …………………………………………………… 27.5 kV

额定电压(r. m. s) …… 42 kV
持续运行电压(r. m. s) …… 31.5 kV
直流参考电压(1 mA 下) …… ≥58 kV
工频参考电压(1 mA 下) …… ≥40 kV
标称放电电流 …… 10 kA
操作冲击残压(0.5 kA,30/60 s) …… ≤89 kV
雷电冲击残压(10 kA,8/20 s) …… ≤105 kV
陡波冲击残压(10 kA,1/10 s) …… ≤118 kV
大电流冲击耐受能力 …… 100 kA

避雷器额定电压并不是指系统负载的额定电压，而是指允许加在避雷器两端的最大工频电压有效值(r. m. s)。它表明了避雷器对暂时过电压的承受能力。持续运行电压是指允许长期连续加在避雷器两端的工频电压有效值。一般相当于额定电压的75%～80%。残压是指避雷器通过标称放电电流时两端的电压。

氧化锌避雷器具有以下特点：

(1)结构简单无间隙，动作响应快。由于氧化锌阀片具有十分优良的非线性伏安特性，因此氧化锌避雷器可以省去串联的火花间隙，成为无间隙避雷器。因为没有火花间隙，放电没有时延，一旦作用电压开始升高，阀片立即开始吸收过电压的能量，抑制过电压的发展。

(2)防污性能好，适用范围广。采用防污型瓷套，保证了足够的爬电距离，故污秽不影响间隙电压，在重污秽地区比传统避雷器有很大的优越性。

(3)防振性能好。对芯体采取了防振及加固措施，减少了各部件之间的相对位移，使芯体牢固地固定在瓷套内，适应了机车运行中振动频繁的要求。

(4)防爆性能好。使用了压力释放装置，在法兰侧面开一缺口，使气体定向释放。当避雷器在超负载动作或意外损坏时，瓷套内部压力剧增，使得压力释放装置动作，排出气体，从而保护瓷套不致爆炸，确保即使出现意外情况，车顶设备仍然完好，并能可靠运行。

(5)非线性系数好，阀片电荷率高，保护性能优越，它不但能抑制雷电过电压，而且对操作过电压也有良好的抑制作用。

(6)无续流，不存在灭弧问题，使地面变电站因机车引起的不明跳闸故障大为减少。

(7)体积小，质量轻，通流容量大，抗老化能力强，运行寿命长。

五、避雷器检查内容与方法

1. 避雷器检查

避雷器检查内容与方法见表3-18。

表3-18 避雷器检查内容与方法

序号	作业项目	作业要领	作业标准	作业方法
1	清洁、清理	外表清洁	避雷器可视各部件外表清洁无污垢，无油污。雨雪雾霾天气要重点检查外表清洁	使用洁净棉纱浸蘸中性去油洗涤剂对外表的污垢进行清洁后，使用洁净的抹布浸蘸清水擦拭去除洗涤剂，最后再用洁净的抹布拭干，可视各部件外表清洁无污垢。不得使用带油棉纱进行擦拭

续上表

序号	作业项目	作业要领	作业标准	作业方法
2	金具	金具状态	金具无较大的刻痕或剥落，无污垢、变形、缺陷，铭牌安装牢固，字迹清晰	目视检查金具和铭牌
3	底座	底座状态检查	安装状态良好，无污垢，底座安装螺栓紧固无松动	目视检查底座无污垢，安装螺栓迟缓线无错位
		接地引线状态检查	软连线无破损，无污垢，断股不大于5%	目视检查软连线
4	硅橡胶伞套	避雷器伞套表面检查	避雷器外套有无裂纹、伤痕，避雷器有无缺陷电蚀、烧损现象	目视检查外套表面，发现伞套有缺损，伞套累计缺损面积≥25 cm^2，应立即更换。 伞套开裂深度超过 2 mm，长度超过 15 mm，应立即更换 有电蚀、烧损等现象应立即更换
5	电气性能检查	绝缘电阻检查	2 500 V 兆欧表测试绝缘电阻，其阻值应大于1 000 MΩ	避雷器在投入运行后应每季度使用2 500 V兆欧表测试绝缘电阻，其阻值应大于1 000 MΩ

2. 紧固力矩检查

目视检查避雷器各处固定情况及电气连接的紧固性。一旦发现松动，必须按照表 3-19 力矩拧紧。

表 3-19　避雷器螺纹连接处的拧紧力矩

螺纹规格	拧紧力矩额定值(N·m)
M10	30
M12	50
M16	120

避雷器检查任务导学

姓名		班级		学号	
1. 在高楼上为了防止雷击要安装什么设备？电力机车的接触网受到雷击会将超高电压通过受电弓传到机车上，机车是如何防止雷击的？					

续上表

姓名		班级		学号	

2. 电力机车的避雷器有哪两种？

3. 简述电力机车的避雷器作用。

4. 机车过电压有哪两种？

5. 什么是操作过电压？

6. 避雷器检查检修不到位可能会引起什么后果？

任务实施

检查及维护安全须知：

(1)必须由接受过指导且合格的人员维护避雷器。在任何情况下，必须采取必要的安全和防护措施。

(2)在进行车顶作业前，接触网必须切断电源并接地，严防未经授权接通接触网。

(3)如有可能，应在无接触网区或没有接触网的车间进行维护和修理，登顶作业人员应采取必要的安全防护措施。

一、任务实施准备

1. 工具器材准备

力矩扳手	兆欧表(2 500 V)
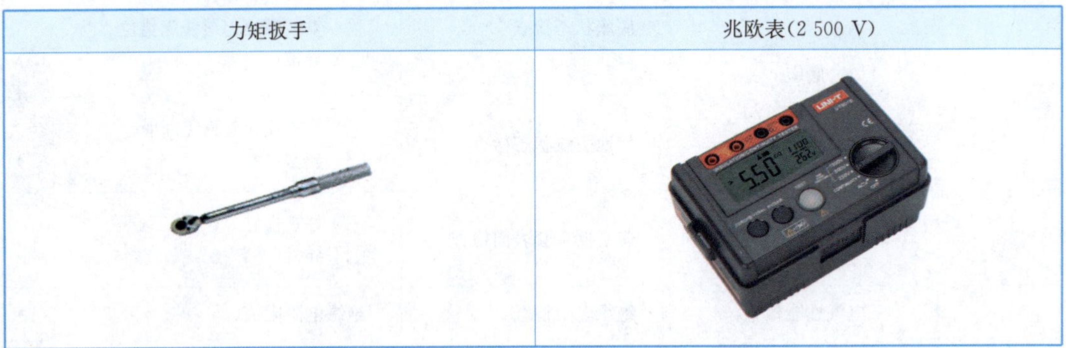	

2. 其他准备

(1)工位、安全警告标志牌。

(2)穿戴配备劳保用品。

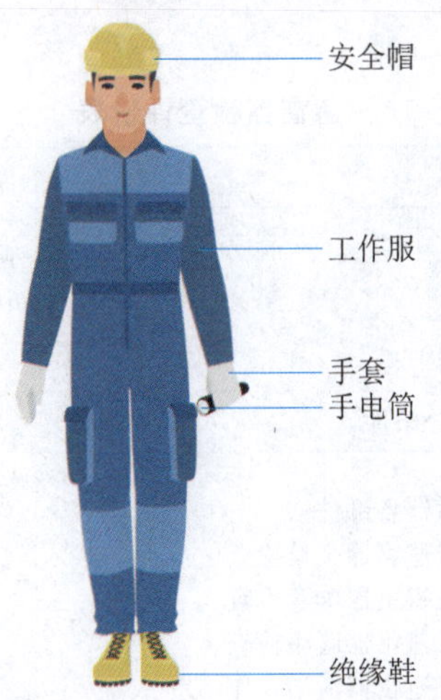

二、任务单

根据任务信息中避雷器的检查标准和方法，对避雷器实施检查，并填写任务单。

避雷器检查任务单

<table>
<tr><td colspan="2">检查人姓名：</td><td>班级：</td><td>学号：　　　　安全监督员：</td></tr>
<tr><td colspan="3">避雷器型号：</td><td>机车型号：</td></tr>
<tr><td colspan="4">避雷器检查项目</td></tr>
<tr><td>序号</td><td>操作项目</td><td>操作内容</td><td>结果记录</td></tr>
<tr><td>1</td><td>清洁、清理</td><td>外表清洁</td><td>□ 正常完成
□ 清洁不到位</td></tr>
<tr><td>2</td><td>金具</td><td>金具状态</td><td>□ 金具状态良好
□ 铭牌完好
□ 异常（　　　　）</td></tr>
<tr><td rowspan="2">3</td><td rowspan="2">底座</td><td>底座状态检查</td><td>□ 安装状态良好
□ 安装螺栓迟缓线无错位
□ 异常（　　　　）</td></tr>
<tr><td>接地引线状态检查</td><td>□ 软连线无破损无断股
□ 异常（　　　　）</td></tr>
<tr><td>4</td><td>硅橡胶
伞套</td><td>避雷器伞套表面检查</td><td>□ 外观良好
□ 异常（　　　　）</td></tr>
<tr><td>5</td><td>电气性能检查</td><td>绝缘电阻检查</td><td>绝缘电阻阻值（　　　　）</td></tr>
<tr><td>6</td><td colspan="3">整理、整顿、清扫、清洁</td></tr>
</table>

完成工作任务后，各组必须按照现场管理规范清理场地，归还工量具和器材。

避雷器检查评价表

<table>
<tr><td colspan="2">姓名：</td><td>班级：</td><td colspan="3">学号：</td><td colspan="2" rowspan="2">教师评语：</td></tr>
<tr><td colspan="2">自评：
熟练□
不熟练□</td><td>互评：
熟练□
不熟练□</td><td colspan="3">师评：
优秀□　良好□
合格□　不合格□</td></tr>
<tr><td>序号</td><td>评分项</td><td>得分条件</td><td>配分</td><td>评分要求</td><td>自评</td><td>互评</td><td>师评</td></tr>
<tr><td>1</td><td>专业技术能力</td><td>□1. 能指认避雷器各部件
□2. 能正确完成避雷器金具检查
□3. 能正确完成避雷器伞套检查
□4. 能正确完成避雷器底座检查
□5. 能正确完成避雷器清洁工作
□6. 能正确完成电气性能检查</td><td>55 分</td><td>未完成一项扣 2～9，扣分不超过 55 分</td><td>分数：</td><td>分数：</td><td>分数：</td></tr>
</table>

续上表

姓名：		班级：		学号：		教师评语：	
自评： 熟练□ 不熟练□		互评： 熟练□ 不熟练□		师评： 优秀□　良好□ 合格□　不合格□			
序号	评分项	得分条件	配分	评分要求	自评	互评	师评
2	工具及设备使用能力	□1. 能正确使用兆欧表 □2. 能正确使用扭力扳手	20 分	未完成一项扣 1～5 分，扣分不超过 20 分	分数：	分数：	分数：
3	资料信息查询能力	□1. 能正确使用维修手册查询资料 □2. 能在规定时间内查询所需资料	5 分	未完成一项扣 2.5 分，扣分不超过 5 分	分数：	分数：	分数：
4	表单填写与报告的撰写能力	□1. 能正确记录检查维护信息 □2. 字迹清晰 □3. 无错别字、无涂改、无抄袭 □4. 能正确表述报告主要内容	10 分	未完成一项扣 1～2.5 分，扣分不超过 10 分	分数：	分数：	分数：
5	职业素养	□1. 遵守规则制度、劳动纪律 □2. 正确穿戴劳保用品 □3. 积极主动承担工作任务 □4. 人身安全与设备安全 □5. 按照现场管理规范清理场地，归置物品	10 分	未完成一项扣 2.5 分，扣分不超过 10 分	分数：	分数：	分数：

避雷器常见故障及原因

机车避雷器常见故障及原因分析见表 3-20。

表 3-20　避雷器常见故障及原因

故障现象	原因分析
避雷器炸裂 	(1)过电压导致了避雷器内部出现了典型的热崩溃故障现象 (2)避雷器密封不良，内部氧化锌阀片受潮或进水，由于阀片吸收能量发热，当阀片受潮气浸入后，累积产生能量效应，导致阀片被击穿

续上表

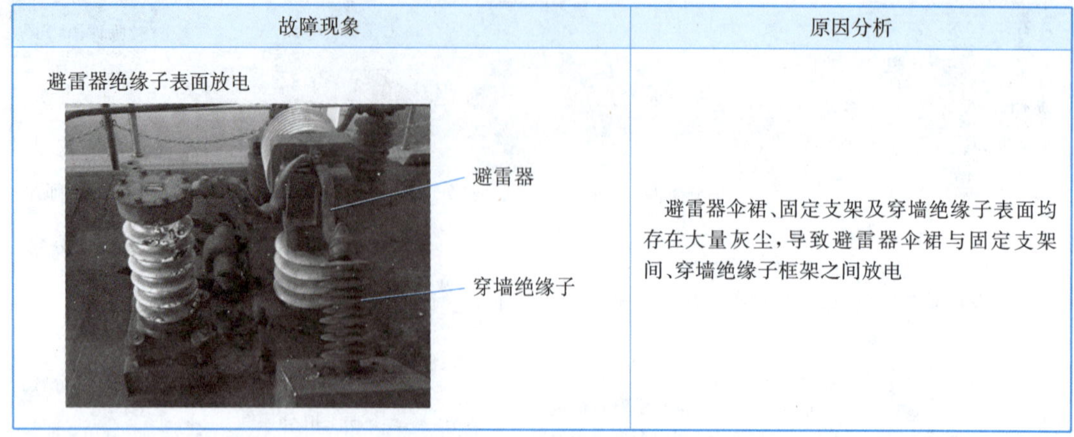

故障现象	原因分析
避雷器绝缘子表面放电 避雷器 穿墙绝缘子	避雷器伞裙、固定支架及穿墙绝缘子表面均存在大量灰尘，导致避雷器伞裙与固定支架间、穿墙绝缘子框架之间放电

任务六　互感器检查

任务描述

某机务段乘务组值乘 HXD_3 型电力机车，9 时 12 分开车，牵引速度达到 70 km/h 时，机车牵引力时有时无，微机屏无故障记录，此现象运行过程中出现 4 次，于 11 时 41 分停车处理。与调度及运用科联系后，11 时 58 分维持运行至下一站停车。运用车间管理人员与乘务员反复升弓检查机车正常后，通知乘务机车维持运行回机务段全面检查。技术人员对机车进行检查试验，并填写检查试验记录，机破原因为高压电压互感器故障，高压电压互感器与一次侧导电杆连接的扁铜线从压装处齐根断，一次侧测量电压过低(仅 1.8 kV)，合不上主断。

本任务学习电力机车互感器作用和工作原理以及高压电压互感器检查标准和方法。

任务目标

1. 掌握高压电压互感器作用。
2. 掌握高压电流互感器作用。
3. 了解互感器的工作原理。
4. 能够依照作业规程，进行互感器日常检查操作。
5. 按照现场管理规范清理场地，归置物品。

任务信息

一、互感器

在电力系统中，高电压和大电流是不能直接测量的，一般只能借助于类似变压器的电压互感器或电流互感器，把高电压、大电流变换成低电压、小电流，再供给测量仪表及继电器的线圈使用。这样，就可以使测量仪表与高压电路绝缘，保证工作人员的人身安全，扩大仪表量程。

互感器和变压器原理完全一样，如图 3-25 所示。电流互感器匝数少的一次绕组与待测电路串联，匝数多的二次绕组与电流表相连。当铁芯未饱和时，互感器的电流比和电压比可以用式(3-1)和式(3-2)来计算。

$$K_I=\frac{I_1}{I_2}\approx\frac{W_2}{W_1}\text{（一般电流互感器的 }I_2=5\text{ A）} \tag{3-1}$$

$$K_U=\frac{U_1}{U_2}\approx\frac{W_1}{W_2}\text{（一般电压互感器的 }U_2=100\text{ V）} \tag{3-2}$$

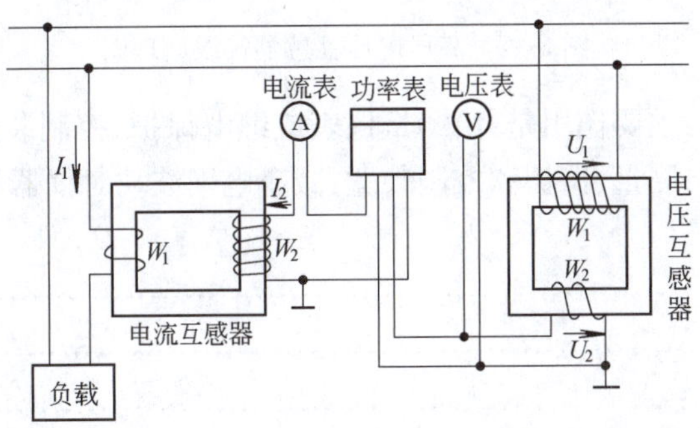

图 3-25　互感器工作原理示意图

由此可见，我们只需要一个考虑放大 K_I 或 K_U 倍值刻度的电流表或电压表同一个专用的电流互感器或电压互感器配套使用，即可直接读出大电流或高电压值，即

$$I_1=K_I I_2 \tag{3-3}$$

$$U_1=K_U U_2 \tag{3-4}$$

互感器虽与变压器相似，但从两者的用途来看，变压器除了用来变压和变相外，主要用于传输电能，而互感器则是把一次侧电路的电压、电流准确地反映给二次侧电路。

二、高压电压互感器

1. 高压电压互感器结构

JDZX18-25(C)型高压电压互感器为户内全封闭式电压互感器，为 HXD3C 型电力机车配套使用，其外形如图 3-26 所示。它采用户外环氧树脂浇注绝缘支柱式结构，适用于户内交流 50～60 Hz，额定电压为 25 kV 的电力机车电网中作电压测量或继电保护使用。具有耐机械冲击能力强、重量轻、便于安装、不易损坏、维护周期长的特点。

图 3-26　JDZX18-25(C)型高压电压互感器

2. 工作原理

JDZX18-25(C)型高压电压互感器的接线原理图如图 3-27 所示。一次侧并联在主电路上，二次侧装有限流熔断器，是一种利用电磁感应原理将一次侧高电压变换为可测量电压的特种变压器。

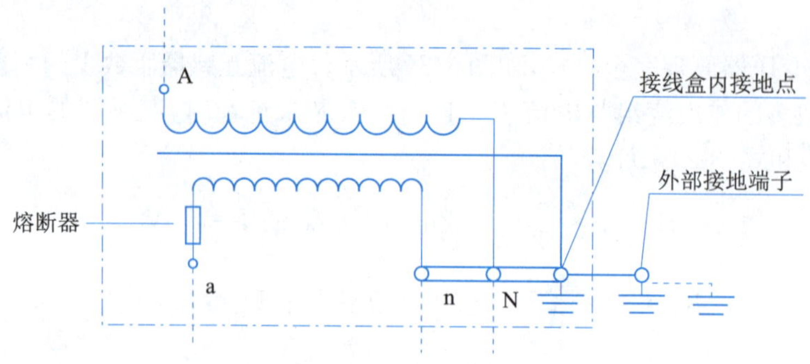

图 3-27　高压电压互感器接线原理图

高压电压互感器的主要作用是:给测量仪表或继电保护、控制装置提供电压信息;同时在电路上隔离高电压与测量、保护和控制装置,减小电网波动对仪器仪表的影响。

3. 主要技术参数

电压比 ………………………………………………………… 25 000 V/100 V

额定功率 ……………………………………………………………… 30 V·A

额定频率 ………………………………………………………………… 50 Hz

二次侧熔断器规格 …………………………………………………………… 5 A

负荷功率因数 ……………………………………………… cos φ=0.8(滞后)

绝缘等级 …………………………………………………………………… F

电压互感器使用注意事项:

1. 高压电压互感器一次绕组要与被测负荷并联,其二次侧所有测量仪表的电压线圈要与二次绕组并联。使用中,若不接仪表时,应使二次绕组处于开路状态,要绝对避免二次侧短路。因此,在电压互感器二次侧电路中要接保护用自动开关。

2. 电压互感器在使用中,二次绕组的一端和外壳要可靠接地,以防一次绕组放电或击穿时高电压进入二次侧测量电路,危及仪表和人身安全。

三、高压电流互感器

电流互感器是利用电磁感应原理,把一次侧大电流变换为可测量电流。它起到了降低电流和电气隔离的作用,避免了直接测量线路的危险。电流互感器将高电流按比例转换成低电流,其一次侧接在高压电路,二次侧接测量仪表、继电保护等。

在电力机车上网侧装有两种电流互感器,一种是高压电流互感器,和过流继电器配合对网侧电路进行过流保护;另一种是低压电流互感器,用来测量机车所消耗的电量。

1. 高压电流互感器结构

LMZB-25C 型电流互感器为电力机车高压侧专用电流互感器,套接在牵引变压器一次侧的高压电缆上,适用电力机车内高压侧作继电保护使用。外形如图 3-28 所示。

图 3-28　高压电流互感器外形图

2. 主要技术参数

一次侧额定电压 ………………………………………………………… 25 kV
额定频率 ………………………………………………………………… 50 Hz
二次侧额定电流 ………………………………………………………… 5 A
电流比 ……………………………………………………………… 400 A/5 A
负荷功率因数 ………………………………………………… cos φ=0.8(滞后)

电流互感器使用注意事项：

使用电流互感器时，一次侧串联入需要测量的电路，二次侧与电流表构成闭合回路。

1. 电流互感器的二次绕组必须可靠接地。

2. 电流互感器在使用中，任何情况下都不允许二次侧开路。二次侧开路时，互感器在空载状态，容易烧毁互感器、同时在二次绕组中产生高电压，有时可高达数千伏，是非常危险的。

四、高压电压互感器检查内容与方法

1. 高压电压互感器检查

高压电压互感器检查内容与方法见表 3-21。

表 3-21　高压电压互感器检查内容与方法

序号	作业项目	作业要领	作业标准	作业方法
1	外观	表面检查	绝缘表面清洁，无破损、裂纹，无放电痕迹	目视检查互感器表面
		一次侧引线连接检查	一次侧接线端子接触面无氧化层，紧固件齐全，连接可靠	目视检查一次侧高压接线端子无锈蚀或氧化层，紧固件齐全，连接可靠。一次侧引线应可靠连接，不松动

续上表

序号	作业项目	作业要领	作业标准	作业方法
1	外观	二次侧引线连接检查	二次侧引线应可靠连接，不准松动	检查二次侧引线接线端子无锈蚀或氧化层，紧固件齐。引线应可靠连接，不松动
		产品铭牌及标志检查	各接线端子的标志齐全清晰；铭牌完好	目视检查接线端子标志和铭牌
		安装板检查	安装板安装螺栓紧固可靠	目视检查安装螺栓紧固，迟缓线无错位
		接地端子检查	接地可靠，接地线完好	目视检查一次侧、二次侧及设备接地端子，接地端子紧固无松动，接地线完好，发现接触不良应清除锈蚀后紧固
2	试验	绝缘电阻检测	一次侧对二次侧及地绝缘电阻≥1 000 MΩ，二次侧对地绝缘电阻≥100 MΩ	采用 2 500 V 兆欧表测量一次侧对二次侧及地绝缘电阻≥1 000 MΩ，二次侧对地≥100 MΩ

2. 紧固力矩检查

目视检查高压电压互感器各处固定情况及电气连接的紧固性。一旦发现松动，必须按照表 3-22 力矩拧紧。

表 3-22　高压电压互感器螺纹连接处的拧紧力矩

螺纹规格	拧紧力矩额定值(N·m)	备注
M10	15	一次侧接线紧固螺栓
	42～45	安装板紧固螺栓
	20～25	接地端子紧固螺栓

互感器检查任务导学

姓名		班级		学号	

1. 高压电压互感器一次绕组要与被测负荷________。
2. 使用电流互感器时，一次侧________入需要测量的电路。
3. 为避免电压互感器二次侧短路，在电压互感器二次侧电路中要接保护用________。
4. 高压电流互感器的作用是什么？

续上表

姓名		班级		学号	
5. 高压电压互感器的作用是什么？ 6. 电力机车上有哪两种电流互感器？有何区别？					

检查及维护安全须知：

（1）在任何情况下，必须采取必要的安全和防护措施。

（2）在进行相关作业前，一次侧高压端子必须切断电源，严防未经授权接通接触网。

（3）如有可能，应在无接触网区或没有接触网的车间进行维护和修理，作业人员应采取必要的安全防护措施（如佩戴安全帽、绝缘手套、绝缘鞋等）。

（4）未经制造商同意，不能擅自修改高压电压互感器。

一、任务实施准备

1. 工具器材准备

2 500 V 兆欧表	力矩扳手(10～60 N·m)	万用表

2. 其他准备

（1）工位、安全警告标志牌。

（2）穿戴配备劳保用品。

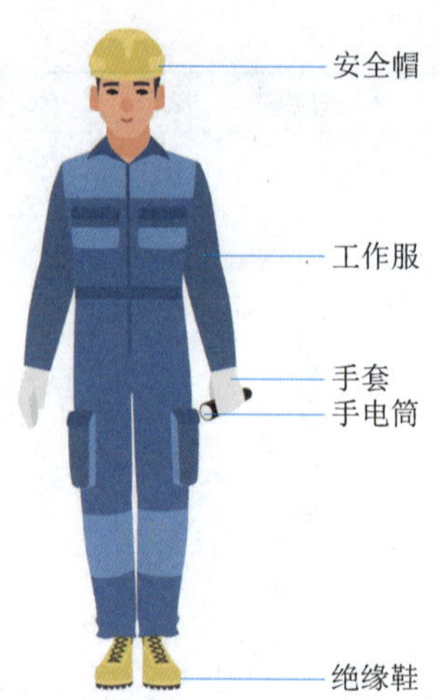

二、任务单

根据任务信息中高压电压互感器的检查标准和方法，对高压电压互感器实施检查，并填写任务单。

高压电压互感器检查任务单

<table>
<tr><td colspan="2">检查人姓名：</td><td>班级：</td><td>学号：</td><td>安全监督员：</td></tr>
<tr><td colspan="3">高压电压互感器型号：</td><td colspan="2">机车型号：</td></tr>
<tr><td colspan="5">高压电压互感器检查项目</td></tr>
<tr><td>序号</td><td>操作项目</td><td>操作内容</td><td colspan="2">结果记录</td></tr>
<tr><td rowspan="6">1</td><td rowspan="6">外观检查</td><td>表面检查</td><td colspan="2">□ 外观良好
□ 异常（　　　　　　　　　）</td></tr>
<tr><td>一次侧引线连接检查</td><td colspan="2">□ 接线端子状态良好
□ 异常（　　　　　　　　　）</td></tr>
<tr><td>二次侧引线连接检查</td><td colspan="2">□ 接线端子状态良好
□ 异常（　　　　　　　　　）</td></tr>
<tr><td>产品铭牌及标志检查</td><td colspan="2">□ 铭牌完好
□ 线端子的标志齐全清晰
□ 异常（　　　　　　　　　）</td></tr>
<tr><td>安装板检查</td><td colspan="2">□ 安装螺栓迟缓线无错位
□ 异常（　　　　　　　　　）</td></tr>
<tr><td>接地端子检查</td><td colspan="2">□ 接地端子状态良好
□ 异常（　　　　　　　　　）</td></tr>
<tr><td>2</td><td>试验</td><td>绝缘电阻检测</td><td colspan="2">(1)一次侧对二次侧和对地绝缘电阻值（　　）
(2)二次侧对地绝缘电阻（　　　　）</td></tr>
<tr><td>3</td><td colspan="4">整理、整顿、清扫、清洁</td></tr>
</table>

完成工作任务后，各组必须按照现场管理规范清理场地，归还工量具和器材。

高压电压互感器检查评价表

<table>
<tr><td colspan="2">姓名：</td><td colspan="2">班级：</td><td>学号：</td><td colspan="3" rowspan="2">教师评语：</td></tr>
<tr><td colspan="2">自评：
熟练□
不熟练□</td><td colspan="2">互评：
熟练□
不熟练□</td><td>师评：
优秀□　良好□
合格□　不合格□</td></tr>
<tr><td>序号</td><td>评分项</td><td>得分条件</td><td>配分</td><td>评分要求</td><td>自评</td><td>互评</td><td>师评</td></tr>
<tr><td>1</td><td>专业技术能力</td><td>□1. 能指认高压电压互感器各部件
□2. 能正确完成高压电压互感器表面检查
□3. 能正确完成一次侧高压接线端子检查
□4. 能正确完成二次侧高压接线端子检查
□5. 能正确接线端子的标志检查
□6. 能正确完成紧固螺栓检查
□7. 能正确完成接地端子检查
□8. 能正确完成绝缘电阻检测</td><td>55 分</td><td>未完成一项扣 2～7 分，扣分不超过 55 分</td><td>分数：</td><td>分数：</td><td>分数：</td></tr>
<tr><td>2</td><td>工具及设备使用能力</td><td>□1. 能正确使用绝缘电阻测试仪
□2. 能正确使用扭力扳手</td><td>20 分</td><td>未完成一项扣 1～5 分，扣分不超过 20 分</td><td>分数：</td><td>分数：</td><td>分数：</td></tr>
<tr><td>3</td><td>资料信息查询能力</td><td>□1. 能正确使用维修手册查询资料
□2. 能在规定时间内查询所需资料</td><td>5 分</td><td>未完成一项扣 2.5 分，扣分不超过 5 分</td><td>分数：</td><td>分数：</td><td>分数：</td></tr>
<tr><td>4</td><td>表单填写与报告的撰写能力</td><td>□1. 能正确记录检查维护信息
□2. 字迹清晰
□3. 无错别字、无涂改、无抄袭
□4. 能正确表述报告主要内容</td><td>10 分</td><td>未完成一项扣 1～2.5 分，扣分不超过 10 分</td><td>分数：</td><td>分数：</td><td>分数：</td></tr>
<tr><td>5</td><td>职业素养</td><td>□1. 遵守规章制度、劳动纪律
□2. 正确穿戴劳保用品
□3. 积极主动承担工作任务
□4. 人身安全与设备安全
□5. 按照现场管理规范清理场地，归置物品</td><td>10 分</td><td>未完成一项扣 2.5 分，扣分不超过 10 分</td><td>分数：</td><td>分数：</td><td>分数：</td></tr>
</table>

巩固练习

一、填空题

1. 受电弓是一种__________器，属于上部__________。

2. 受电弓的升降过程具有__________的特点。

3. 受电弓按其结构形式可分为____________和____________两种。

4. 电力机车电源的总开关和机车的总保护电器是____________。

5. 真空断路器是以____________作为绝缘介质和灭弧介质进行灭弧的。

6. 交流互感器是一种测量用设备，是按照____________原理来工作的。

7. 网侧过电压保护装置采用____________，以防止外部大气过电压。

8. ____________的主要功能是当进行机车检查、维护或修理时，把主断路器两侧电路接地。

二、选择题

1. 接触网标称电压值为(　　)。

A. 20 kV　　B. 23 kV　　C. 25 kV

2. DSA200 型受电弓内装有降弓装置，当弓网故障时，可(　　)降弓保护。

A. 自动　　B. 半自动　　C. 手动

3. 高压隔离开关采用(　　)控制方式进行转换。

A. 电空　　B. 电磁　　C. 液压

三、判断题

1. 真空断路器工作时需要压缩空气参与。(　　)

2. 氧化锌避雷器的瓷套表面出现裂纹不影响其正常使用。(　　)

3. 互感器只能起测量作用，而不能对电路进行保护。(　　)

4. 和谐型电力机车上蓝色钥匙用于控制主断路器的气路。(　　)

四、简答题

1. 简述 DAS200 单臂受电弓的组成。

2. 电力机车上通常采用哪些互感器？各有什么作用？

3. 简述真空断路器的组成。

项目四
其他电器检查与认知

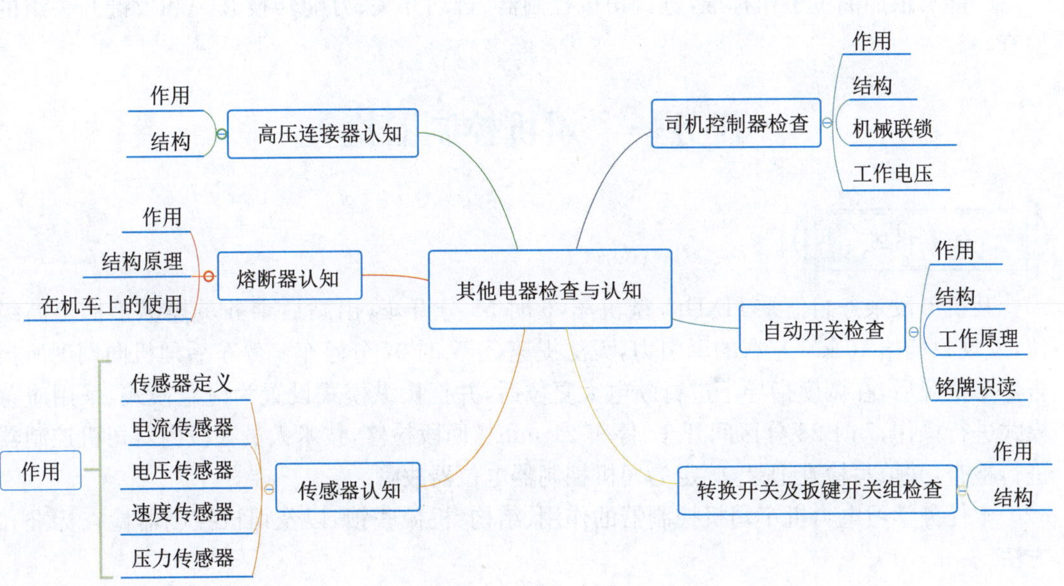

电力机车的电源是 25 kV 的工频交流电，虽然经过主变压器降压进入机车，但电力机车的主电路仍然属于高压电路，运行过程中严禁操作人员接触主电路的设备。为了让电力机车按照司机的指令安全运行，电力机车上还有发布控制指令的主令电器，起过载、短路保护作用的保护电器等。

本项目学习其他电器检查与认知，共包含六个任务：司机控制器检查、自动开关检查、万能转换开关与扳键开关组检查、传感器认知、熔断器认知、高压连接器认知。在检查过程中，要按企业实际岗位工作标准和方法完成任务，同时必须严格按照规定进行文明和安全操作。

学习目标

1. 掌握司机控制器、自动开关、万能转换开关和扳键开关组、传感器、熔断器、高压连接器的作用。
2. 理解电力机车司机控制器、自动开关等电器的工作原理。
3. 了解传感器、熔断器分类和电器的基本参数。
4. 能指认司机控制器、扳键开关、高压连接器组成部件名称。
5. 能够依照岗位工作标准，进行司机控制器、自动开关、万能转换开关和扳键开关组的检查。

任务一　司机控制器检查

某机务段乘务组值乘 HXD$_{1D}$ 型机车，6 时 55 分开车，出站后乘务员操纵手柄至高级位，发现只能给 10 kN 左右的牵引力，无法提速，于 7 时 07 分停车。停车后司机向调度所报告停车情况后，在调度指导下进行断电大复位后，并把操纵模式设置为应急模式，采用应急模式进行操作，7 时 28 分区间开车，停车 21 min。回段检修，技术人员在段内对司机控制器进行检查，并填写检查记录，确定为司机控制器电位器故障。

本任务学习电力机车司机控制器的作用、结构、机械联锁，以及司机控制器检查标准和方法。

1. 掌握司机控制器的作用。
2. 理解司机控制器的机械联锁。
3. 能指认司机控制器主要组成部件。
4. 能正确使用和操作司机控制器。
5. 能够依照作业规程，进行司机控制器日常检查操作。
6. 能按照现场管理规范清理场地，归置物品。

任务信息

一、司机控制器作用

司机控制器作用、结构、联锁关系

司机控制器是机车乘务员用来操纵机车运行的主令控制器，是利用控制电路的低压电器间接控制主电路和辅助电路的电气设备，达到安全、方便地控制机车的起动、调速、运行方向和电气制动的目的。为了便于双端操作，在Ⅰ端司机室和Ⅱ端司机室各装有一台结构完全相同的司机控制器，如图 4-1 所示。

司机控制器技术状态直接关系到机车是否能良好运行。由于其部件动作要求精确，且设备操作频繁，容易产生松旷、变形、接触不良等故障，因此司机控制器的日常维护和定期检修非常重要。

图 4-1　司机控制器

二、司机控制器结构及工作原理

二维码：司机控制器检查

以 HXD3C 型电力机车装配的 S640U-B 型司机控制器为例。该司机控制器的特点是结构紧凑、体积小、质量轻、高可靠、长寿命、少维修或免维修，并具有夜间挡位显示功能。司机控制器外形如图 4-2 所示。

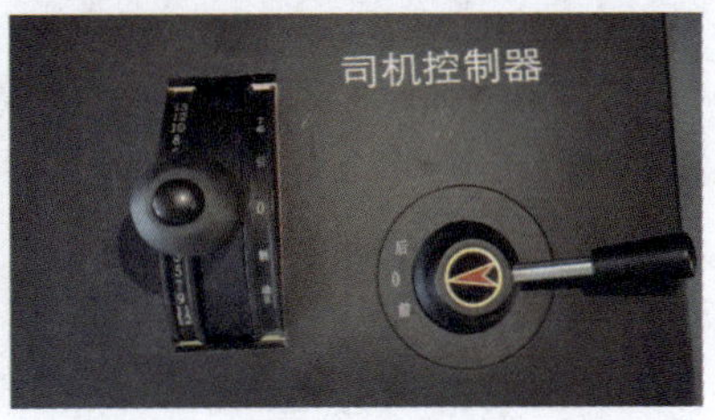

图 4-2　司机控制器外形

1. 司机控制器结构及动作原理

司机控制器由方向转换开关、牵引制动手柄、速动开关、电位器、电连接器和连接电缆、面板、安装板等部件组成，结构如图 4-3 所示。控制器中的推杆经机械传动与六方轴连接，方轴转动带动每层凸轮转动。凸轮选用硬度高、耐磨的陶瓷材料，压入方轴上，各层凸轮根据闭合表要求，顶压速动开关的滚轮，使滚轮绕固定轴转动并压下开关使触头闭合（断开），完成机车操纵程序。

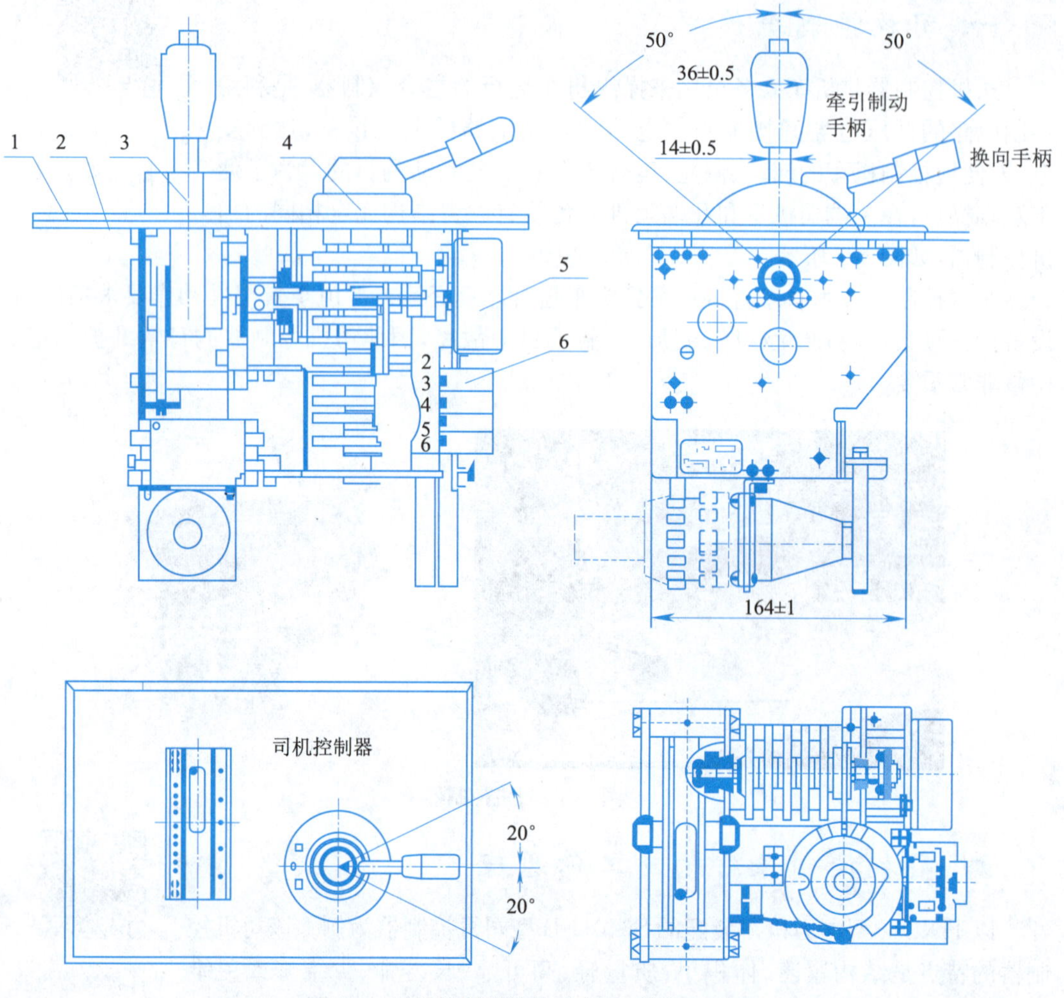

图 4-3　司机控制器结构示意图（单位：mm）

1—面板；2—安装板；3—牵引制动手柄；4—方向转换开关；5—电位器；6—速动开关

S640U-B 型司机控制器采用 S8472W2B 触头，其接点为速动型，接点具有自净功能，采用封式结构。速动开关外形如图 4-4 所示。

方向转换开关有“向前”“0”“向后”三个位置。方向转换开关在所有挡位有定位。

牵引制动手柄有“牵引”区、“0”位、“制动”区，控制机车的牵引和制动工况。手柄垂直时置于“0”位，向前推进入“牵引”区，共 13 级；向后拉进入“制动”区，共 12 级。司机控制器的牵引制动手柄在“牵引”区的“0”“＊”为有定位，其他挡位为无级调节。

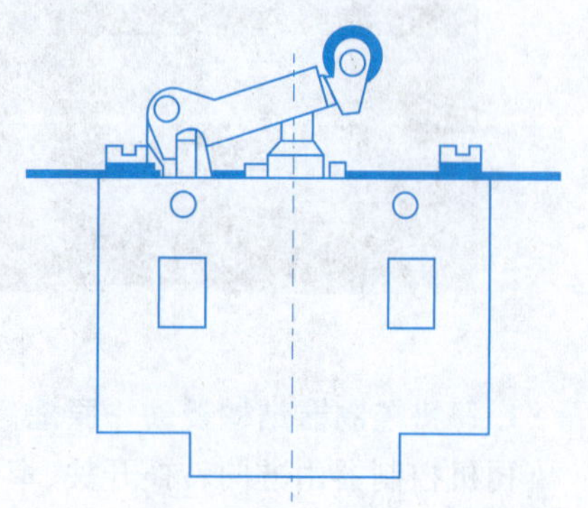

图 4-4　速动开关 S847W2B 外形结构图

电位器用于级位输出。当司机操作牵引制动手柄时，通过齿轮传动驱动电位器调节输入到电子柜的电压指令，从而达到调节机车速度目的。

当司机控制器开关和手柄位置变化时，调速轴或换向轴上的凸轮随之转动，当凸轮凸起位置转动到速度开关杠杆位置时，辅助触头盒内的速动开关动作，使辅助触头的常开或常闭状态发生变化，将司机控制器机械位置变化转变为电信号传递给控制电路。

2. 机械联锁

牵引制动手柄是固定式的，方向转换开关是可取式(钥匙式)的，且只能在“0”位插入或取出。方向转换开关同时也是辅助司机控制器的控制手柄，这样整台机车的司机控制器合用一只活动手柄(钥匙手柄)，从而保证了机车在运行中，只能操作一台司机控制器，其余均被锁在“0”位，不致引起电路指令发生混乱。

为了防止可能产生的误操作，司机控制器的方向转换开关和牵引制动手柄之间设有机械联锁装置。

具体联锁如下：

方向转换开关在“0”位时，牵引制动手柄被锁在“0”位。

方向转换开关在“前”“后”位时，牵引制动手柄可离开“0”位，转动至牵引区其他位。牵引制动手柄一旦离开“0”位，方向转换开关被锁住；牵引制动手柄在“0”位时，方向转换开关才可以转动。

3. 司机控制器闭合表和接线图

司机控制器闭合表和接线如图 4-5 所示。

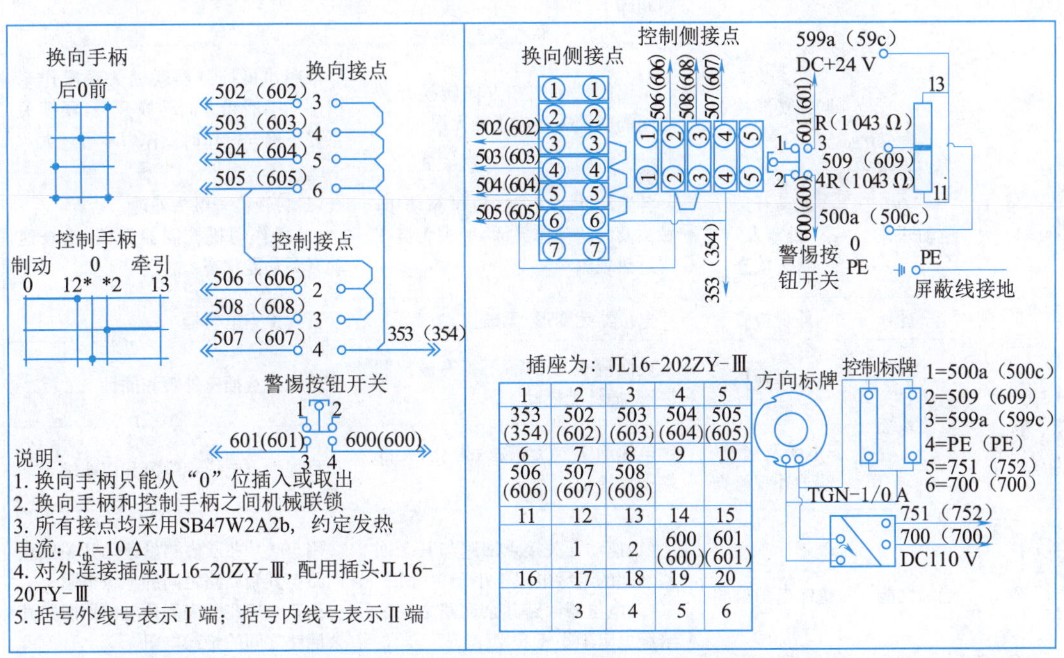

图 4-5　S640U-B 型司机控制器闭合表和接线图

4. 主要技术参数

机械寿命 ………………………………………………………… $\geqslant 1\times10^6$ 次

辅助触头盒电寿命 ………………………………………………………… ≥1×10⁵次
质量 ……………………………………………………………………………… ≤9 kg
标称电压………………………………………………………………………… DC 110 V
约定发热电流 ………………………………………………………………………… 10 A

二、司机控制器检查内容和方法

1. 司机控制器检查

司机控制器检查内容与方法见表4-1。

表4-1 司机控制器检查内容与方法

序号	作业项目	作业要领	作业标准	作业方法
1	面板	面板外观检查	司机控制器铭牌及标识符号完整、清晰、正确	目视检查司机控制器面板
2	紧固件	紧固件检查	各紧固件齐全,紧固状态良好	目视检查各紧固件状态
3	手柄组件	外观检查	牵引制动手柄和方向转换开关标识正确,字迹清晰无磨损、无刮痕	目视检查牵引制动手柄和方向转换开关外观
		状态功能检查	(1)司机控制器控制手柄在各挡位之间应转动灵活无卡滞 (2)方向转换开关在"0"位时可顺利卸下	手动操作牵引制动手柄和方向转换开关,手柄应转动灵活,相邻挡位之间无卡滞现象
		联锁功能检查	牵引制动手柄和方向转换开关之间的联锁关系应正确无误	依照司机控制器联锁关系操作牵引制动手柄和方向转换开关,联锁关系要正确。操作时操作力不可过大
4	速动开关	速动开关外观及状态检查	各速动开关在各挡位可靠动作;触头及滚轮动作灵活,触头无烧损或过热现象	(1)目视检查触头外观 (2)操作司机控制器手柄,检查速动开关功能状态
5	电位器	外观检查	电位器无变形、无破损	目视检查电位器
6	电路系统	插座外观检查	表面清洁无污垢,不得有破损和变形,插针无松动	目视检查插座外观和插针
		电缆及接线端子外观检查	电缆绝缘层无破损、老化,接线端子无松动	目视检查电缆绝缘侧和接线端子
7	绝缘性能	绝缘电阻检测	(1)速动开关接点回路与其余回路之间的绝缘电阻不小于10 MΩ (2)电位器回路其余回路之间的绝缘电阻不小于5 MΩ	用500 V兆欧表测量速动开关接点回路与其余回路之间的绝缘电阻 用500 V兆欧表测量电位器回路其余回路之间的绝缘电阻

2. 紧固力矩检查

目视检查司机控制器各处固定情况及电气连接的紧固性。发现松动,必须按照表4-2拧紧力矩拧紧,所有沉头螺钉和紧固螺钉拧紧时须滴加螺纹胶。

表 4-2　司控器拧紧力矩表

螺纹规格	拧紧力矩(N·m)
M3	1.14～1.25
M4	2.7～3.0
M5	5.4～5.9

司机控制器检查任务导学

姓名		班级		学号	

1. 司机控制器是机车的主令控制电器,用来转换机车的________________工况,改变机车的运行方向。
2. 操作一下司机控制器方向转换开关和牵引制动手柄,会发现它们之间有一定的联锁关系,为什么要这样设置?

3. 写出题图 4-1 司机控制器各组成部分名称。

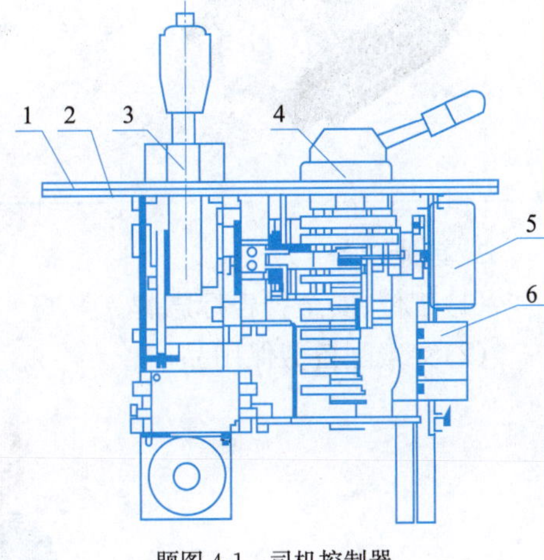

题图 4-1　司机控制器

4. 请分析司机控制器的联锁关系。

5. 利用思维导图归纳总结司机控制器知识。

检查及维护安全须知：

(1)必须由接受过指导且合格的人员调整和维护司机控制器。

(2)在任何情况下，必须采取必要的安全和防护措施。

(3)拆装司机控制器时，司机控制器必须断电。

一、任务实施准备

1. 工具器材准备

兆欧表(500 V)	力矩扳手(1～8 N·m)	万用表

2. 其他准备

(1)工位、安全警告标志牌。

(2)穿戴配备劳保用品。

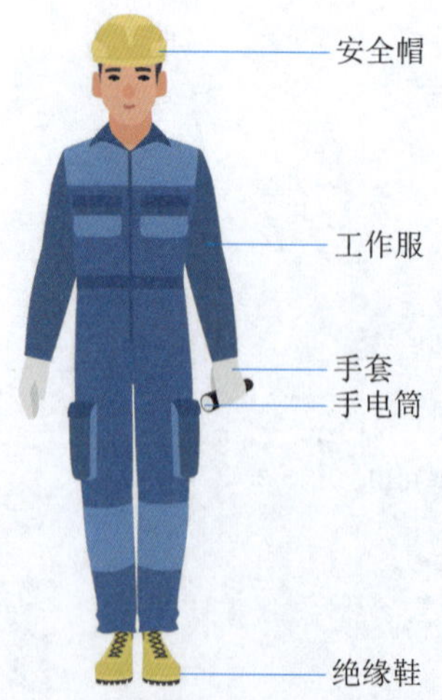

二、任务单

根据任务信息中司机控制器的检查标准和方法，对司机控制器实施检查，并填写任务单。

司机控制器检查任务单

检查人姓名：	班级：	学号：	安全监督员：
司机控制器型号：		机车型号：	
司机控制器检查项目			
序号	操作项目	操作内容	结果记录
1	面板	面板外观检查	□ 外观良好 □ 异常（　　　　　　　　）
2	紧固件	紧固件检查	□ 紧固状态良好 □ 异常（　　　　　　　　）
3	手柄组件	外观检查	□ 外观良好 □ 异常（　　　　　　　　）
		状态功能检查	□ 手柄转动灵活无卡滞 □ 异常（　　　　　　　　）
		联锁功能检查	□ 联锁关系正确 □ 异常（　　　　　　　　）
4	速动开关	速动开关外观及状态检查	□ 外观良好 □ 动作状态良好 □ 异常（　　　　　　　　）
5	电位器	外观检查	□ 外观良好 □ 异常（　　　　　　　　）
6	电路系统	插座外观检查	□ 外观良好 □ 异常（　　　　　　　　）
		电缆及接线端子外观检查	□ 电缆绝缘层良好 □ 接线端子无松动 □ 异常（　　　　　　　　）
7	绝缘性能	绝缘电阻检测	速动开关接点回路与其余回路之间的绝缘电阻值（　　　　　　） 电位器回路其余回路之间的绝缘电阻值（　　　　　　　　）
8	整理、整顿、清扫、清洁		

完成工作任务后，各组必须按照现场管理规范清理场地，归还工量具和器材。

司机控制器检查评价表

<table>
<tr><td colspan="2">姓名：</td><td>班级：</td><td colspan="3">学号：</td><td colspan="2" rowspan="2">教师评语：</td></tr>
<tr><td colspan="2">自评：
熟练□
不熟练□</td><td>互评：
熟练□
不熟练□</td><td colspan="3">师评：
优秀□　良好□
合格□　不合格□</td></tr>
<tr><td>序号</td><td>评分项</td><td>得分条件</td><td>配分</td><td>评分要求</td><td>自评</td><td>互评</td><td>师评</td></tr>
<tr><td>1</td><td>专业技术能力</td><td>□1. 能指认司机控制器各部件
□2. 能正确操作司机控制器
□3. 能正确叙述司控器联锁关系
□4. 能全面完成外观检查
□5. 能正确完成司控器性能检查
□6. 能正确完成司控器绝缘检查</td><td>55 分</td><td>未完成一项扣 2～8 分，扣分不超过 55 分</td><td>分数：</td><td>分数：</td><td>分数：</td></tr>
<tr><td>2</td><td>工具及设备使用能力</td><td>□1. 能正确使用万用表
□2. 能正确使用兆欧表测绝缘
□3. 能正确使用扭力扳手</td><td>20 分</td><td>未完成一项扣 1～7 分，扣分不超过 20 分</td><td>分数：</td><td>分数：</td><td>分数：</td></tr>
<tr><td>3</td><td>资料信息查询能力</td><td>□1. 能正确使用维修手册查询资料
□2. 能在规定时间内查询所需资料</td><td>5 分</td><td>未完成一项扣 2.5 分，扣分不超过 5 分</td><td>分数：</td><td>分数：</td><td>分数：</td></tr>
<tr><td>4</td><td>表单填写与报告的撰写能力</td><td>□1. 能正确记录检查维护信息
□2. 字迹清晰
□3. 无错别字、无涂改、无抄袭
□4. 能正确表述报告主要内容</td><td>10 分</td><td>未完成一项扣 1～2.5 分，扣分不超过 10 分</td><td>分数：</td><td>分数：</td><td>分数：</td></tr>
<tr><td>5</td><td>职业素养</td><td>□1. 遵守规则制度、劳动纪律
□2. 正确穿戴劳保用品
□3. 积极主动承担工作任务
□4. 人身安全与设备安全
□5. 按照现场管理规范清理场地，归置物品</td><td>10 分</td><td>未完成一项扣 2.5 分，扣分不超过 10 分</td><td>分数：</td><td>分数：</td><td>分数：</td></tr>
</table>

任务二　自动开关检查

某机务段乘务组值乘 HXD3C 型电力机车。列车在某站出站后，运行至分相区，机车突然全车失电，列车非正常停车。司机立即派副司机进入机械间检查，并向车站汇报。

副司机检查发现机车蓄电池自动开关跳开，重新闭合自动开关，机车正常。回段检查，确认故障原因。发现是因为控制电器柜内蓄电池控制自动开关 QA61 因质量问题自动跳开，造成全车控制回路失电。机车在正常运行时由控制电源柜输出与蓄电池并联共同提供机车110 V控制电源，当机车在运行中主断跳开或进入分相区接触网无电时，蓄电池的断开会造成全车失电现象。

自动开关(低压断路器)常用于各类电器屏柜，主要适用于低压电路的控制、隔离和保护，如图 4-6 所示。本任务学习自动开关的结构、工作原理，以及自动开关检查标准和方法。

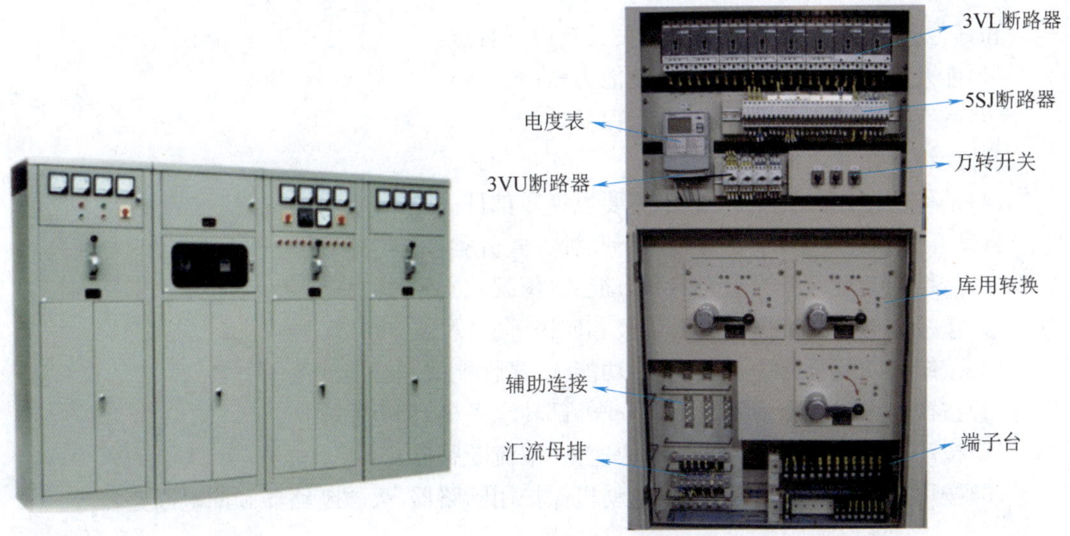

图 4-6　控制电器柜

任务目标

1. 掌握自动开关的作用及结构。
2. 理解自动开关的工作原理。
3. 能够分析自动开关的工作过程。
4. 能够依照作业规程，进行自动开关日常检查操作。
5. 能按照现场管理规范清理场地，归置物品。

任务信息

一、自动开关的作用

自动开关的作用、结构、工作原理

自动开关又称低压断路器，是一种结构较为复杂、动作性能较为完善的配电保护电器。它能自动切断短路、严重过载、电压过低等故障电路。

在电力机车中，自动开关用于手动非频繁地切换正常电路，同时也可对辅助电路和控制电路进行过载、短路保护。电力机车上使用的自动开关实物如图 4-7 所示。

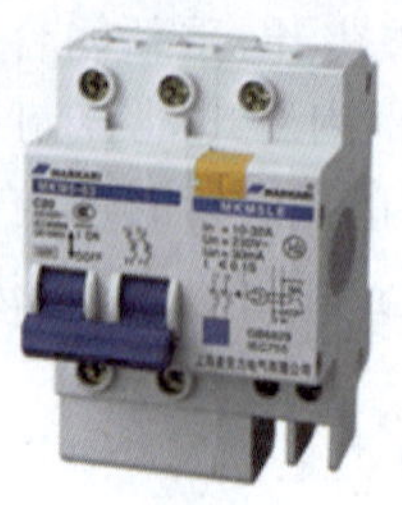

图 4-7　自动开关

和其他开关电器相比较，自动开关具有以下特点：

(1)能开断较大的短路电流，分断能力较高。

(2)具有对电路过载、短路的双重保护功能。

(3)允许操作频率低。

(4)动作值可调，动作后一般不需要更换零部件。

自动开关种类很多，主要可按以下几种方式分类：

(1)按结构类型可分为塑壳式和万能式(框架式)。

(2)按极数可分为单极、二极、三极和四极等。

(3)按结构功能可分为一般式、多功能式、高性能式和智能式等。

(4)按操作方式可分为手动(手柄或外部转动手柄)和电动操作。

(5)按动作速度可分为一般型和快速型(限流断路器)。

(6)按用途可分为配电断路器、电动机保护用断路器、灭磁断路器和漏电断路器等。

二、自动开关的结构

各类自动开关在结构上由以下几个基本部分组成，如图 4-8 所示。

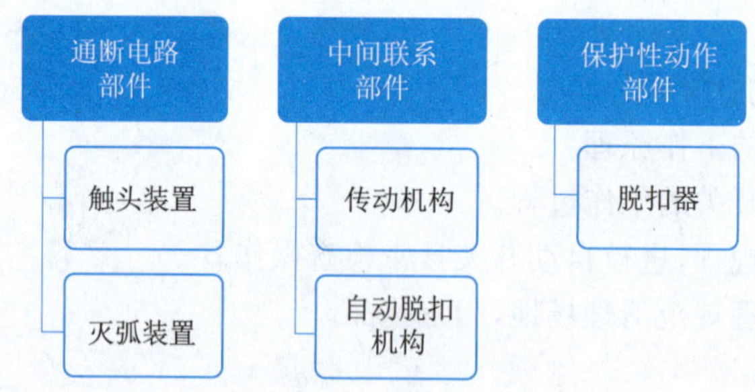

图 4-8　自动开关组成

1. 触头装置

触头装置是自动开关的重要部件，主要承担电路的接通分断任务，如图 4-9 所示。

在正常情况下，自动开关的触头可接通、断开工作电流，当出现故障时，能快速切断高达数十倍额定电流的故障电流，从而保护电路及电气设备。

对触头装置的一般要求是：能可靠接通和分断一定次数的极限短路电流及额定电流以下的任何电流；具有一定的电寿命，不需要经常更换触头；要有足够的热稳定性和电动稳定性，不会因长期使用后触头接触不良导致温升过高或不能经受极限短路电流的冲击而自动弹开。

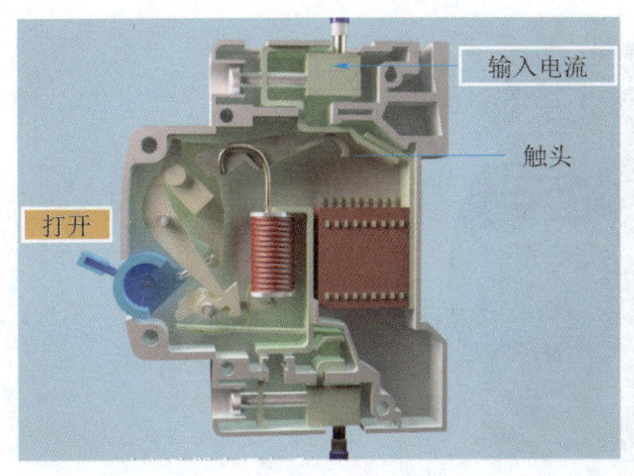

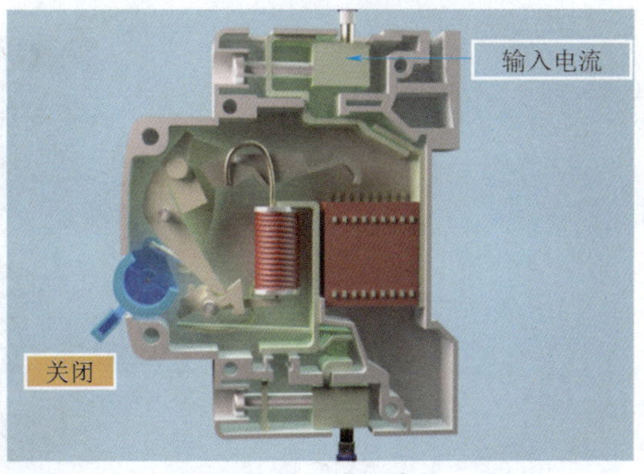

图 4-9　断路器接通和断开触头状态

2. 灭弧装置

灭弧装置主要有纵窄缝灭弧装置和去离子栅灭弧装置两种，如图 4-10 所示。

灭弧装置包括强力弹簧机构和灭弧室，强力弹簧机构使触头快速分断，在触头上方设有灭弧室。

对灭弧装置而言，一般应具备下列功能：短时间内应可靠熄弧，并保持良好的绝缘性能；喷出的电弧火花距离小，以免造成相间飞弧；有足够的热容量，使之在电弧高温作用下不致产生变形碎裂或灭弧室及栅片严重烧伤；有足够的机械强度，保证受高温、合闸或冲击振动及运输过程中不会碎裂、缺损。

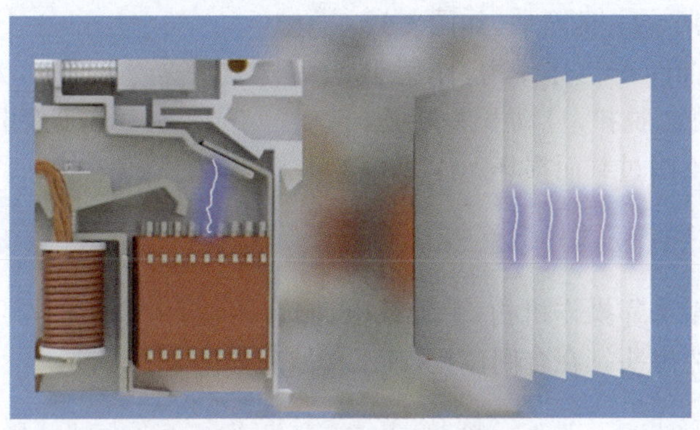

图 4-10　自动开关的灭弧

3. 传动机构

传动机构用于操纵触头的闭合或断开。传动机构有手操纵直接传动式、手操纵通过弹簧传动式、电磁铁传动式、电动机传动式、压缩空气传动式等几种。

4. 自动脱扣机构

自动脱扣机构与触头装置和保护装置相联系，通过其作用可使触头自动断开。自由脱扣是指人为操纵手柄处于闭合位置，当发生短路、过载和欠电压等故障时，保护装置作用于自由脱扣机构，自动开关能自动断开，从而起到保护作用。

5. 脱扣器

脱扣器是用于检测故障并作用于自由脱扣机构，使其脱扣，带动自动开关的触头断开。

自动开关通常采用电磁脱扣器和热脱扣器两种，如图 4-11 所示。

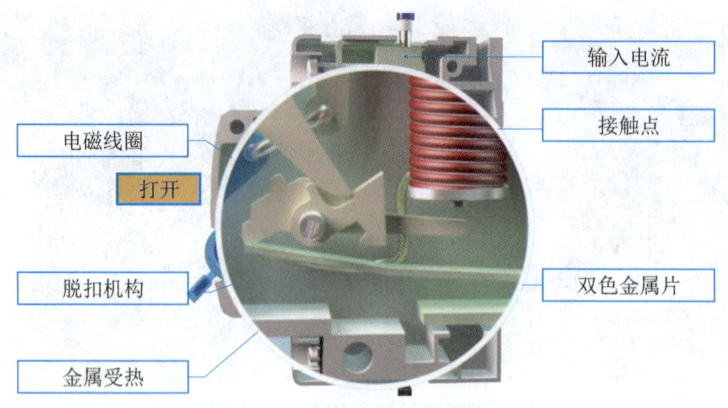

图 4-11　自动开关的脱扣器

电磁脱扣器分为过电流脱扣器和欠电压脱扣器，它们实际上是一个小型电磁机构，若装以电压线圈即为欠电压脱扣器，装以电流线圈即为过电流脱扣器。

热脱扣器是由热元件和双金属片等组成。

电流通过热元件产生电阻损耗而发热，其温度升高以加热双金属片。双金属片是一个将热能转换为机械能的元件，它由两种不同膨胀系数的金属片焊接而成，双金属片受热后，向膨胀系数较小的一侧弯曲，如图 4-12 所示。双金属片弯曲时产生作用力，作用于脱扣杆的钩子上，使之脱扣，自动开关断开，即可保护电气设备不因过载而损坏。

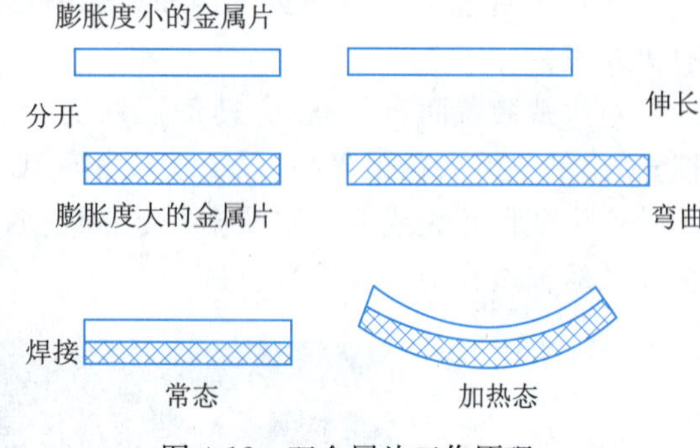

图 4-12　双金属片工作原理

三、自动开关的工作原理

自动开关的主触头靠操作机构（手动或电动）合闸，自由脱扣机构是一套连杆机构，当主触头闭合以后将主触头锁在合闸位置，其工作原理如图 4-13 所示。

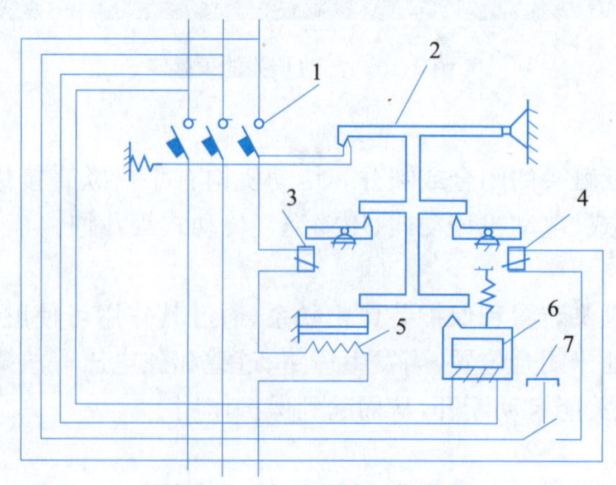

图 4-13　自动开关工作原理

1—主触头；2—自由脱扣器；3—过电流脱扣器；4—分励脱扣器；5—热脱扣器；6—失压脱扣器；7—按钮

正常工作情况下，自由脱扣器 2 扣住触头杆，使主触头 1 保持在合闸位置。工作电流路径如图 4-14 所示。

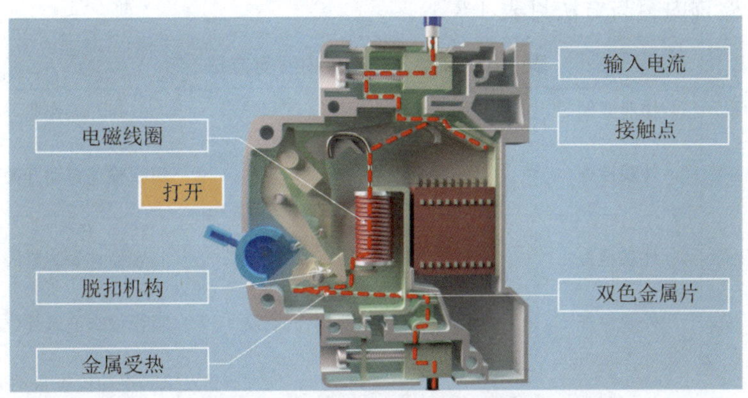

图 4-14　自动开关工作电流路径

过电流脱扣器 3 的电磁线圈与被保护电路串联。在正常电流下，脱扣器的弹簧力使衔铁释放；当过载或短路时，强大的电磁吸力使衔铁吸合，带动衔铁另一端的顶杆向上运动，顶开自由脱扣机构中的锁钩，在开断弹簧的作用下，主触头 1 迅速开断，将故障电路分断。如果出现过负荷时，经过延时后其热脱扣器 5 动作也使自动开关跳闸。

失压脱扣器 6 的电磁线圈与被保护电路并联。在正常电压下，衔铁吸合，自由脱扣器 2 不脱扣；当线路电源失压或严重降低，电磁吸力很小，在失压脱扣器弹簧力的作用下，衔铁释放，其顶杆顶开锁钩，主触头 1 在开断弹簧的作用下迅速开断，切断电路。正常时按下脱扣按钮 7，使分励脱扣器 4 通电，吸合衔铁带动脱扣器动作，可实现自动开关手动跳闸。

四、自动开关的铭牌

自动开关铭牌及含义如图 4-15 所示。

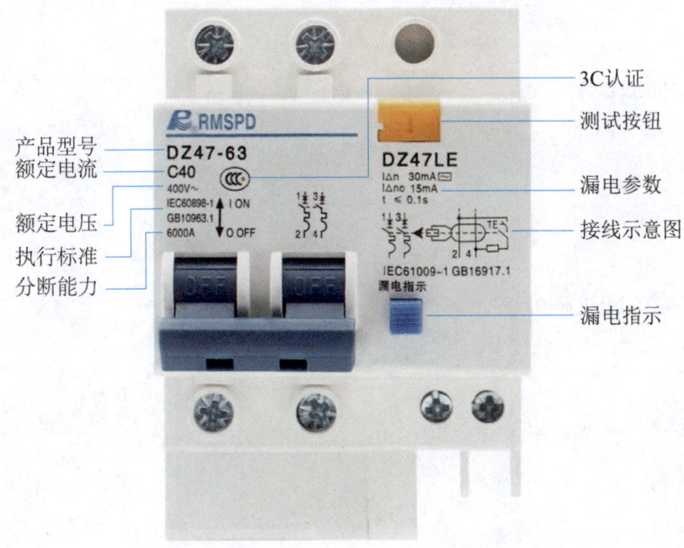

图 4-15　自动开关的铭牌

五、自动开关检查内容与方法

自动开关检查内容与方法见表 4-3。

表 4-3　自动开关检查内容与方法

序号	作业项目	作业要领	作业标准	作业方法
1	壳体、面盖等	外观检查	壳体、面盖等部件应无损坏和灰尘	目视检查自动开关壳体、面盖
2	安装紧固件	外观检查	安装紧固件应无松动等异常现象	目视检查安装紧固件
3	绝缘部位	外观检查	绝缘部位应无过热灼伤、裂纹	目视检查绝缘部位
4	性能检查	通断电检查	通断电动作检查，性能应正常，动作声音清晰明确	(1)手动检查自动开关分合闸。动作声音应清晰明确 (2)万用表测试合闸后是否闭合性能良好

自动开关检查任务导学

姓名		班级		学号	

1. 自动开关脱扣器不包括(　　)。

A. 欠电压脱扣器　　B. 过电压脱扣器　　C. 过电流脱扣器　　D. 热脱扣器

2. 简述自动开关的保护功能。

3. 简述自动开关的组成部分。

4. 试分析自动开关的过电流保护原理。

续上表

姓名		班级		学号	
5. 试分析自动开关的欠电压保护原理。					

检查及维护安全须知：

在任何情况下，必须采取必要的安全和防护措施。

一、任务实施准备

1. 工具器材准备

刷子	细砂纸	万用表

2. 其他准备

(1)工位、安全警告标志牌。

(2)穿戴配备劳保用品。

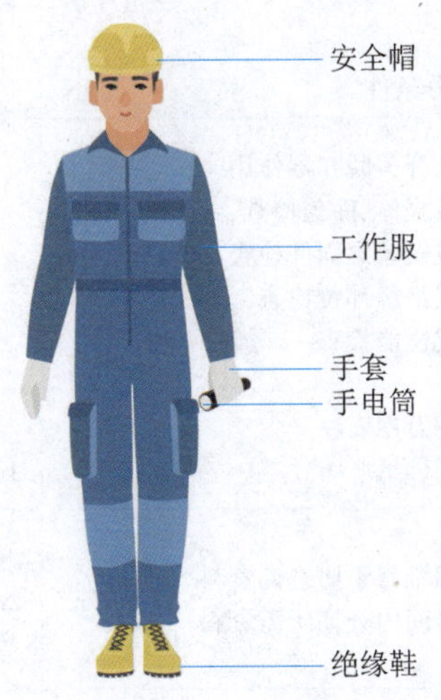

二、任务单

根据任务信息中自动开关的检查标准和方法，对自动开关实施检查，并填写任务单。

自动开关检查任务单

检查人姓名：	班级：	学号：	同组人：
自动开关型号：			
自动开关检查项目			
序号	操作项目	操作内容	结果记录
1	壳体、面盖等	外观检查	□ 外观良好 □ 异常（　　）
2	安装紧固件	外观检查	□ 外观良好 □ 异常（　　）
3	绝缘部位	外观检查	□ 外观良好 □ 异常（　　）
4	性能检查	通断电检查	□ 分合闸动作良好 □ 闭合状态触头接触良好 □ 异常（　　）
5	整理、整顿、清扫、清洁		

完成工作任务后，各组必须按照现场管理规范清理场地，归还工量具和器材。

自动开关检查评价表

姓名：		班级：		学号：			教师评语：
自评： 熟练□ 不熟练□		互评： 熟练□ 不熟练□		师评： 优秀□　良好□ 合格□　不合格□			
序号	评分项	得分条件	配分	评分要求	自评	互评	师评
1	专业技术能力	□1. 能说明自动开关脱扣器作用 □2. 能正确完成壳体、面盖检查 □3. 能正确完成安装紧固件检查 □4. 能正确完成绝缘部位检查 □5. 能正确完成性能检查	55 分	未完成一项扣2～10 分	分数：	分数：	分数：
2	工具及设备使用能力	□1. 能正确使用万用表 □2. 能正确使用砂纸	20 分	未完成一项扣1～10 分	分数：	分数：	分数：
3	资料信息查询能力	□1. 能正确使用维修手册查询资料 □2. 能在规定时间内查询所需资料	5 分	未完成一项扣2.5 分，扣分不超过 5 分	分数：	分数：	分数：

续上表

<table>
<tr><td colspan="2">姓名：</td><td colspan="2">班级：</td><td colspan="2">学号：</td><td colspan="2" rowspan="2">教师评语：</td></tr>
<tr><td colspan="2">自评：
熟练□
不熟练□</td><td colspan="2">互评：
熟练□
不熟练□</td><td colspan="2">师评：
优秀□　良好□
合格□　不合格□</td></tr>
<tr><td>序号</td><td>评分项</td><td>得分条件</td><td>配分</td><td>评分要求</td><td>自评</td><td>互评</td><td>师评</td></tr>
<tr><td>4</td><td>表单填写与报告的撰写能力</td><td>□1. 能正确记录检查维护信息
□2. 字迹清晰
□3. 无错别字、无涂改、无抄袭
□4. 能正确表述报告主要内容</td><td>10 分</td><td>未完成一项扣 1～2.5 分，扣分不超过 10 分</td><td>分数：</td><td>分数：</td><td>分数：</td></tr>
<tr><td>5</td><td>职业素养</td><td>□1. 遵守规则制度、劳动纪律
□2. 正确穿戴劳保用品
□3. 积极主动承担工作任务
□4. 人身安全与设备安全
□5. 按照现场管理规范清理场地，归置物品</td><td>10 分</td><td>未完成一项扣 2.5 分，扣分不超过 10 分</td><td>分数：</td><td>分数：</td><td>分数：</td></tr>
</table>

任务三　转换开关及扳键开关组检查

某机务段乘务组值乘 HXD$_{1D}$ 型电力机车。该乘务组接班后，单机从 5 道出，到达尽头线，准备进行换端转线作业。断电降弓后，在关闭电钥匙时，出现电钥匙开关不能从“合”位扳到“分”位，机车电钥匙无法拔出，机车无法进行换端倒台作业，于是向机车配属段及本段汇报。按配属段指示：取下司机操纵台钥匙处的面板，发现还有一层钢板无法取下，也无法进行处理。随后通知车站（并转告调度）请求救援，列车晚点开车 57 min。回段后技术科、检修车间相关人员对机车进行了检查，事故原因为机车Ⅱ端钥匙开关下部的联动机械锁机构出现卡滞，钥匙锁被卡死，无法转动到“分”位，无法取出。

本任务学习转换开关和扳键开关的作用、结构、分合关系，以及转换开关和扳键开关的检查标准和方法。

1. 熟悉转换开关和扳键开关的结构。
2. 掌握转换开关和扳键开关的作用。
3. 掌握转换开关的电气符号。
4. 会分析转换开关分合关系。
5. 能够依照作业规程，进行转换开关和扳键开关组日常检查操作。
6. 能按照现场管理规范清理场地，归置物品。

转换开关又称为万能转换开关，是一种多挡式、控制多回路的主令电器，也是一种由多组相同结构的触头组件叠装而成的手动电器，由于其触头挡数多，换接电路多，故称为万能转换开关。它一般用于电机的故障隔离、电气联锁、电源控制等远距离控制。车辆中的照明开关、故障转换开关、头灯开关等也会用到万能转换开关。

扳键开关是司机操纵、控制机车的重要部件。按照机车的控制需要，由若干个扳键开关组成扳键开关组，安装在操纵台上。

一、转换开关

1. 转换开关作用

转换开关是一种多挡式、控制多回路的主令电器，其特点是结构紧凑、安装面积小、操作方便，其实物如图 4-16 所示。转换开关主要用于各种控制线路的转换，电压表、电流表的换相测量控制，配电装置线路的转换和遥控等。它还可用于直接控制小容量电机的启动、调速和换相。转换开关触点挡位多、换接线路多、用途广泛，故有“万能”之称。

2. 转换开关结构及工作原理

转换开关由 N 层组成，每一层的结构及原理都是一致的，主要由操作机构、定位装置（凸轮）触点、接触系统、转动轴、手柄等部分组成。触点在绝缘基座内，为双断点桥式结构。

当转动手柄时，转换开关中心的转动轴和凸轮可带动各触点盒中的触点闭合或断开。根据所控制的触点对数的不同，手柄有不同的操作位置。如图 4-17 所示，转动轴 6 带动开关内部的凸轮 2 转动，从而使触点按规定顺序闭合或断开。

图 4-16　转换开关

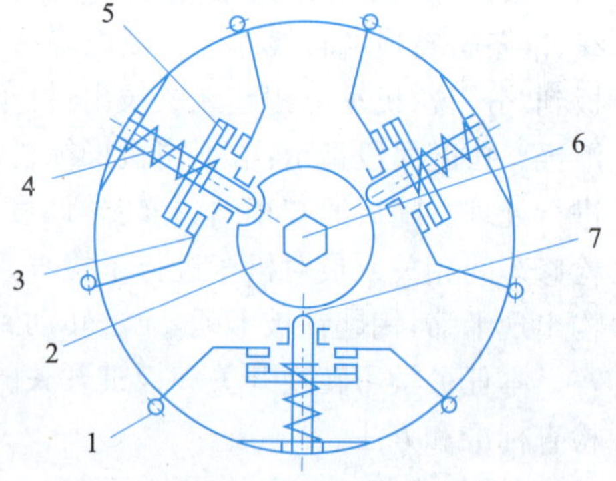

图 4-17　转换开关结构

1—接线端子；2—凸轮；3—静触头；4—弹簧；5—动触点；6—转动轴；7—支杆

转换开关的原理如图 4-18 所示，通过转动手柄，可以将 3 对（①和②、③和④、⑤和⑥）触点接通或断开。

图 4-19 为转换开关在电气原理图中的电气符号图。转换开关的文字符号为 SA。在电气原理图中，虚线表示挡位，“——○　○——”表示一组触头。当手柄转到不同挡位时，各触点的通断状态用黑色圆点“·”表示，有黑色圆点的表示触点闭合，无黑色圆点的表示触点断开。

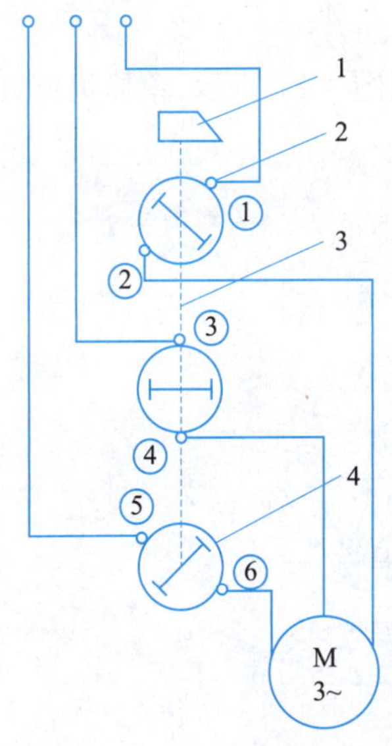

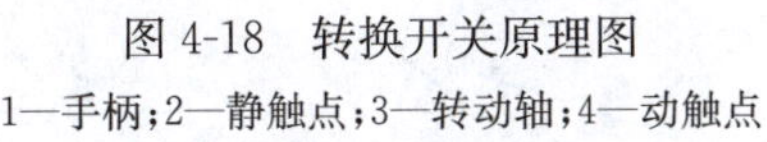
图 4-18　转换开关原理图

1—手柄；2—静触点；3—转动轴；4—动触点

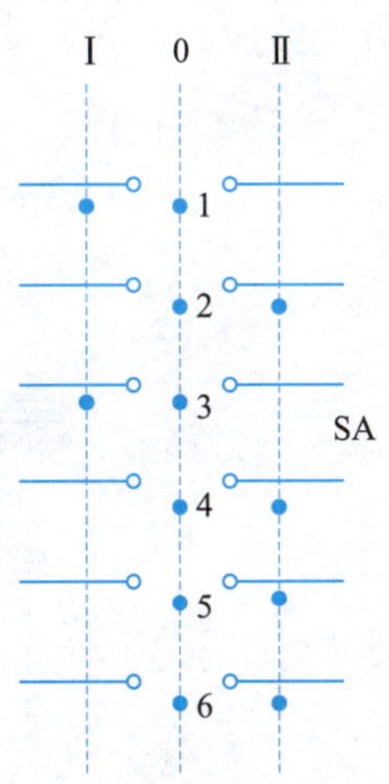

图 4-19　转换开关电气符号

二、扳键开关

1. 扳键开关作用

在机车司机室操纵台上安装了扳键开关组，其作用有控制主断路器合闸与分断，受电弓升降，空压机控制，前照灯、辅照灯、标志灯、机械室灯、仪表灯、司机室灯控制，如图 4-20 所示。

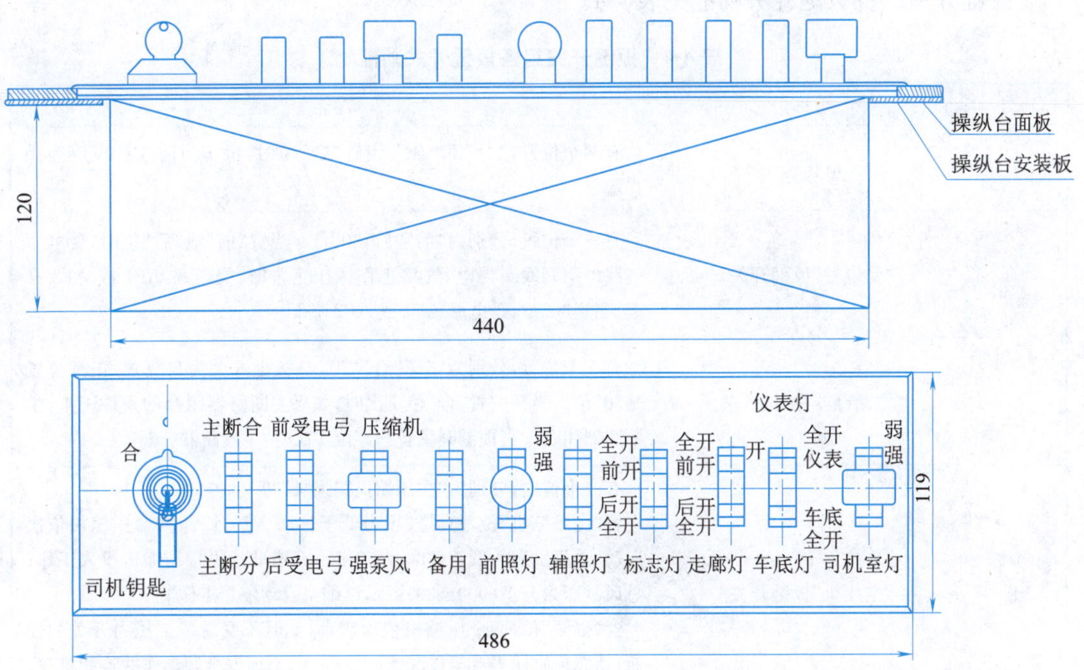

图 4-20　扳键开关组（单位：mm）

2. 扳键开关结构

组成扳键开关组的各单体扳键开关的结构如图 4-21 所示，单体扳键开关分别由手柄、安装骨架和微动开关组成。

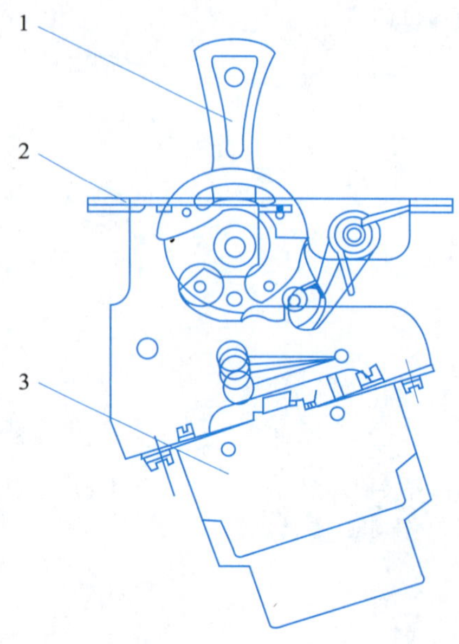

图 4-21　单体扳键开关组成

1—手柄；2—安装骨架；3—微动开关

3. 扳键开关组各扳键开关功能

扳键开关组各扳键开关功能见表 4-4。

表 4-4　扳键开关组各扳键开关功能

序号	名称	功能
1	电钥匙	有两个位置，“分”和“合”，当置“合”位时，机车当前端被设定为操作端
2	“受电弓”扳键开关	有三个位置，分别为“前”“后”“0”位。当置“前”或“后”位时，受电弓气路电空阀线圈得电，气路工作风压正常时，受电弓 AP1 或 AP2 升起；当置“0”位，受电弓 AP1 或 AP2 降下
3	“主断路器”扳键开关	有三个位置，分别为“分”“合”“0”，该板键开关为自复式，正常位置是“0”位。当开关置“合”位 1 次时，如果主断路器闭合的条件正常，主断路器闭合。当扳键开关置“分”位 1 次时，主断路器分断
4	“空压机”扳键开关	有三个位置，分别为“主压缩机”“强泵”“0” 置“主压缩机”位，总风缸压力低于(680±20)kPa，两台压缩机依次启动；总风缸压力低于(750±20)kPa，只有非操纵端压缩机投入工作；总风缸压力升至(900±20)kPa，压缩机自动停止工作 置“强泵”位，两个压缩机依次启动，此时不受总风缸压力开关的控制，待总风缸压力升至(950±20)kPa 时，高压安全阀动作并连续排气，此时应停止压缩机工作，将扳键开关离开“强泵”位

续上表

序号	名称	功能
5	“前照灯”扳键开关	有“强”“弱”“0”三个位置，用于实现对前照灯的控制
6	“辅照灯”扳键开关	有“全”“前”“0”“后”“全”五个位置，开关信号送 TCMS，由 TCMS 发出工作指令，实现对辅照灯的控制
7	“标志灯”扳键开关	设置有“全”“前”“0”“后”“全”五个位置。开关信号送 TCMS，由 TCMS 发出工作指令，实现对机车标志灯的控制
8	“机械室灯”扳键开关	用于实现对机械室灯（走廊灯）的控制
9	“仪表灯/车底灯”扳键开关	有“全”“仪表”“0”“车底”“全”五个位置，用于实现对仪表灯和车底灯的控制

为了防止可能产生的误操作，扳键开关组中的电钥匙与主断路器和空压机扳键开关之间设有机械联锁装置，具体联锁如下：

（1）当电钥匙转换开关处于“0”位时，主断路器和空压机的扳键开关均被锁定，不能进行操作。

（2）当电钥匙转换开关处于“合”位时，主断路器和空压机的扳键开关能够正常操作。

（3）当主断路器和空压机有任一扳键开关不在“0”位时，电钥匙开关不能操作。

三、转换开关及扳键开关组检查内容与方法

1. 转换开关检查（表 4-5）

表 4-5　转换开关检查内容与方法

序号	作业项目	作业要领	作业标准	作业方法
1	外观	外观检查	安装状态良好，无污垢，无破损，安装螺栓紧固；标识齐全	（1）目视检查产品安装状态是否良好，无污垢，无破损，标识是否齐全 （2）用螺丝刀检查安装螺钉以及压线螺钉是否松动
2	把手操动性	把手转动灵活性检查	把手在各挡位之间切换灵活，无卡住、阻塞及动作不灵活现象	转动把手，看把手在各挡位之间切换灵活，有无卡住、阻塞及动作不灵活现象
3	性能	转换开关通断状况检查	触头应能良好地闭合和断开，不得有卡住、阻塞及动作不灵活现象，通断正常	（1）目视检查触头触点有无氧化生锈、烧损 （2）用万用表检查各触点通断正常

2. 扳键开关组检查（表 4-6）

表 4-6　扳键开关组检查内容与方法

序号	作业项目	作业要领	作业标准	作业方法
1	外观	外观检查	面板刻字清晰，无严重变形。安装状态良好，各安装螺栓无松动	目视检查扳键开关组外观

续上表

序号	作业项目	作业要领	作业标准	作业方法
2	动作检查	手柄及电钥匙动作灵活性检查	扳动扳键开关，手柄扳动必须灵活且挡位清晰。扳动电钥匙扳把时，机械锁活动灵活	手动扳动扳键开关和电钥匙
3	接线检查	检查接线处螺钉	速动开关接线处螺钉无松动现象或脱落现象	目视检查速动开关接线处螺钉
4	绝缘性能	绝缘电阻检测	扳键开关组相互绝缘的带电部分对地绝缘电阻不小于 10 MΩ	用 500 V 兆欧表测带电部分对地绝缘电阻

转换开关及扳键开关组检查任务导学

姓名		班级		学号	

1. 转换开关是一种多挡式、控制多回路的____________。

2. 扳键开关组面板上的电钥匙作用是什么？

3. 受电弓扳键开关有哪几个工作位置？

续上表

姓名		班级		学号	

4. 操作扳键开关组，请问扳键开关组有什么机械联锁关系？

5. 试分析题图 4-2 中转换开关触头闭合情况，并填写触头分合表。

如：在挡位“Ⅰ”，触头______、______闭合。（注：表格中用×表示触头闭合，空白表示触头断开）

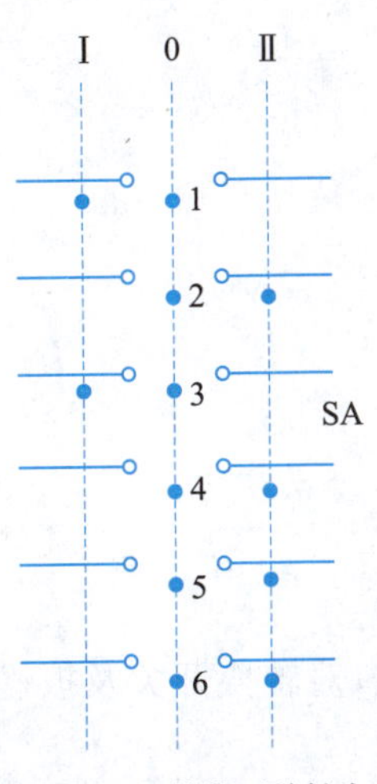

题图 4-2　转换开关触头

转换开关触头分合表

触头	挡位		
	Ⅰ	0	Ⅱ
1			
2			
3			
4			
5			
6			

任务实施

检查及维护安全须知：

(1)检修须由接受过指导且合格的人员进行。在任何情况下，必须采取必要的安全和防护措施。

(2)在进行检查作业前，产品须断电。

(3)未经授权，禁止安装产品替换部件或对产品进行改进。

一、任务实施准备

1. 工具器材准备

工具套件	兆欧表(500 V)	万用表

2. 其他准备

(1)工位、安全警告标志牌。

(2)穿戴配备劳保用品。

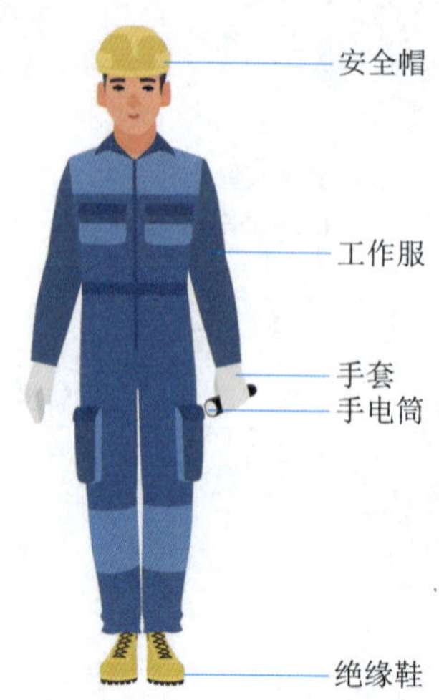

二、任务单

根据任务信息中转换开关及扳键开关组的检查标准和方法,对转换开关及扳键开关组实施检查,并填写任务单。

转换开关检查任务单

检查人姓名:	班级:	学号:	安全监督员:
转换开关型号:			
转换开关检查项目			
序号	操作项目	操作内容	结果记录
1	外观	外观检查	□ 外观良好 □ 异常(　　　　)
2	把手操动性	把手转动灵活性检查	□ 把手动作灵活无卡滞 □ 异常(　　　　)
3	性能	转换开关通断状况检查	□ 触头触点无氧化 □ 各触点通断正常 □ 异常(　　　　)
4	整理、整顿、清扫、清洁		

扳键开关组检查任务单

检查人姓名:	班级:	学号:	安全监督员:
扳键开关型号:		机车型号:	
扳键开关检查项目			
序号	操作项目	序号	结果记录
1	外观	外观检查	□ 外观良好 □ 异常(　　　　)

续上表

检查人姓名：	班级：	学号：	安全监督员：
扳键开关型号：		机车型号：	
扳键开关检查项目			
序号	操作项目	序号	结果记录
2	动作检查	手柄及电钥匙动作灵活性检查	□ 手柄灵活挡位清晰 □ 电钥匙机械锁活动灵活 □ 异常(　　　　)
3	接线检查	检查速动开关接线处螺钉	□ 螺钉无松动 □ 异常(　　　　)
4	绝缘性能	带电部分对地绝缘电阻检测	绝缘电阻值(　　　　)
5	整理、整顿、清扫、清洁		

完成工作任务后，各组必须按照现场管理规范清理场地，归还工量具和器材。

任务评价

转换开关及扳键开关组检查评价表

姓名：		班级：		学号：			教师评语：
自评： 熟练□ 不熟练□		互评： 熟练□ 不熟练□		师评： 优秀□　良好□ 合格□　不合格□			
序号	评分项	得分条件	配分	评分要求	自评	互评	师评
1	专业技术能力	□1. 能指认扳键开关各部件 □2. 能正确完成外观检查 □3. 能正确完成绝缘检查 □4. 能正确完成各紧固件检查 □5. 能正确完成扳键开关动作检查 □6. 能正确分析转换开关分合关系 □7. 能正确绘制转换开关电气符号 □8. 能正确完成转换开关触头检查	55 分	未完成一项扣 2～7 分，扣分不超过 55 分	分数：	分数：	分数：
2	工具及设备使用能力	□1. 能正确使用螺丝刀 □2. 能正确使用绝缘电阻测试仪	20 分	未完成一项扣 1～5 分，扣分不超过 20 分	分数：	分数：	分数：
3	资料信息查询能力	□1. 能正确使用维修手册查询资料 □2. 能在规定时间内查询所需资料	5 分	未完成一项扣 2. 5 分，扣分不超过 5 分	分数：	分数：	分数：

续上表

<table>
<tr><td colspan="2">姓名：</td><td colspan="2">班级：</td><td colspan="2">学号：</td><td colspan="2" rowspan="2">教师评语：</td></tr>
<tr><td colspan="2">自评：
熟练□
不熟练□</td><td colspan="2">互评：
熟练□
不熟练□</td><td colspan="2">师评：
优秀□　良好□
合格□　不合格□</td></tr>
<tr><td>序号</td><td>评分项</td><td>得分条件</td><td>配分</td><td>评分要求</td><td>自评</td><td>互评</td><td>师评</td></tr>
<tr><td>4</td><td>表单填写与报告的撰写能力</td><td>□1. 能正确记录检查维护信息
□2. 字迹清晰
□3. 无错别字、无涂改、无抄袭
□4. 能正确表述报告主要内容</td><td>10 分</td><td>未完成一项扣 1～2.5 分，扣分不超过 10 分</td><td>分数：</td><td>分数：</td><td>分数：</td></tr>
<tr><td>5</td><td>职业素养</td><td>□1. 遵守规则制度、劳动纪律
□2. 正确穿戴劳保用品
□3. 积极主动承担工作任务
□4. 人身安全与设备安全
□5. 按照现场管理规范清理场地，归置物品</td><td>10 分</td><td>未完成一项扣 2.5 分，扣分不超过 10 分</td><td>分数：</td><td>分数：</td><td>分数：</td></tr>
</table>

任务四　传感器认知

传感器用于连接被测对象和测试系统，提供系统进行处理和决策所必需的原始信息。对于一个自动化系统，首先要检测到信息才能去进行自动控制。因此，传感器是自动化系统中不可缺少的元件，传感器的质量，关系着一个自动化系统的好坏。

本任务学习传感器的定义，以及电流传感器、电压传感器、速度传感器、压力传感器的作用和工作原理。

1. 了解传感器定义。
2. 掌握电流传感器、电压传感器的作用。
3. 掌握速度传感器、压力传感器的作用。
4. 理解电流传感器、电压传感器工作原理。
5. 理解速度传感器、压力传感器工作原理。

一、概述

1. 传感器的定义

传感器是能感受到被测量的信息，并能将感受到的信息，按照一定规律变换为电信号或其他所需形式的信息输出，以满足信号的传输、处理、存储、显示、记录和控制等要求的一种检测装置。目前的传感器大多转换为电信号，因此，从狭义上讲，传感器也可定义为把外界的输入信号转换成电信号的装置。

2. 传感器的分类

随着计算机、生产过程自动化、生物医学、环保、能源、海洋开发、遥感、遥测、航天等科学技术的发展，从太空到海洋，从各种复杂的工程系统到日常生活的衣食住行，都广泛采用了各种传感器。由于应用的对象、测量的范围、周围的环境等不同，需要的传感器也不一样，因此，传感器的种类很多。目前，传感器常用的分类方法有以下两种：

(1)按被测物理量分类

①位移传感器：用于长度、厚度、应变、振动、偏转角等参数的测量。

②速度传感器：用于线速度、振动、流量、动量、转速、角速度、角动量等参数的测量。

③加速度传感器：用于线加速度、振动、冲击、质量、应力、角加速度、角振动、力矩等参数的测量。

④力、压力传感器：用于力、压力、重量、力矩、应力等参数的测量。

(2)按工作原理分类

①电阻式传感器：利用移动电位器触点改变电阻值或改变电阻丝或片的几何尺寸的原理制成，主要用于位移、力、压力、应变、力矩、气流流速和液体流量等参数的测量。

②电感式传感器：利用改变磁路几何尺寸、磁体位置来改变电感和互感的电感量或压磁效应原理制成，主要用于位移、力、压力、振动、加速度等参数的测量。

③电容式传感器：利用改变电容的几何尺寸或改变电容介质的性质和含量，从而改变电容量的原理制成，主要用于位移、压力、液体、厚度、含水量等参数的测量。

④谐振式传感器：利用改变机械或电的固有参数来改变谐振频率的原理制成，主要用于测量压力。

⑤电势型传感器：利用热电效应、光电效应、霍尔效应、电磁感应等原理制成，主要用于温度、磁通、电流、电压、速度、光强、热辐射等参数的测量。

⑥电荷式传感器：利用压电效应原理制成，主要用于力、加速度的测量。

⑦光电传感器：利用光电效应和几何光学原理制成，主要用于光强、光通量、位移等参数的测量。

⑧半导体传感器：利用半导体的应阻效应、内光电效应、磁电效应，与气体接触产生性质变化等原理制成，多用于温度、压力、加速度、磁场、有害气体和气体泄漏的测量。

电力机车上常用的传感器有电流传感器、电压传感器、速度传感器、压力传感器等。

3. 磁平衡式霍尔传感器

霍尔传感器是基于霍尔效应的一种传感器。1879 年美国物理学家霍尔首先在金属材料中发现了霍尔效应，但由于金属材料的霍尔效应太弱而没有得到应用。随着半导体技术的成熟，开始用半导体材料制成霍尔元件，由于它的霍尔效应显著而得到应用和发展。霍尔传感器广泛用于电磁测量、压力、加速度、振动等方面的测量。

(1)霍尔元件的工作原理

霍尔效应原理：把一个长度为 L，宽度为 b，厚度为 d 的导体或者半导体薄片两端通过控制电流 I_1，在薄片的垂直方向施加磁感应强度为 B 的磁场，在薄片的两侧就会产生一个

与控制电流 I_1 和磁场强度 B 的乘积成比例的电动势 U_h，如图 4-22(a)所示。

电动势 U_h 的计算公式为

$$U_h = \frac{R_h}{d} \times I_1 \times B \tag{4-1}$$

式中 $\frac{R_h}{d}$——常数，即霍尔系数，由霍尔元件的材料确定；

I_1——通过电流；

B——磁场；

U_h——霍尔电势。

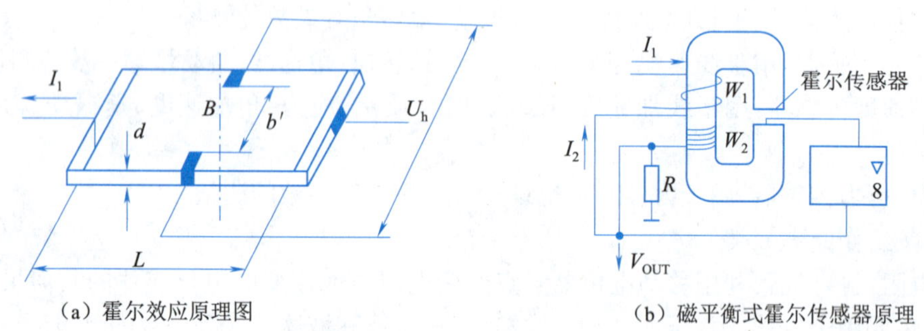

(a) 霍尔效应原理图　　(b) 磁平衡式霍尔传感器原理

图 4-22　霍尔传感器原理

利用霍尔效应制成的霍尔元件或霍尔芯片用于检测磁通。一般的霍尔元件均有 4 根引线，其中 2 根引线为外加电压，提供电流，另 2 根引线为输出的霍尔电势 U_h。当外加电压恒定，电流 I_1 恒定时，输出的霍尔电势 U_h 与磁场有良好的线性关系。

(2)磁平衡式霍尔传感器

磁平衡式霍尔传感器是利用霍尔元件的工作原理，特别是霍尔电势与磁场的线性关系，运用磁平衡技术制成的，其工作原理如图 4-22(b)所示。

图中，I_1 为一次电流，I_2 为二次电流，霍尔元件置于聚磁铁芯的缺口气隙中。当一次电流产生的磁场导致聚磁环路中的霍尔元件产生霍尔电压时，霍尔电压使得运算放大器相应的晶体管导通，并根据霍尔电压的数值提供相应的补偿电流 I_2；二次电流所产生的磁场与一次电流所产生的磁场方向相反，两个磁场互相抵消，直至霍尔电压为零，从而达到磁回路平衡，霍尔芯片工作在零磁通状态。此时

$$I_1 W_1 = I_2 W_2 \tag{4-2}$$

式中，W_1、W_2 为一、二次线圈匝数。

如在二次侧输出回路中加测量电阻 R，则

$$U_{out} = R I_2 = R \frac{W_1}{W_2} I_1 \tag{4-3}$$

传感器中磁平衡的建立是在瞬间完成的，且平衡后又会出现新的不平衡，因此是一个瞬间的动态平衡过程。因磁路为零磁通，可以保证 I_1 与 I_2 是线性关系，测量 I_2 数值就可得到电流 I_1 的数值。

二、电流传感器

SS4G 型电力机车使用的电流传感器是一种通过霍尔元件测磁来实现对各种电流进行测量的检测设备。它们串接在牵引电机电路的电枢回路或励磁电路中，将相应电流反馈信号输入到电子控制柜的相应信号插件。TQG4A、TCS1 型电流传感器原理基本相同，现以 SS4G 型电力机车使用的 TQG4A 型电流传感器为例介绍。

1. 结构及工作原理

TQG4A 型电流传感器由一次侧电路、磁路部件、安装在磁路气隙中的霍尔元件，二次线圈和电子电路组成，全部器件均密封安装在由阻燃塑料压注成形的外壳之中，具有很好的电隔离性能和抗振动冲击性能。

TQG4A 型电流传感器是采用霍尔器件的磁平衡式传感器，其原理框图如图 4-23(a)所示。

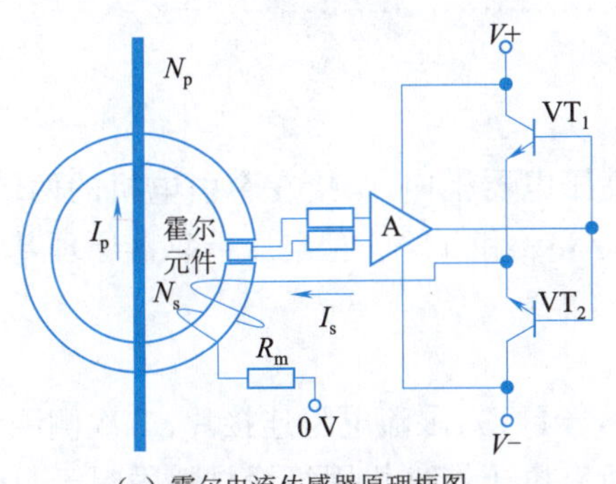

(a) 霍尔电流传感器原理框图

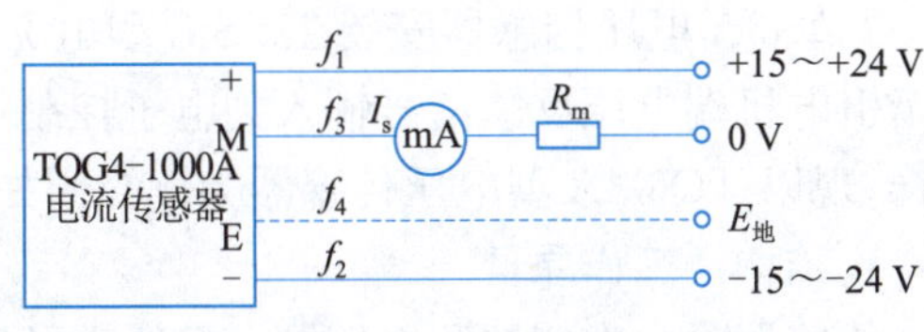

(b) TQG4A-1000A型电流传感器接线图

图 4-23　TQG4A-1000A 型电流传感器原理示意图

霍尔元件位于磁路的气隙之中，当被测电流 I_p流过聚磁环路，会产生相应的霍尔电势 U_h，霍尔电势经运放差分放大转换成电流信号 I_s，并流经二次线圈，其产生的磁场与被测电流 I_p产生的磁场大相等而方向相反。因而使置于该磁场中的霍尔发生器工作在零磁通状态，即有

$$I_sN_s = I_pN_p \tag{4-4}$$

式中　N_p——一次线圈匝数，为 1 匝；

N_s——二次线圈匝数，为 5 000 匝。

故

$$I_s = I_p/5\,000 \tag{4-5}$$

2. 使用注意事项

(1)电流传感器接线如图 4-23(b)所示，电源、输入、输出的各连接导线必须正确连接，不可错位或反接，否则可能导致产品损坏。

“E”端子为内部屏蔽端子，一般接机车地线或电源“－”端，也可以空着不接。

(2)电流传感器在使用时必须先接通电源，然后再加上被测电流。当测量结束时必须先断开被测电流，然后再断开电源，否则将因剩磁而影响到测量精度。

(3)电流传感器必须根据被测电流的额定有效值适当选用不同的规格的产品。被测电流长时间超额，会损坏末极功放管(指磁平衡式)，一般情况下，2 倍的过载电流持续时间不得超过 1 min。

3. 故障判断

电流传感器的故障，可以用检查无输入电压时偏移电流（失调电流）的方式判别。当一次侧无电流输入、二次侧加±24 V电源、失调电流小于0.4 mA时，一般可以认为电流传感器正常。

4. 主要技术参数

型号 ………… TQG4A-1000A
额定电流 ………… 1 000 A
过载能力 ………… 1 500 A-3 min/h
额定输出比例 ………… 200 mA/1 000 A
准确度 ………… $\pm1\%I_n$
电源 ………… ±15 V～±24 V
电阻 ………… 40 Ω
工作环境温度 ………… −25～+70 ℃

三、电压传感器

TQG3A电压传感器安装在SS_{4G}型电力机车高压电器柜内，跨接在牵引电机的两端，将牵引电机端电压反馈信号输入到电子控制柜。TQG3A和TSV1型电压传感器原理基本一样，现以TQG3A型电压传感器为例介绍如下：

1. 结构及工作原理

传感器除一次侧被测电压输入接线端子（+HT，−HT）、限流电阻连接片、二次侧测量输出端子和工作电源供给端子（“+”“M”“−”）外，所有电子器件均用绝缘材料固封于自熄式绝缘外壳内，结构紧凑、牢固。

TQG3A型电压传感器是采用霍尔器件的平衡式传感器，其原理如图4-24所示。传感器由限流电阻R_1、一次线圈W_1、霍尔发生器、二次线圈W_2及放大电路等部分组成。当被测电压U经过限流电阻R_1和一次线圈W_1，产生电流I_p时，该电流流经W_1，产生磁场H_p，使霍尔发生器有霍尔电势输出，该信号经放大电路放大，推动功率管，从电源获得补偿电流I_s，I_s流经W_2所产生的磁场H_s的方向和H_p相反，从而补偿了H_p，直到$I_p\times W_1=I_s\times W_2$为止。根据$I_p\times W_1=I_s\times W_2$，可得出$I_p=(W_1/W_2)\times I_s$，而被测电压$U=I_p\times R'$（$R'=R_1+$一次线圈内阻），所以，测得$I_s$便可知被测电压$U$的值。

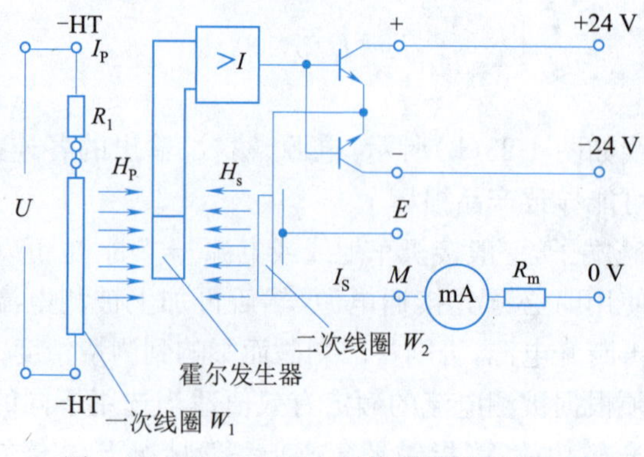

图4-24　TQG3A型电压传感器原理示意图

2. 使用注意事项

(1)电压传感器接线

TQG3A 型电压传感器如图 4-24 所示，图中＋HT、－HT 端子接被测电压，＋HT 接高电位，－HT 接低电位，测量电流方向如图 4-24 中 I_s 箭头所示。若被测电压为交流电时，I_s 方向跟随输入端电压方向改变而改变。

“＋”“－”端子接±24 V 电源，“M”端子经外接毫安表（也可不接），测量电阻 R_m 接到±24 V电源中点(0)。

“E”端子为内部屏蔽端子，一般接机车地线或电源“－”端，也可不接。

(2)电压传感器在使用时必须先接通电源，然后再加上被测电压，当测量结束时，必须先断开被测电压，然后再断开电源，否则将因剩磁而影响到测量精度。

3. 故障判断

电压传感器的故障，通常用检查无限输入电压时偏移电流（失调电流）的方式判断。在一次侧无输入被测电压时，二次侧加上±24 V 电源，通过“M”点串接测量电阻 R_m 和毫安表，当测量到偏移电流不大于 0.5 mA，且＋HT 和－HT 的值在 500 kΩ 左右时，一般可以认为电压传感器正常。

4. 主要技术参数

额定测量电压…………………………………………………………… 2 000 V

输入电阻 ………………………………………………………………… 500 kΩ

二次侧输出测量电流 ………………………………………………… 80 mA/2 000 V

二次线圈内阻 ……………………………………………………………… 30 Ω

准确度 ……………………………………………………………… $\pm 1\% U_e$

无输入电压时偏移电流………………………………………………… ≤0.5 mA

工作环境温度…………………………………………………………… －25～＋70 ℃

耐压

　一次侧电路和二次侧输出电路及屏蔽时间 ……………………… 6 kV/50 Hz/1 min

　二次侧输出电路和屏蔽时间 ……………………………………… 1 kV/50 Hz/1 min

电源 ……………………………………………………………… ±24×(1±10%) V

电流消耗 ……………………………………………………… (35±5)mA＋输出测量电流

外形尺寸………………………………………………… 196 mm×134 mm×105 mm

质量 …………………………………………………………………………… 2 kg

四、速度传感器

速度传感器

HXD3 型电力机车采用 DF16 型速度传感器。DF16 型速度传感器是一种光电式速度传感器。它有单、双、三及四通道可供选择。通过内外两轨道光栅盘扫描，传感器输出两种不同脉冲数的方波信号，内轨道每转 80 个脉冲，外轨道每转 200 个脉冲，输出可以是不同脉冲数的各种组合，各通道间彼此隔离，且带有极性保护、输出短路保护。

速度传感器可方便地安装于轴箱盖上，传动部分采用软性连接，能克服安装不同心及驱动间隙。DF16 型速度传感器具有坚固、密封、抗振、抗冲击、测速范围宽、温度适应范围宽、可靠性好、使用寿命长等特点。适用于国内外各种类型电力机车的速度、方向、空转及打滑等各项检测，如图 4-25 所示。

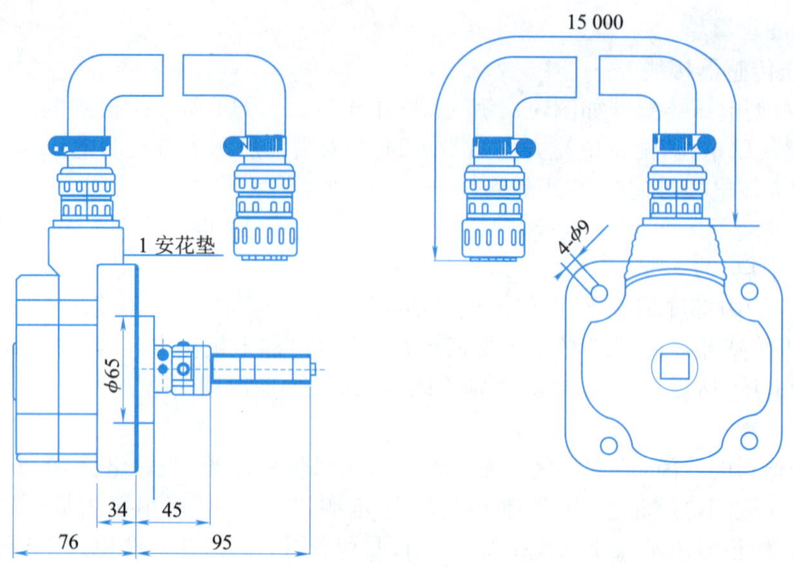

图 4-25　DF16 型速度传感器外形图(单位:mm)

1. 对外接口

DF16 型速度传感器由光电模块、光栅、外壳、传动轴、软性连接器、14 芯防水插头座和外附导线等组成。各模块彼此隔离,可安装于内或外轨道上,通道数为 1~4。当机车运行时,传感器产生频率为 $f=\dfrac{n\times p}{60}$(n 为转速,p 为内或外轨道的每转脉冲数)的方波信号,供机车电子控制系统对机车速度、空转、方向、打滑等进行采样检测,其接线如图 4-26 所示。

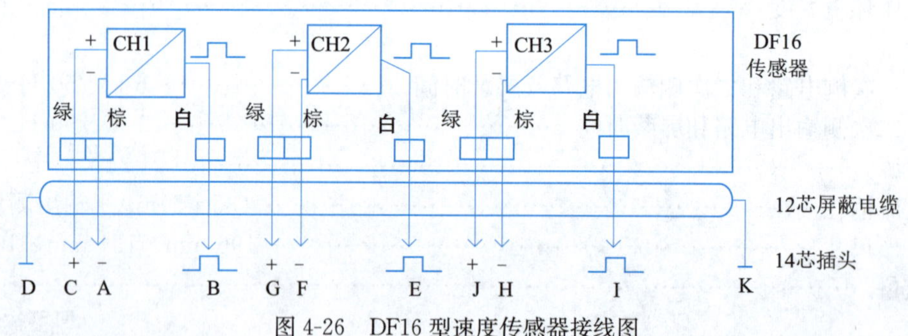

图 4-26　DF16 型速度传感器接线图

2. 工作原理

测速传感器由电源稳压电路,放大电路,整流电路,光发射电路、光接收电路,短路保护电路,输出驱动电路,电源极性保护电路等组成,如图 4-27 所示。

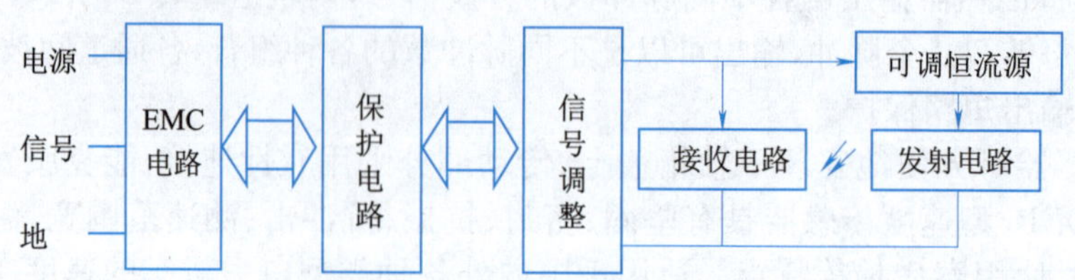

图 4-27　速度传感器组成框图

从理论上来说，传感器输出信号的占空比应和光栅盘槽栅的机械占空比一样，由于光盘槽栅不可能绝对均匀分布在光栅轨道上，且安装光栅时不可能保证绝对没有偏心，所以输出信号占空比是变化的，不是平均50%对50%，我们将输出信号占空比控制在50%±20%范围内。

3. 主要技术参数

测速范围 …… 0～2 000 r/min

每转脉冲数 …… 200

输出通道数 …… 3

输出波形 …… 方波

输出幅度 …… 高电平≥9 V，(负载电阻3 kΩ)，低电平≤2 V

脉冲占空比 …… 50%±20%

脉冲相位差 …… 90°±45°

(CH1，CH2，CH3)出轴顺时针旋转，CH1超前CH2，CH3超前CH2。

工作电源 …… DC (12～30)V

功耗电流 …… ≤40 mA(每通道)

短路保护 …… 具有输出短路保护功能

绝缘强度 …… 1 500 V/50 Hz，1 min(通道对外壳)

500 V/50 Hz，1 min(各通道间)

工作温度 …… −40～+70 ℃

耐振性能 …… 振动30*g*，冲击200*g*(DIN40046)

密封性能 …… 能承受雨、雪、风、沙(IP65)

质量 …… 3 kg

五、压力传感器

SS_{4G}型电力机车使用的CZY1型压力传感器具有良好的线性度，滞后误差小，垂直性好、精度较高，适用于测量各种不结晶液介质的静态(或变化缓慢的)液气体压力，常用来解决远程测试制动缸压力的问题，对机车辅助风缸和制动风缸的空气压力加以测量。

1. 工作原理

CZY1型压力传感器采用直接固定平圆膜片作为弹性变形原件。在压力作用下膜片产生弹性变形，粘贴在膜片一面的箔式组合电阻应变计(具有四个工作桥臂的全桥应变计)亦感受该变形。在稳定桥压下，由应变计电阻变化而引起的电压输出变化，线性的比例于施加压力的大小，应变计的毫伏输出值经专门的电子线路放大为伏级输出值，可获得理想的测试效果。

2. 主要技术参数

工作电压 …… DC 24 V(波动范围22～29 V)

环境温度 …… (−20～+150 ℃)

功耗电流 …… 小于40 mA

外形尺寸 …… ϕ72 mm×105 mm

质量 …… 约750 g

测量范围……………………………………………………………………………… 0～1 MPa

耐机械力性能 ……………………………………………………………… 3g(80～120 次/min)

绝缘电阻………………………………………………………………………… 不小于 30 MΩ

3. 安装与使用注意事项

CZY1 型压力传感器的安装方法如图 4-28 所示。

当被测试介质是气体时，传感器可以在任意方向安装，但以垂直安装为最好；当被测试介质是液体时，必须垂直安装，安装须稳定牢固，装卸时必须用工具操作。

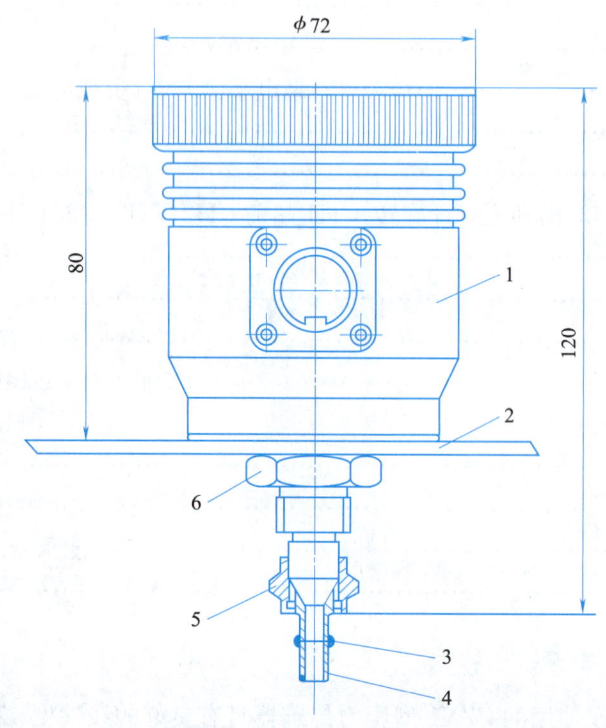

图 4-28　CZY1 型压力传感器安装图(单位：mm)

1—传感器；2—安装板；3—铜管焊接处；4—连接铜管；5—螺母接嘴；6—安装螺母

使用注意事项：

(1)CZY1 型压力传感器在机车上的接线方法如图 4-29 所示。

(2)引出线的插头插座配套提供，电源接通后传感器随即工作，1 h 后进入稳定工作状态。

(3)严禁输出线与电源线短路，接线时应仔细检查。

(4)CZY1 型压力传感器具有一定的抗腐蚀能力，但不能测量腐蚀性很强的酸、碱液体或气体。

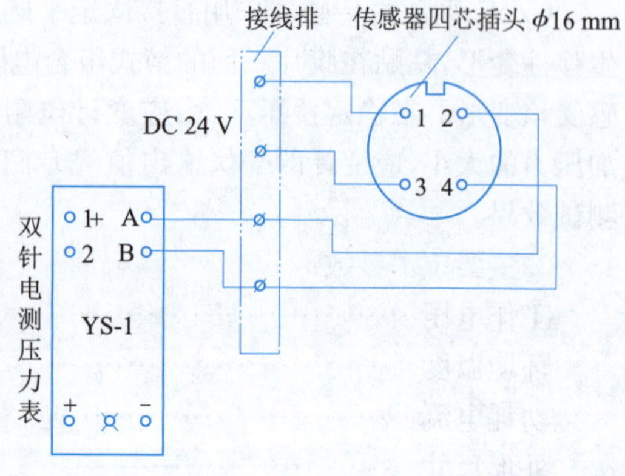

图 4-29　CZY1 型压力传感器的接线方法

(5)传感器有 110%FS(最大载荷不超过

额定载荷的 110%)的过载能力,用户使用时,应不要超过铭牌上给定的量程值。

(6)该传感器应定期进行校准(约 3 个月)。

(7)注意传感器的防尘、防潮,不使用时应置于温度为 10～30 ℃,湿度为 30%～80%的清洁环境中。

传感器认知任务导学

姓名		班级		学号	

1. 光电传感器是利用__________和几何光学原理制成。

2. TQG4A 型电流传感器是采用__________的磁平衡式传感器。

3. 电流传感器工作时要__________在被测电气设备回路中。

4. 电压传感器使用时必须先接通__________,再加上__________;当测量结束时,必须先断开__________,然后再断开__________,否则将因__________而影响到测量精度。

5. DF16 型速度传感器适用于电力机车的__________、__________、__________及__________等各项检测。

6. 什么是传感器?

7. 什么是霍尔效应?

8. 简述 CZY1 型压力传感器的工作原理。

9. 查询附录,总结 HXD_{3C} 型电力机车一共使用了多少个速度传感器,分别是哪几种速度传感器,写出其名称及符号。

任务评价标准

序号	评价项目	评价内容与标准	分值	得分
1	知识点	电流传感器的作用和工作原理	20 分	
2		电压传感器的作用	10 分	
3		速度传感器和压力传感器的作用	30 分	
4	表达能力	仪态得体,逻辑严密,声音洪亮,讲解生动	20 分	
5	课堂表现	遵守课堂纪律,学习态度端正,积极配合教学安排	20 分	

任务五　熔断器认知

在电气线路中，当电流超过额定电流，称为过载。当电气线路发生短路或过载时，会导致发热量变大，使电气设备温度升高，甚至超过最高允许工作温度。过高的温度将导致电气设备绝缘性能下降，甚至会引起绝缘发生燃烧，导电、导磁、机械性能均会发生变化，最终将使电气设备烧损。这就需要在系统发生短路或严重过载时有自动保护电气设备的电器，熔断器就是供配电系统中重要的保护电器之一。

本任务将学习的熔断器的工作原理及其在 HXD$_{3C}$ 型电力机车上的应用。

1. 了解熔断器在电力机车上的应用。
2. 熟悉熔断器的结构。
3. 熟悉常见熔断器的特点。
4. 掌握熔断器的作用。

一、熔断器的作用

熔断器是通用的过电流保护电器，广泛应用于低压配电系统及用电设备中防护过载和短路故障。当电路发生故障或异常时，伴随着电流不断升高，有可能损坏电路中的某些重要器件或贵重器件，也有可能烧毁电路甚至造成火灾。若电路中正确地设置了熔断器，就会在电流异常升高到一定的数值的时候，自动熔断切断电流，从而起到保护电路安全的作用。

常见的熔断器如图 4-30 所示。

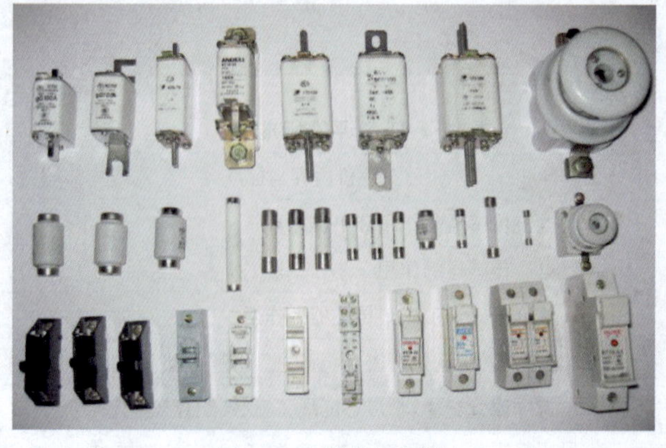

图 4-30　常见熔断器

二、熔断器的结构与原理

熔断器主要由熔体、熔管和熔座三部分组成，如图 4-31 所示。

1. 熔体

熔体是熔断器的主要工作部分，熔体串联于被保护电路，当电路发生短路或过载时，通过熔体的电流过大，当达到熔化温度时熔体会自行熔断，从而切断电路。熔体常做成丝状、栅状或片状。

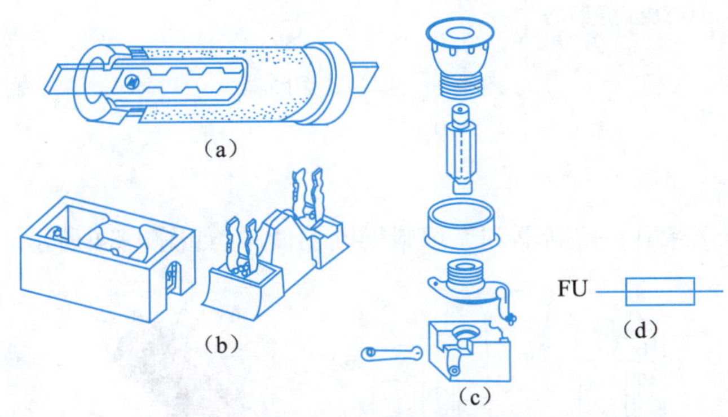

图 4-31　熔断器结构及电气符号

按熔体的热惯性的大小可分为无热惯性的熔体、大热惯性的熔体和小热惯性的熔体。无热惯性的熔体发热时间常数很小，熔化很快；大热惯性的熔体发热时间常数很大，熔化很慢；小热惯性的熔体的熔化速度界于以上两者之间。熔体的熔断电流一般是电路额定电流的 1～2 倍。熔体额定电流不等于熔断器额定电流，熔体额定电流按被保护设备的负荷电流选择，熔断器额定电流应大于熔体额定电流，与主电器配合确定。

2. 熔管

熔管是熔体的外壳，用耐热绝缘材料制成，在熔体熔断时兼有灭弧作用，熔管中可装入不同电流等级的熔体。

3. 熔座

熔座的作用是固定熔管和外接引出线，由熔断器绝缘底座（支持件）、触头、熔体等组成。

另外，还有一些熔断器带有熔断指示装置，它的作用就是当熔断后其本身发生一定的外观变化，易于被维修人员发现，例如：发光、变色、弹出指示器等。

三、常见熔断器

1. 插入式熔断器

插入式熔断器结构简单，价格低廉，更换方便，使用时将瓷盖插入瓷座，拔下瓷盖便可更换熔体，如图 4-32所示。

图 4-32　插入式熔断器

1—动触头；2—熔体；3—瓷插件；4—静触头；5—瓷座

2. 螺旋式熔断器

螺旋式熔断器熔断管内装有石英砂、熔体和带小红点的熔断指示器，石英砂用以增强灭弧性能。熔体熔断后有明显指示，一旦熔体熔断，指示器马上弹出，可透过瓷帽上的玻璃孔观察到，如图 4-33 所示。

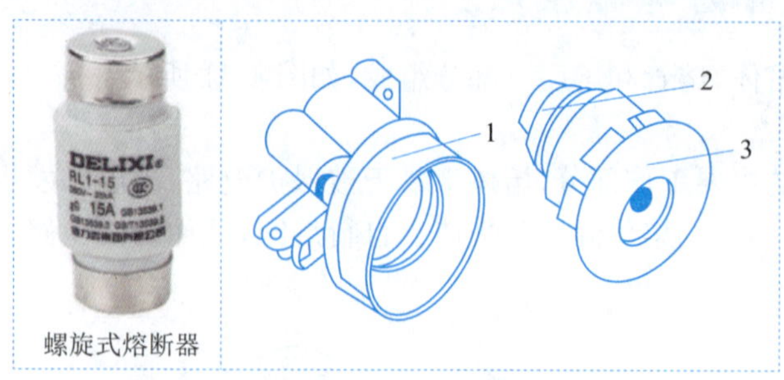

图 4-33　螺旋式熔断器

1—底座；2—熔体；3—瓷帽

3. 封闭式熔断器

封闭式熔断器分有填料熔断器和无填料熔断器两种，如图 4-34 所示。

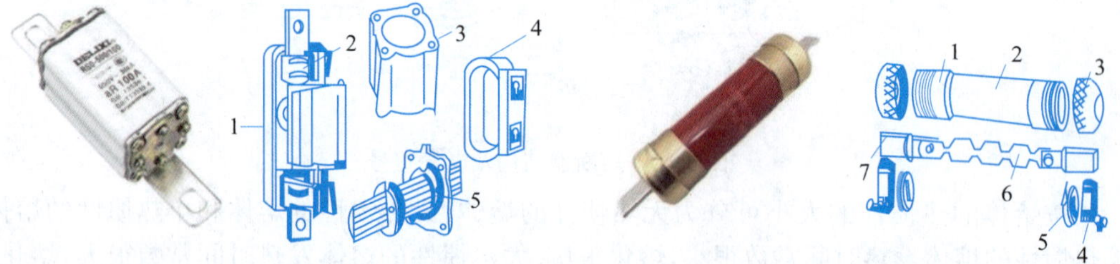

(a) 有填料熔断器

1—瓷底座；2—弹簧片；3—管体；4—绝缘手柄；5—熔体

(b) 无填料熔断器

1—铜圈；2—熔断管；3—管帽；4—插座；5—特殊垫圈；6—熔体；7—熔片

图 4-34　封闭式熔断器

有填料熔断器一般用方形瓷管，内装石英砂及熔体，分断能力强，熔断管为钢纸制成，两端为黄铜制成的可拆式管帽，管内熔体为变截面的熔片，更换熔体较方便。

4. 快速熔断器

快速熔断器主要用于半导体整流元件或整流装置的短路保护，如图 4-35 所示。由于半导体元件的过载能力很低。只能在极短时间内承受较大的过载电流，因此要求短路保护具有快速熔断的能力。它的结构和有填料封闭式熔断器基本相同，但熔体材料和形状不同，它具有以银片冲制的有 V 形深槽的变截面熔体。

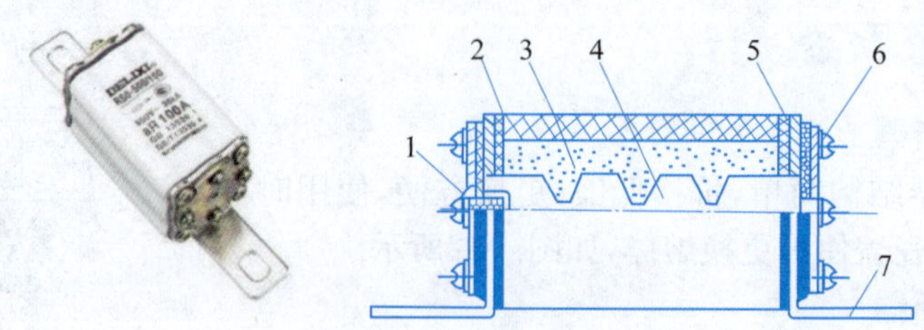

图 4-35　快速熔断器

1—熔断指示器；2—绝缘管；3—石英砂；4—熔体；5—绝缘垫；6—盖板；7—导电板

四、熔断器在HXD3C型电力机车上的应用

熔断器在电力机车上应用广泛，如在HXD3C型电力机车上的辅助电路和供电电路均有熔断器用于短路保护。

1. 高压互感器二次侧电路短路保护

高压电压互感器接线如图4-36所示。其二次侧接有规格为5 A的熔断器用于短路过载保护。二次侧熔断器安装在互感器侧面的熔断器螺套螺栓中，更换时需先将熔断器螺套螺栓拧出，取出芯中的坏的熔断器，再装入新的熔断器，最后随熔断器螺套螺栓装入。

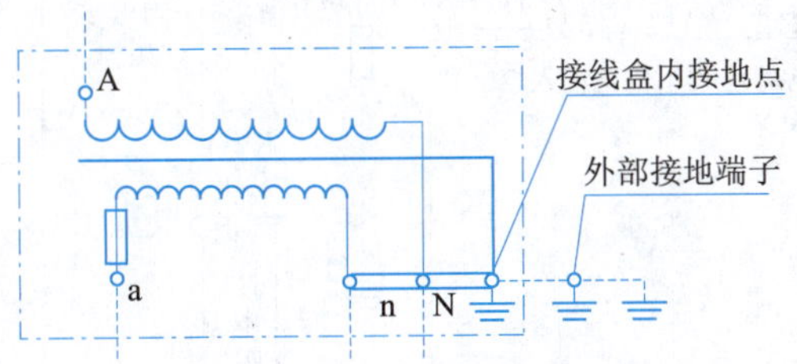

图4-36　高压电压互感器接线原理图

2. 辅助变流器短路保护

每组辅助变流器均可向DC 110 V电源装置提供DC 750 V电源，输出电源回路通过熔断器DF进行短路过载保护，熔体额定值为32 A。当DF出现熔断后，辅助变流器将通知微机控制系统TCMS，进行110 V电源装置输入电源的转换，由非故障的辅助变流器向110 V电源装置提供直流电源，同时微机显示屏也进行相应故障显示和记录。辅助变流器中的熔断器如图4-37所示。

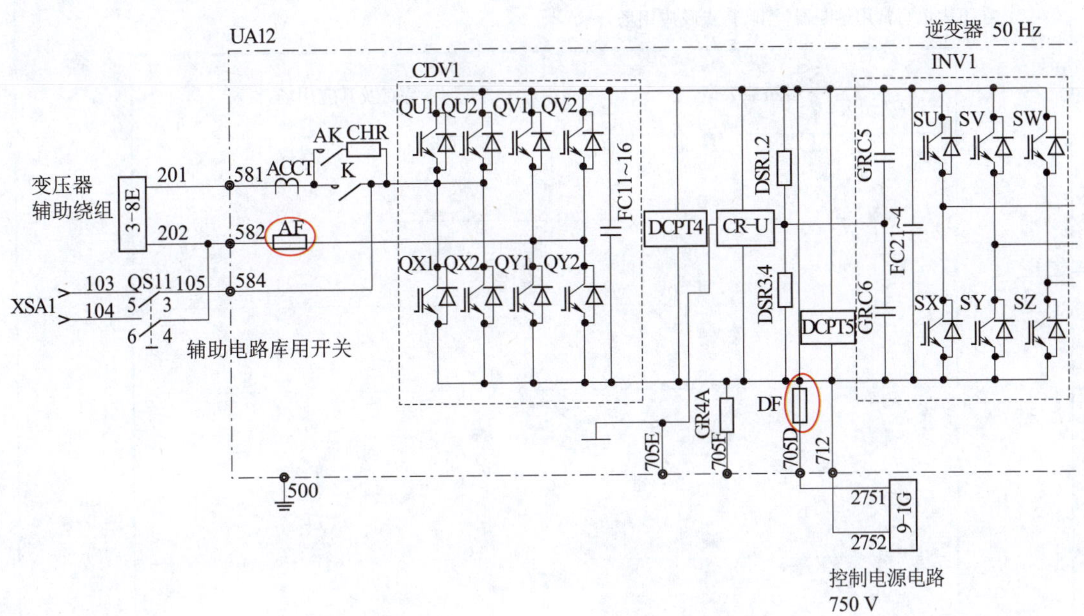

图4-37　辅助变流器中的熔断器

3. 列车供电电路短路保护

列车供电额定交流电压为 AC 860 V，经接触器与快速熔断器到单相整流桥与电流传感器，通过供电柜柜内的滤波电抗器和柜内的滤波电容器输出直流电压 DC 600 V。同时，在交流侧有元件击穿短路时，快速熔断器能快速熔断保护。列车供电电路中的熔断器如图 4-38 所示。

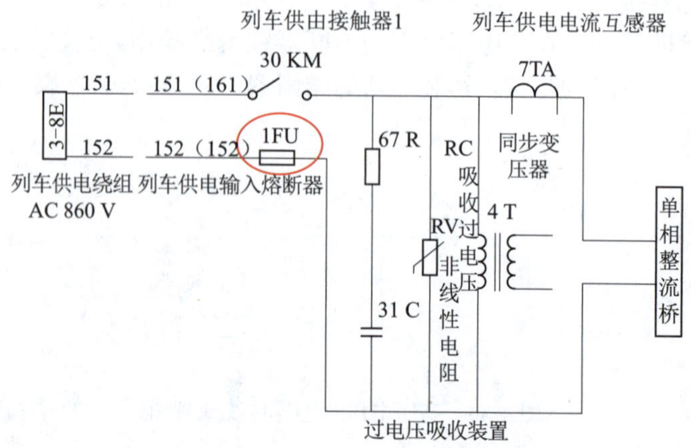

图 4-38　列车供电电路中的熔断器

熔断器认知任务导学

姓名		班级		学号	
1. 在下表填写常用熔断器类型、特点及应用场合					

熔断器类型	特点及其应用场合

续上表

姓名		班级		学号	

2. 判断题

(1)当负载电流达到熔断器熔体的额定电流时，熔体将立即熔断，从而起到过载保护的作用。(　　)

(2)熔断器的熔断电流即其额定电流。(　　)

(3)熔断器具有良好的过载保护特性。(　　)

(4)低压断路器只能有效地接通、断开负荷电流，而必须由熔断器断开短路电流。(　　)

3. 写出熔断器的作用。

4. 写出熔断器的工作原理。

任务评价标准

序号	评价项目	评价内容与标准	分值	得分
1	知识点	熔断器的作用	10 分	
2		熔断器的工作原理	20 分	
3		熔断器在 HXD_{3C} 型电力机车上的应用	30 分	
4	表达能力	仪态得体，逻辑严密，声音洪亮，讲解生动	20 分	
5	课堂表现	遵守课堂纪律，学习态度端正，积极配合教学安排	20 分	

任务六　高压连接器认知

随着铁路运输的不断发展，在铁路干线电力牵引运行中，一台机车牵引有时往往满足不了运输的要求，就需要多机牵引。采用多机牵引可以使线路的通过能力大大增加，提高铁路运输的经济指标。在干线上使用多机牵引时，由一名司机在一台机车上操纵，将各台机车通过机车两端的连接电器使其电气线路连接起来，实现由一名司机操纵多台机车，这种运行方式称为机车的重联运行。司机操纵的那台机车称为本务机车，非操纵机车称为重联机车。

当机车采用两节重联时，本务机车升后弓，通过高压连接器将两节机车的车顶25 kV高压电路连接起来，再通过各自的主断路器，将电能引入机车中。

本任务学习高压连接器的作用、结构、动作原理及使用注意事项。

1. 熟悉高压连接器的结构。
2. 掌握高压连接器的作用。
3. 理解高压连接器的动作原理。

一、高压连接器的作用

高压连接器的作用是在两节机车连挂时，自动连接两节机车车顶的25 kV高压电路。高压连接器安装在机车的尾部车顶，如图4-39所示，依靠机车连挂车钩的力量，与车钩同时对接，实现高压电路的连接。分离时，随着车钩脱开而自动分离，实现高压电路的分断。

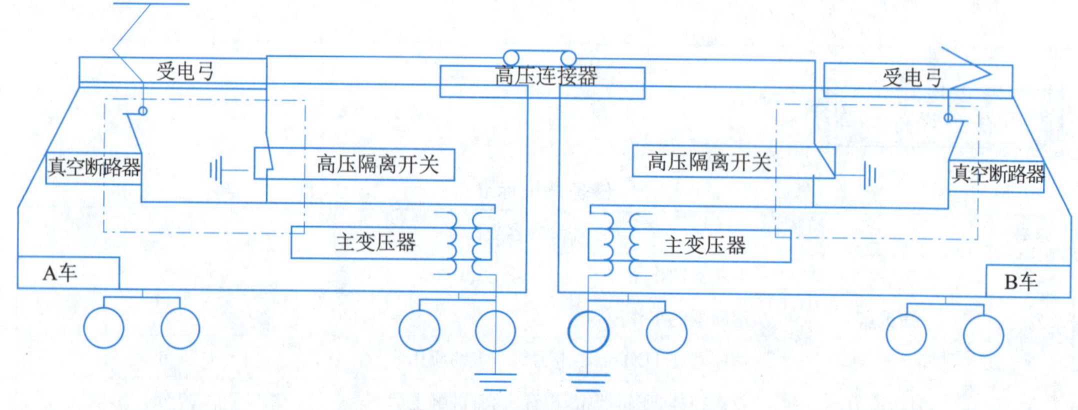

图4-39 高压连接器的位置

二、高压连接器的结构

HXD_2型电力机车高压连接器的型号为DJLG400/25，实物如图4-40所示。

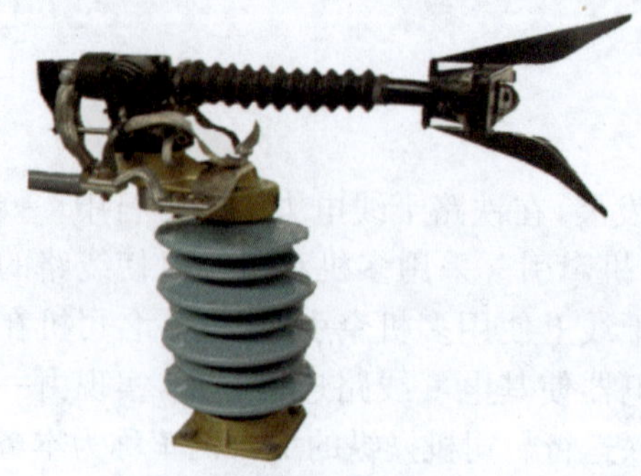

图4-40 高压连接器外观

高压连接器结构如图 4-41 所示。

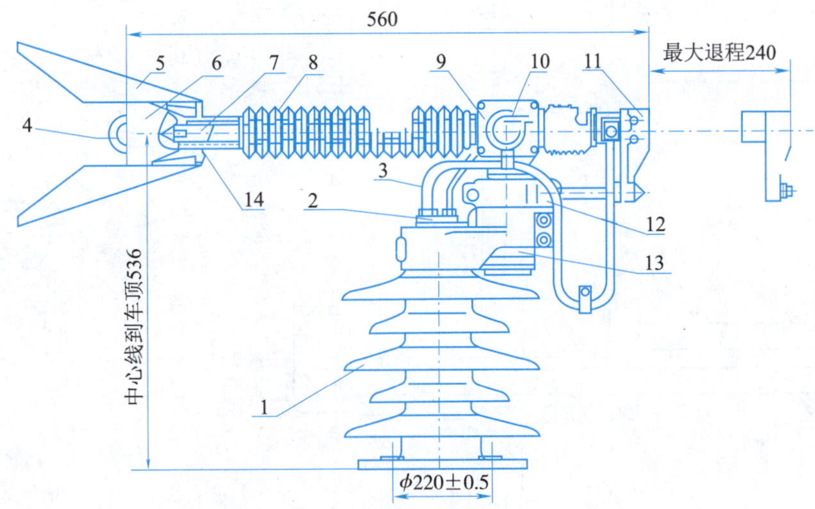

图 4-41　高压连接器结构图(单位:mm)

1—支持绝缘子;2—导电板;3—软连接线;4—半环;5—羊角;6—喇叭形头部;7—导电杆;8—波纹管;9—挡板;10—十字轴支承;11—止动器;12—球形止挡;13—支承缸体;14—伸张弹簧

支持绝缘子将高压连接器主体固定在车顶上,并与车顶实现电气绝缘。

伸张弹簧 14、导电杆 7 安装在波纹管 8 中。当高压连接器处于分离状态时,伸张弹簧不受压缩力,处于最大伸张状态,为对接做好准备。对接时,两台高压连接器相互压缩,压缩到一定量时,高压连接器头部的导电半环与叉形连接机构动作,相互扣紧,完成对接。两台高压连接器之间的距离随机车变化时,两台高压连接器的伸张弹簧保证高压连接器头部的电气连接机构一直处于扣紧状态,导电半环与叉形件的接触压力保持不变,使之具有良好的导电性能。

十字轴支承 10 包括十字接头安装(图 4-42)和十字轴支承装置(图 4-43)。

十字接头安装由十字接头和轴套组成,十字接头安装通过沉头螺钉与轴套固定连接。当单节机车运行时,高压连接器处于自由状态,导电杆 7 伸出机车端墙,处于悬臂状态。为保持此状态下运行稳定性,设有十字轴支承装置和止动杆。十字轴支承装置用于处于自由状态的高压连接器处于平衡状态,止动器保证伸张弹簧 14 有一定的初始压力。止动器下部的止动杆与球形止挡 12 形成自动复位机构。当高压连接器上下、左右摆动时,自动复位机构能使高压连接器回到中心位置,保持在车顶的稳定位置。

为保证机车在弯道、坡道、轮缘磨耗等状态下,高压连接器对接和运行的可靠性,要求高压连接器具有较宽的上下、左右导向和偏摆裕度。

如图 4-43 所示,高压连接器头部的上下摆动控制由板簧和蜗卷簧来平衡。静止时,板簧力与头部重力形成的力矩相等,使导电杆保持水平状态。当受外力作用使头部上下摆动时,由于蜗卷簧和板簧的作用,使之回到静止平衡状态。蜗卷簧的张力通过调整螺钉进行调节。不同轮毂磨耗的机车对接时,可预先调整高压连接器的高度,使两台高压连接器基本处于同一水平面上。

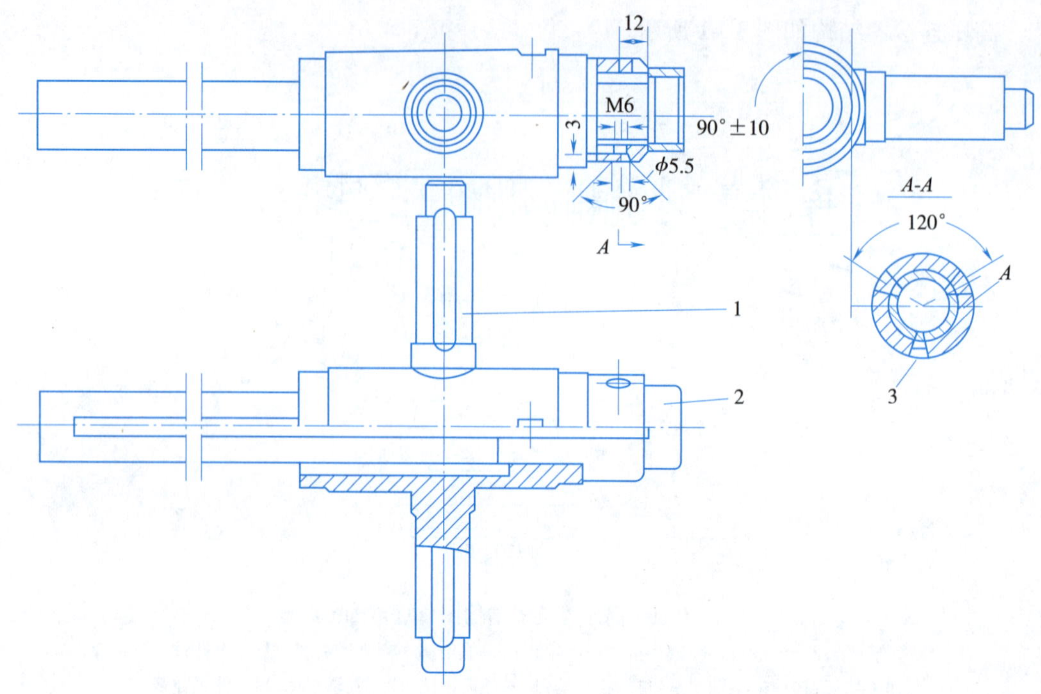

图 4-42　十字接头安装(单位:mm)

1—十字接头;2—轴套;3—沉头螺钉

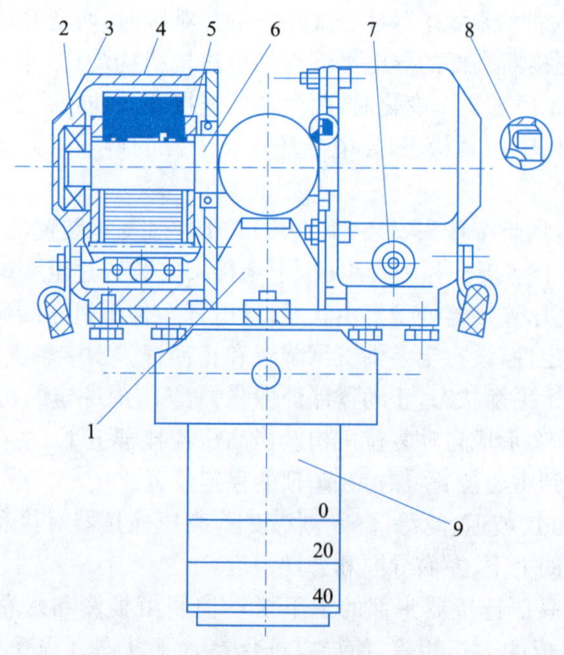

图 4-43　十字轴支承装置

1—板簧;2—轴承;3—左右十字头支承座;4—蜗卷簧;5—止动板;6—十字头安装;7—调整螺钉;8—密封圈;9—缸体

高压连接器头部左右摆动由支承缸体中的弹簧控制。缸体中的一对扭簧通过其定位螺钉的调整，使高压连接器处于对中状态。当高压连接器头部左右摆动时，可在扭簧作用下自动回位。

在喇叭形头部上装有导向羊角件、半环、叉形件。羊角在水平及垂直方向都有较宽的导向范围。当两台高压连接器对接时，即使水平位置或垂直位置存在误差，也能保证有良好的自动导向对接性能。当机车在最小曲线半径 125 m 及前后两节机车轮毂磨耗（单边）差不大于30 mm时，高压连接器也能可靠地进行摘挂。

导电杆轴向穿过十字接头安装孔，在通过导电杆上的键槽与十字接头轴套上的长方形键槽孔配合，有效控制了高压连接器退程范围，起到了导通电流、机械连接、滑动、限位的作用。

叉形件（动触头）和半圆环（静触头）采用线接触方式，工作可靠、接触电阻小、散热性好。对接时，两台高压连接器的叉形件插入对方的半圆环中，由叉形件的拉簧提供接触压力。

羊角在水平及垂直方向具有较宽的导向范围，在两台连接器对接时，即使在水平位置或垂向位置存在误差，也可以保证良好的自动导向对接性能，保证机车在最小曲率半径 125 m 及前后两节机车轮箍磨耗（单边）差不大于 30 mm 时，连接器能可靠地进行摘挂。

三、主要技术参数

额定电压 ………………………………………………………… 25 kV

额定电流 ………………………………………………………… 400 A

连接状态时接触电阻值 ……………………………………… ≤650 μΩ

导电杆中心线距车顶高 ……………………………………… 586 mm

导电杆上下摆动角 …………………………………………… ≥8°30′

导电杆左右摆动角 …………………………………………… ≥34°

导电杆最大退程 ……………………………………………… ≥240 mm

四、高压连接器的动作原理

1. 对接

高压连接器固定在机车车顶，依靠机车车钩连挂的力实现自动对接。当两台高压连接器靠近时，在羊角件导向作用下，喇叭形头部对接，伸张弹簧开始受力压缩。当压缩到一定量时，一台高压连接器的半圆环与另一台高压连接器的叉形件，在外力作用下相互扣紧，对接完毕。

电流路径为：A 车的车顶母线→导电极→软连接线→导电杆→喇叭形头部内的软连接线→半环→叉形件→B 车高压连接器的叉形件→半环→导电杆→B 车的车顶母线，如图 4-44 所示。

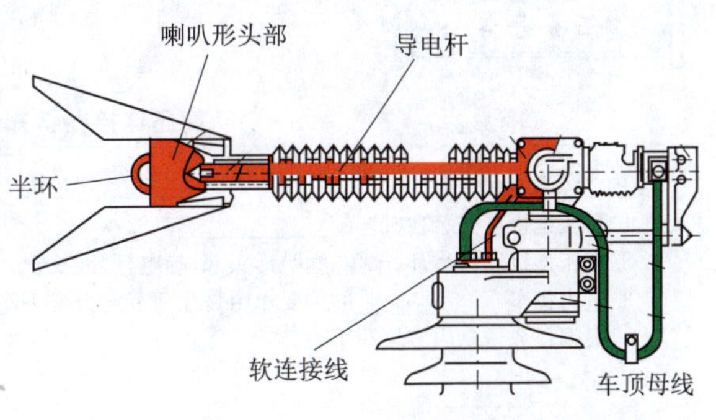

图 4-44　高压连接器电流路径

2. 分离

当两节机车车钩分离时，高压连接器随之分离，高压连接器由压缩状态至自由状态，再至拉伸状态，同时伸张弹簧开始受力拉伸。当拉伸到一定量时，高压连接器的半环和另一台高压连接器的叉形件在外力作用下脱扣分离，完成分离过程。

四、高压连接器的特点

(1)必须成对使用并在无电状态下操作。

(2)自身不带操作机构。

(3)对接和运行时由相应装置保证必须可靠；在单节机车运行时高压连接器处于自由状态并应保持稳定位置。

(4)触头为叉环结构，铜质镀银材料，采用线接触方式，接触电阻小，散热较好。

(5)调节蜗卷簧的锥头调整螺钉可对连接器发生上下摆动时加以控制。

(6)在不同轮箍磨耗情况的机车对接时，可预先调节连接器的安装高度，使前后两台连接器基本处于同一水平面上。支承缸体上的刻度便是作高度调整用的。

五、高压连接器的检查标准

(1)各紧固件齐全、完好、紧固。

(2)绝缘子表面光洁，安装牢固，不允许有裂纹现象，清洁干净。

(3)绝缘子如表面缺损面积大于 3 cm^2，需经 75 kV 耐压试验。缺损面积大于 30 cm^2 时予以更换。

(4)各连接导线状态良好，压接可靠，无松动。

(5)将两台高压连接器对接，检查叉形件是否准确插入对方的半环中。

(6)转动和滑动配合面、顶杆、伸张弹簧组装前涂润滑脂。

(7)高压连接器能在左右 34°、上下 8°30′的范围内摆动，并能自动复位。同时检查止动器是否可靠工作。

(8)测试两台高压连接器对接后高度差不大于 30 mm，最大退程为 240 mm。对接后导电杆两端之间的电阻值≤650 $\mu\Omega$。

(9)检查波纹管，如有破损及时更换。

高压连接器认知任务导学

姓名		班级		学号	
1. 高压连接器安装在机车的____________。 2. 高压连接器由半环、羊角、喇叭形头部、导电杆、波纹管、十字轴支承、伸张弹簧、____________组成。 3. 电力机车____________的主要作用是在两节电力机车连挂时，自动连接两节机车车顶的高压侧电路。 4. 根据任务信息内容填写下表。					

续上表

姓名		班级		学号	

部件	作用
支持绝缘子	
波纹管	
软连接线	
导向羊角件	
止动器、球面止挡	
伸张弹簧	
半环	
板簧、蜗卷簧	
导电杆	

5. 简述电力机车高压连接器的功用。

6. 试述高压连接器接合状态下的电流路径。

任务评价标准

序号	评价项目	评价内容与标准	分值	得分
1	知识点	了解高压连接器的作用	20 分	
2		能识认高压连接器部件及其作用	20 分	
3		掌握高压连接器工作原理	20 分	
4	表达能力	仪态得体,逻辑严密,声音洪亮,讲解生动	20 分	
5	课堂表现	遵守课堂纪律,学习态度端正,积极配合教学安排	20 分	

巩固练习

一、填空题

1. 自动开关又称____________________,是一种动作性能较为完善的配电保护电器,在机车上大量采用。

2. 自动开关的过流保护方式有两种:一是电磁脱扣;二是____________________。

3. 自动开关对电路____________、短路具有双重保护。

4. 扳键开关中的主断路器开关采用____________开关。

5. 司机控制器的____________控制机车的运行方向。

6. 为了防止可能产生的误操作,司控器的方向转换开关和牵引制动手柄之间设有______装置。

二、选择题

1. DF16 型速度传感器是一种(　　)速度传感器。

A. 磁电式　　B. 霍尔式　　C. 光电式

2. 万能转换开关的基本结构内有(　　)。

A. 反力系统　　B. 触头系统　　C. 线圈部分

3. 熔断器的符号是(　　)。

A.　　B.　　C.

三、判断题

1. 高压连接器自身不带动作机构,其连接与分离都随机车车钩连挂和脱开同时完成。(　　)

2. 高压连接器带灭弧装置,可以在有电状态下进行分合操作。(　　)

3. 熔断器的熔断电流即是其额定电流。(　　)

四、简答题

1. 自动开关有哪些保护功能?

2. 司机控制器有哪些组成部分?

项目五
电器基本理论认知

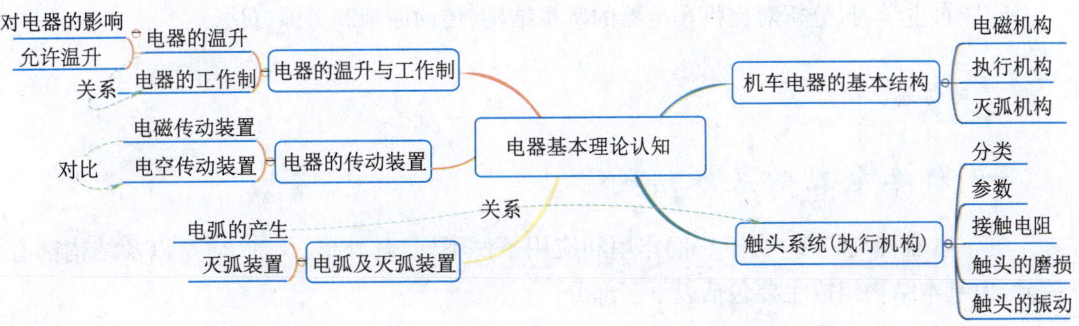

在电能的应用中，电器的使用非常广泛。机车车辆要在既安全又简便的操纵下获得不同运行工况下的良好运行性能，就需要一系列不同性能、不同作用、不同型号的电气设备可靠地工作。电器部件的工作贯穿于整个车辆的操作过程。对电路实行通、断控制，对电机实行启动、制动、正转和反转控制，对用电设备进行过载、短路、过压等故障的保护，在电路中传递、转换、放大电或非电的信号，自动检测电气设备的电压和电流值，以及控制车门开关等，都需要不同的电器来完成。

本项目通过对电器基本理论的综合介绍，对电力机车电器的基本结构、分类、传动原理、灭弧方法等进行认知和了解。

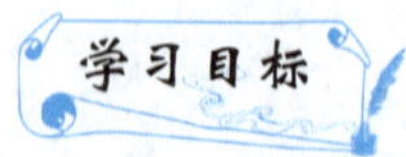

1. 了解机车电器的分类。
2. 熟悉机车电器灭弧方式。
3. 掌握电器的触头知识。
4. 能够分析对比电磁传动和电空传动的工作过程。
5. 能自主学习，分析对比机车电器的基本结构、传动原理和灭弧方法。

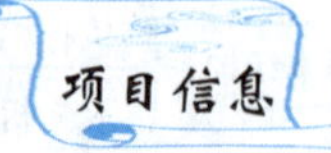

一、机车电器的基本结构

机车电器种类较多，由于它们作用和应用条件不同，其外形、尺寸、质量以及结构都有差异，但基本结构组成主要包括以下三部分。

1. 电磁机构（感应机构）

电磁机构主要任务是接收输入信号，输入信号包括电信号（电压、电流、功率等）及非电信号（压力、速度、温度等）。

2. 执行机构（触头装置）

执行机构主要任务是接收感应机构传来的信号而动作，以实现变换、控制保护检测电路等的功能。

3. 灭弧机构（保护机构）

灭弧机构主要任务是尽快熄灭电器触头在开断电路时产生的电弧，以保护电器触头不受损伤，从而延长电器使用寿命。

二、电器执行机构（触头装置）

在电器中，直接接通和断开电路的零件称为触头。触头是成对的，固定不动的叫静触头，可以活动的叫动触头。依靠动触头的动作来实现电路的接通和断开。

(一)触头的分类

1. 按触头在电路中的用途分类

触头可分为主触头和辅助触头。主触头用来接通或断开主要工作电路。辅助触头通常用在小电流的控制电路中,用来使各控制电器按规定的先后顺序闭合和断开,以实现机车运行所要求的某种电气联锁作用。所以辅助触头又称为联锁触头,如图 5-1 所示。电器在无电状态下(即电磁线圈无电流)断开的辅助触头称为常开触头(又叫正联锁、动合触头),闭合的辅助触头叫常闭触头(又叫反联锁、动断触头)。当电器在有电状态时,则常开触头闭合,而常闭触头断开。

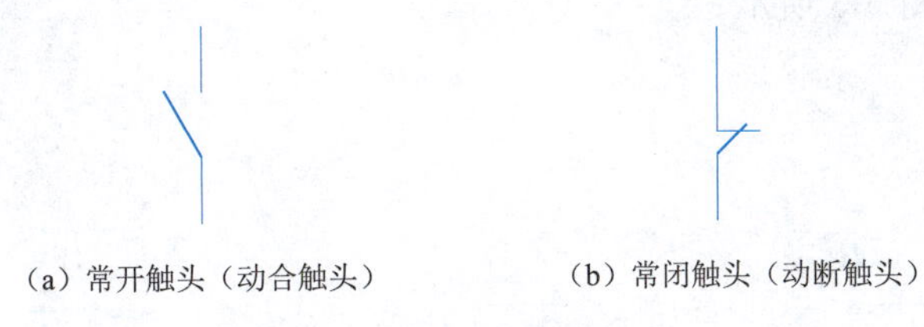

(a) 常开触头(动合触头)　　(b) 常闭触头(动断触头)

图 5-1　联锁(辅助)触头

2. 按触头的接触形式分类

触头可分为点接触、线接触和面接触三种,如图 5-2 所示。

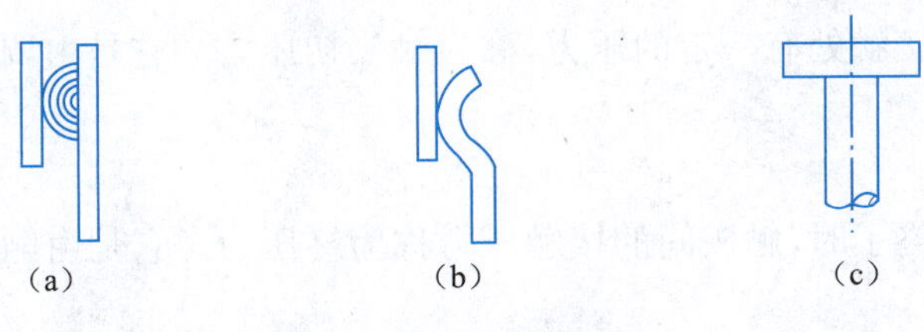

(a)　　(b)　　(c)

图 5-2　触头的接触形式

(1)点接触:指两个触头间是点与点的接触。常用于 10 A 以下的小电流电器,如继电器触头以及接触器和自动开关的辅助触头。由于接触面积小,保证其工作可靠性所需的接触压力也较小。

(2)线接触:指两个触头间是线与线的接触。其接触面积和接触压力均适中,在同一压力条件下,线接触的接触电阻比点接触低。线接触触头的制造、调整、装配均比较方便,因而得到广泛的采用。常用于几十安至几百安电流的中等容量的电器,如接触器、自动开关及高压开关电器的主触头。

(3)面接触:指两个触头间是平面与平面的接触。其接触面积和触头压力都较大,多用于大电流的电器。此种形式应用较少,仅用于大电流,接触压力大的场合,如大容量的接触器和断路器的主触头、闸刀开关常采用面接触的形式。

3. 其他分类方法

(1)按触头工作情况分类,触头有有载开闭和无载开闭两种。

(2)按开断点数量分类,触头有单断点式触头和双断点式触头。

(3)按结构和形状分类,触头有指形触头和桥式触头等。

(4)按触头相互运动状态分类,触头有滑动式和滚动式两种。

（二）触头的参数

1. 触头的结构尺寸

触头尺寸主要是根据触头工作时的发热条件确定，同时要考虑到它的机械强度与工作寿命等条件。

2. 触头的开距

触头处于断开位置时，动、静触头之间的最小距离 s 称为触头的开距。

3. 触头的超程

触头的超程 r 是指触头对完全闭合后，如果将静触头移开，动触头在触头弹簧的作用下继续前移的距离，如图 5-3 所示。

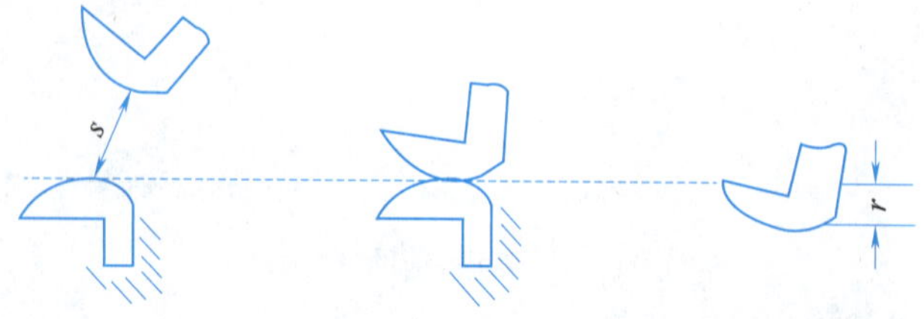

图 5-3　触头的开距 s 和超程 r

4. 触头的初压力

触头闭合后，其接触处有一定的压力，称为触头初压力。它是由调节触头弹簧预压缩量来保证的。

5. 触头的终压力

动、静触头闭合终了时，触头间的接触压力称为终压力。它是由触头弹簧最终压缩量来决定的。

6. 触头的研距

动触头和静触头接触过程中，触头接触表面既有滚动，又有滑动，这种滚动和滑动的过程称为触头的研磨过程。由研磨所产生的距离称为研距，如图 5-4 所示。

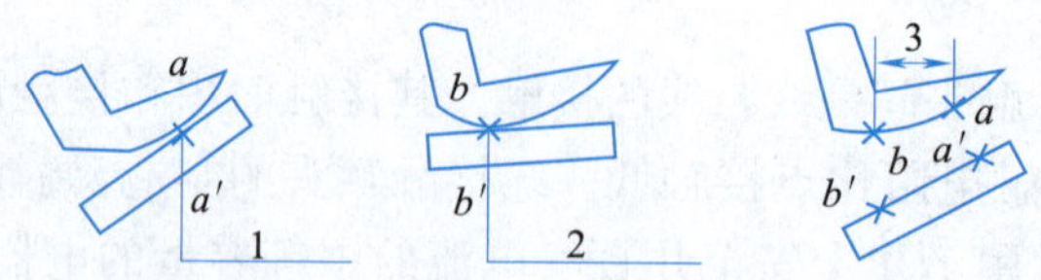

图 5-4　触头的研磨过程及研距

1—开始接触线；2—最终接触线；3—触头研距

（三）触头的接触电阻

1. 接触电阻的产生

触头（动、静触头）之间的接触电阻包括收缩电阻和表面膜电阻。

（1）收缩电阻

当电流通过实际接触面积时，电流只从接触点上通过，在这些接触点附近，迫使电流线发生收缩。由于有效接触面积（即实际接触面积）小于视在接触面积，由此产生的附加电阻称为收缩电阻。

(2)表面膜电阻

由于种种原因，在触头的接触表面上覆盖着一层导电性很差的薄膜，例如金属的氧化物、硫化物等，其导电性很差，也可能是落在接触表面上的灰尘、污物或夹在接触面间的油膜、水膜等，由此而形成的附加电阻，称为表面膜电阻。

2. 影响接触电阻的因素

影响接触电阻的因素很多，有接触压力、触头材料、触头温度、触头表面情况、接触形式及化学腐蚀等。

(1)接触压力的影响

接触压力对接触电阻的影响最大，当接触压力很小时，接触压力微小的变化都会使接触电阻值产生很大的波动。

(2)触头材料的影响

触头材料对接触电阻的影响主要决定于触头材料的电阻系数、材料的抗压强度、材料的化学性能等。

(3)触头温度的影响

触头的接触电阻与它本身的金属电阻一样，也受温度的影响，随着触头温度的升高，接触电阻增加。

(4)触头表面情况的影响

触头表面粗糙会使接触电阻增加。

3. 减小接触电阻的方法

为了避免触头超过允许温升，一方面要尽量减小接触电阻；另一方面应具有足够的触头增加散热面积。

根据接触电阻的形成原因，减小接触电阻一般可采用下列方法：

(1)增加接触点数目。选择适当的接触形式，用适当的方法加工接触表面，并在接触处加一定的压力，均可使接触点数目增加。

(2)选择合适的材料。采用本身电阻系数小，且不易氧化或氧化膜电阻较小的材料作为接触导体，或作为接触面的覆盖层。

(3)触头在开闭过程中应具有研磨过程，以擦去氧化膜。

(4)经常对触头清扫，使触头表面无油污、尘埃，保持干燥。

(四)触头的磨损

1. 触头磨损的原因

触头在多次接通和断开有载电路后，它的接触表面将逐渐产生磨耗和损坏，这种现象称为触头的磨损。触头磨损包括机械磨损、化学磨损和电磨损。

机械磨损是在触头闭合和打开时研磨和机械碰撞所造成的，它使得触头接触面产生压皱、裂痕或塑性变形和磨损。

化学磨损是由于周围介质中的腐蚀性气体或蒸气对触头材料侵蚀所造成的，它使得触头表面形成非导电性薄膜，致使接触电阻变大，且不稳定，甚至完全破坏了触头的导电性能。

机械磨损和化学磨损一般很小，约占全部磨损的10%左右。

触头的磨损主要取决于电磨损。在触头闭合电流时产生的电磨损主要是由于触头碰撞引起的振动所产生的。在触头开断电流时所产生的电磨损主要是由高温电弧造成的。

2. 减小电磨损的方法

(1)减小触头开断过程中的磨损

①合理选择灭弧系统的参数。

②对于交流电器(如交流接触器)宜采用去离子栅灭弧系统,利用交流电流通过自然零点时不再重燃而熄弧,减小触头的电磨损。

③采用熄灭火花的电路,以减小触头的电磨损。这种方法就是在弱电流触头电路中,在触头上并联电阻、电容,以熄灭触头上的火花。这种火花熄灭电路对开断小功率直流电路很有效。

④正确选用触头材料。例如,钨、钼的熔点和汽化点高,因此,钨、钼及其合金具有良好的抗磨损特性。

(2)减小触头闭合时的磨损

触头闭合时的磨损主要是由于触头在闭合过程中的振动所引起的,因此,为了减小触头的电磨损,必须减小触头的机械振动。

(五)触头的振动

1. 产生振动的原因

触头在闭合过程中,触头间的碰撞、触头间的电动斥力和衔铁与铁芯的碰撞都可能引起触头的机械振动。

2. 减小振动的方法

为了提高触头的使用寿命,必须减小触头的振动。减小触头振动有如下几种方法:

(1)使触头具有一定的初压力。

(2)降低动触头的闭合速度,以减小碰撞动能。

(3)减小动触头的质量,以减小碰撞动能,从而减小触头的振幅。

(4)对于电磁式电器,减小衔铁和静铁芯碰撞时引起的系统的振动,以减小触头的二次振动。其方法是吸力特性与反力特性有良好的配合及铁芯具有缓冲装置。

(六)触头的材料

触头所采用的材料关系到触头工作的可靠性,尤其是对触头磨损影响甚大。根据各种电器的任务和使用条件的不同,对触头材料性能的要求亦不同,一般要求如下:

(1)电气性能:要求材料本身的电阻系数小,接触电阻小且在长期工作中能保持稳定。要求电弧的最小电流大和最小电压高,电子逸出功率及游离电位大。

(2)热性能:要求熔点高,导热性好,热容量大。

(3)机械性能:要有适当的强度和硬度,耐磨性好。

(4)化学性能:要具有很好的化学稳定性,在常温下不易氧化,或者氧化物的电阻尽量小,耐腐蚀。

此外,还要考虑材料的可加工性能好,价格便宜,经济适用。但实际上是不可能同时满足以上各项要求的,而只能根据触头的工作条件及负荷的大小,满足其主要的性能要求。

触头材料分为三大类,即纯金属、合金和金属陶冶材料。

三、电器的传动装置

传动装置是有触点电器的主要组成部件，其作用是驱动电器触头按一定的要求进行可靠的分合。在有触点电器中，其传动装置主要采用电磁传动装置和电空传动装置。

电磁传动装置是一种通过电磁铁把电磁能转换成机械能来驱动电器动作的装置。电空传动装置是一种以压缩空气为动力来驱动电器动作的装置。

（一）电磁传动装置

1. 基本组成

电磁传动装置是一种通过电磁铁把电磁能转变成机械能来驱动电器触头动作的机构。

电磁铁主要由吸引线圈和磁系统两部分组成。磁系统一般由铁芯、磁轭和衔铁三部分组成，如图 5-5 所示。

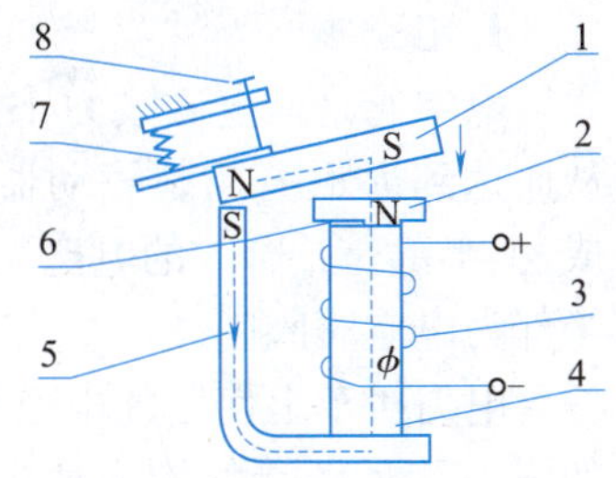

图 5-5　电磁铁

1—衔铁；2—极靴；3—线圈；4—铁芯；5—磁轭；6—非磁性垫片；7—反力弹簧；8—调节螺钉

2. 分类

（1）按吸引线圈通电电流的性质，可分为直流电磁铁和交流电磁铁。

（2）按吸引线圈与电路的连接方式，可分为并联电磁铁和串联电磁铁。

（3）按衔铁的运动方式，可分为直动式和转动式电磁铁两大类。

（4）按磁系统的结构形状，可分为 U 形、E 形和螺管形。图 5-6 中(a)和(g)为 U 形，(b)和(c)为螺管形，(d)、(e)、(f)均为 E 形。

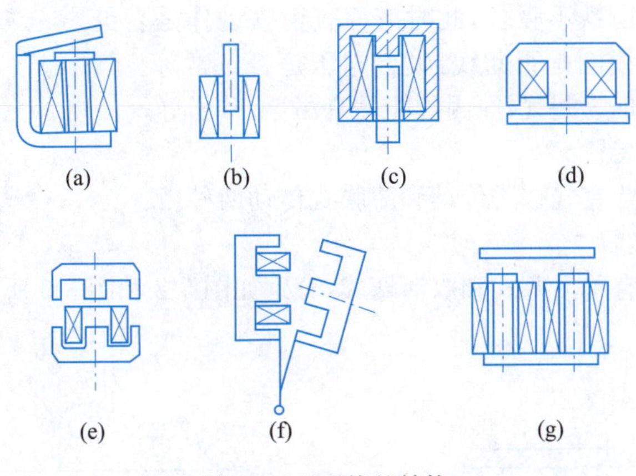

图 5-6　磁系统的结构

3. 工作原理

当线圈接通电源后，电流流过线圈将产生一个磁场，于是在铁芯和衔铁间产生一定的电磁吸力。当电磁吸力大于反力弹簧弹力时，衔铁被吸向铁芯，驱动电器的动触头动作。当线圈中的电流减小或断开时，铁芯中的磁通变小，吸力随之减小，当吸力小于反力弹簧的弹力时，衔铁就在反力弹簧的作用下返回原来位置，动触头恢复。

4. 吸力特性

吸力特性是指电磁线圈磁势一定时，作用在衔铁上的电磁吸力 F 与衔铁在空间相对于铁芯的位置 δ（或称工作气隙）的关系。当电磁驱动装置工作时，无论是衔铁由释放状态到吸合，还是由吸合状态到释放，作用在衔铁上的电磁吸力和工作气隙都在变化。工作气隙越大，工作气隙磁阻 R_δ 也越大，工作气隙磁通 Φ 就越小，电磁吸力也越小。

（二）电空传动装置

电空传动装置是一种以电空阀控制的压缩空气作为动力，驱使触头按规定动作的执行机构，它主要由电空阀和压缩空气驱动装置组成。

1. 电空阀

电空阀是借电磁吸力来控制压缩空气管路的导通或关断，从而达到远距离控制气动器械的目的。电空阀由两大部分组成，上半部是拍合式的电磁装置，由线圈、磁轭、衔铁等组成。下半部为电空阀阀门。

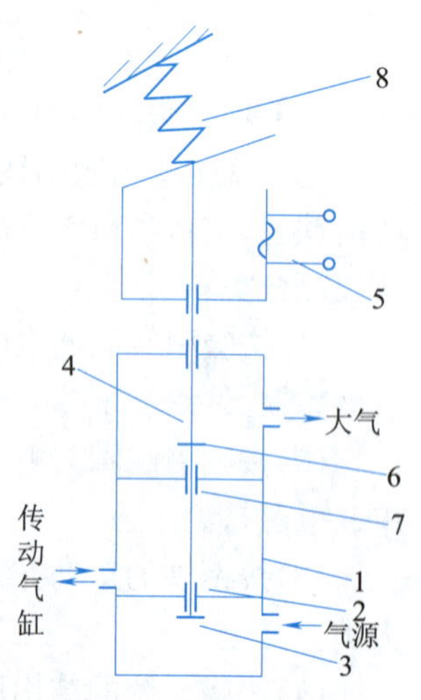

图 5-7 闭式电空阀原理图

1—阀体；2—下阀门；3、6—阀块；4—阀杆；5—电磁铁；7—上阀门；8—反力弹簧

电力机车上使用的电空阀通常为闭式电空阀，其工作原理如图 5-7 所示，当线圈未通电时，在弹簧及压缩空气的作用下，下阀门关闭，上阀门打开，压缩空气不能进入传动气缸，此时传动气缸与大气相通。当线圈得电时，在电磁吸力的作用下，衔铁带动阀杆下移，使上阀门关闭，下阀门打开，此时传动气缸与大气间的通路被截断，打开了气源与传动气缸之间的通路，压缩空气即可进入传动气缸。

电空阀是电空传动机构中的一个重要元件，在运行中发生故障时，应分清是电磁方面的原因，还是气阀方面的原因。电磁方面的故障常表现在衔铁不吸合，此时应检查衔铁动作是否灵活，是否有卡滞现象，线圈是否断线，吸合电压是否正常等。气阀方面的故障经常表现为漏气，原因可能是有污垢、砂子等。

2. 压缩空气传动装置

压缩空气传动装置有气缸式传动和薄膜式传动两种。

（1）气缸式传动装置

气缸式传动装置有单活塞式和双活塞式，分别如图 5-8 和图 5-9 所示。

电空阀工作原理

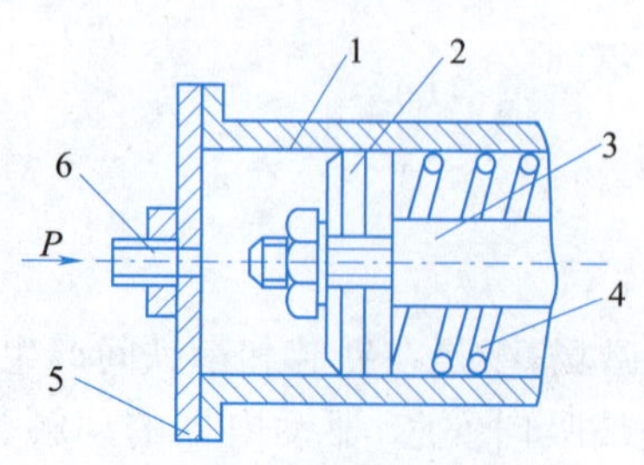

图 5-8 单活塞气缸传动装置

1—气缸；2—活塞；3—活塞杆；4—弹簧；5—气缸盖；6—进气孔

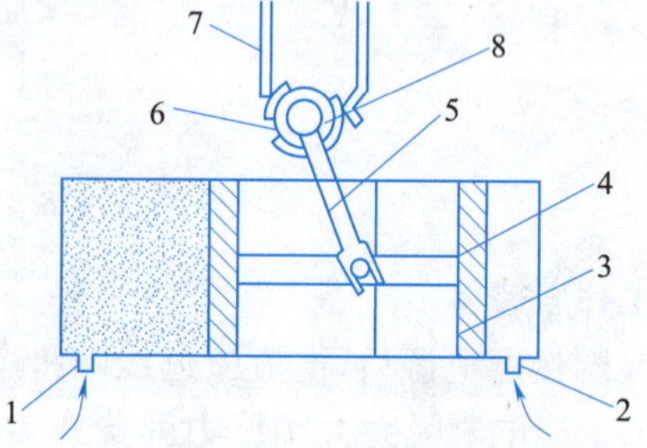

图 5-9 双活塞气缸传动装置

1、2—气口；3—活塞；4—活塞杆；5—曲柄；6—转鼓；7—静触头；8—动触头

(2)薄膜式传动装置

薄膜式传动装置工作原理如图 5-10 所示，当气孔进入压缩空气时，压迫薄膜，克服弹簧张力，使活塞杆右移，带动触头动作。反之，则触头在弹簧的作用下打开。

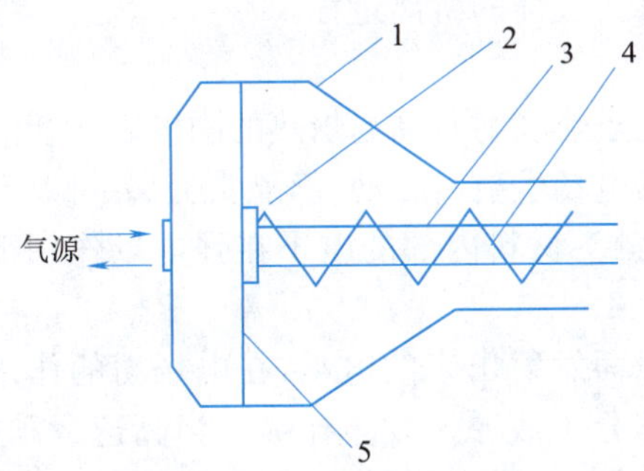

图 5-10　薄膜式传动装置

1—阀体；2—活塞；3—活塞杆；4—分断弹簧；5—橡胶薄膜

其特点是：动作灵活，摩擦力和磨损较小。加工制作及维修方便。但活塞杆行程小，在低温条件下，薄膜易开裂，需经常更换。

四、电弧及灭弧装置

(一)概述

1. 电弧的定义及产生

电弧是气体放电的一种形式。气体放电分为自持放电与非自持放电两类，电弧属于气体自持放电中的弧光放电。试验证明，当在大气中开断或闭合电压超过 10 V、电流超过 0.5 A的电路时，在触头间隙(或称弧隙)中会产生一团温度极高、亮度极强并能导电的气体，称为电弧。

气体通常是不导电的，在触头刚开始分离时，接触面积逐渐减小，触头的接触电阻增大，电流密度也逐渐增大，触头表面的温度逐渐升高。而触头刚分离时，线路电压加在触头间极小的空隙，形成很强的电场。由于高温、强电场的作用，触头金属内部的电子便脱离金属表面向外发射。这些从阴极发射出来的电子，在电场力的作用下向阳极快速运动，不断撞击中性气体分子，并使其电离，变成自由电子和正离子，形成连锁反应，在触头间出现大量的电子和正离子。在强电场的作用下，这些电子和正离子作定向移动，便形成了触头气隙中的电流，最终形成电弧。

对于有触点电器而言，电弧产生的高温将烧损触头，使触头表面形成凹坑和尖刺，影响触头继续可靠工作。严重情况下不仅会烧坏电器和附近电气设备，还会引起短路故障，甚至引起火灾。因此，必须了解电弧的基本规律，采取有效措施，尽快地熄灭电器中出现的电弧。

2. 电弧的结构

电弧的结构分为 3 个区域，即近阴极区、近阳极区及弧柱区。

3. 电弧的分类

电弧按其外形分为长弧与短弧。长短之别一般取决于弧长与弧径之比。

4. 开断电路时电弧产生的物理过程

当触头开断在触头间隙中有电弧燃烧时，电路仍然导通。这说明此时触头间隙的气体由绝缘状态变成了导电状态。气体呈导电状态的原因是原来的中性气体分解为电子和离子，即气体被电离，此过程称为气体的游离过程。

游离的几种形式：

(1)阴极热发射电子(电子热发射)：高温炽热的阴极表面会向空间发射电子。

(2)阴极冷发射电子(强电场发射)：在动、静触头分离的瞬间，由于触头间隙很小，触头间的电场强度就非常大，使触头材料内部的电子在强电场作用下被拉出来，从而形成了强电场发射。

(3)碰撞游离：从阴极表面发射出来的电子，在电场力的作用下向阳极高速运动，在运动过程中不断地与中性气体分子或原子发生碰撞。当高速运动的电子积聚足够大的动能时，使这些原子和分子最外层电子脱离原子核的束缚而成为自由电子，失掉电子的那些原子和分子成为正离子，即气体被游离，这一过程称为碰撞游离。

(4)热游离：动能很大的中性气体分子相互碰撞时，被游离而形成电子和正离子，这种现象称为热游离。

(5)电弧熄灭的物理过程

当电弧稳定燃烧时是处在热动平衡状态，此时不可能有电子和离子的积累。这说明电弧中发生气体游离现象的同时还存在一个相反的过程，我们称之为消游离。消游离就是正、负带电粒子中和而变成中性粒子的过程。

消游离的方式分为两类：复合和扩散。复合是带异性电荷的粒子相遇后中和，变成中性粒子的过程。扩散是电弧表面的带电粒子从电弧区转移到周围冷却介质中去的现象。

(二)灭弧装置

熄灭电弧的方法很多，例如：拉长电弧、降低温度、将长弧变短弧等。一个灭弧装置可以采用某一种方法进行熄弧，但在大多数情况下，则是综合采用几种方法，以增加灭弧效果。

1. 磁吹灭弧：磁吹灭弧是利用外加电动力使电弧拉长以致熄灭电弧的方法，如图 5-11 所示。

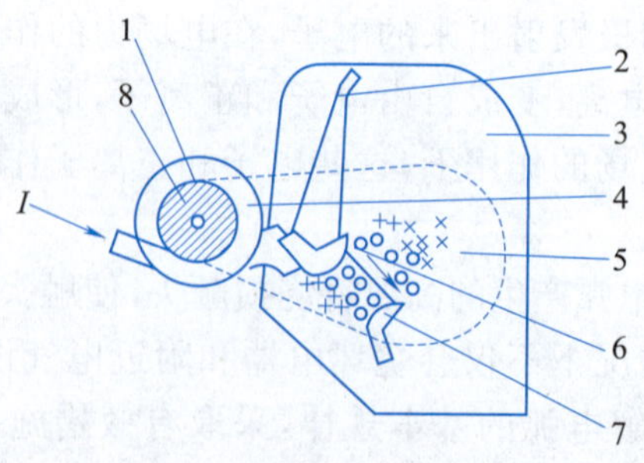

图 5-11 磁吹灭弧装置示意图

1—磁吹铁芯；2—导弧角；3—灭弧罩；4—磁吹线圈；5—铁夹板；6—静触头；7—动触头；8—绝缘套

2. 灭弧罩灭弧

灭弧罩是让电弧与固体介质相接触，降低电弧温度，从而加速电弧熄灭的比较常用的装置。根据灭弧罩中灭弧室缝的宽度与电弧直径之比可分为窄缝与宽缝。缝的宽度小于电弧直径的称窄缝，反之，大于电弧直径的称宽缝。根据缝的轴线与电弧轴线间的相对位置关系不同，灭弧罩可分为纵缝与横缝两种，分别如图 5-12 和图 5-13 所示。

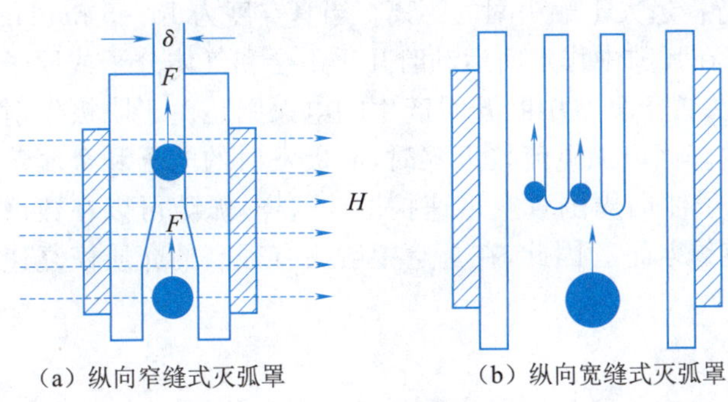

(a) 纵向窄缝式灭弧罩　　(b) 纵向宽缝式灭弧罩

图 5-12　纵缝灭弧罩

δ—灭弧室中缝隙宽度；F—电动力；H—电场强度

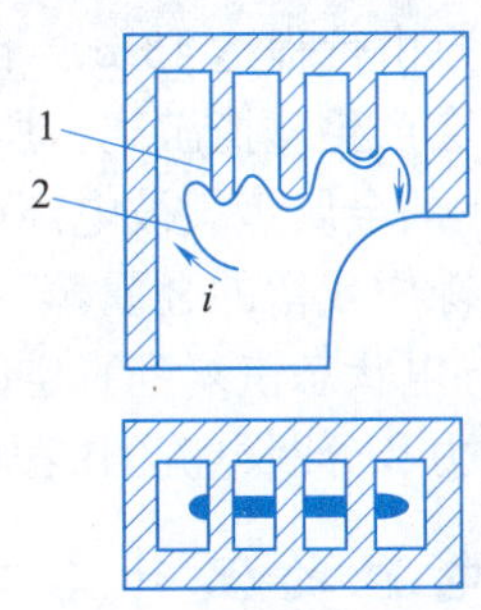

图 5-13　横向绝缘栅片式灭弧罩

1—横向绝缘栅片；2—电弧

3. 油冷灭弧

油冷灭弧是将电弧置于液体介质（一般为变压器油）中，电弧将油汽化、分解而形成油气。油气中主要成分是氢，在油中以气泡的形式包围电弧。氢气具有很高的导热系数，这就使电弧的热量容易散发。另外，由于存在着温度差，所以气泡产生运动，又进一步加强了电弧的冷却。若再要提高其灭弧效果，可在油箱中加设一定机构，使电弧定向发生运动，这就是油吹灭弧。由于电弧在油中灭弧能力比大气中熄灭电弧能力大得多，所以这种方法一般用于高压电器中，如油开关。

4. 气吹灭弧

气吹灭弧

如图 5-14 所示，气吹灭弧是利用压缩空气来熄灭电弧的。压缩空气作用于电弧，可以很好地冷却电弧，提高电弧区的压力，很快带走残余的游离气体，所以有较高的灭弧性能。

5. 横向金属栅片灭弧

横向金属栅片又称去离子栅，它利用的是短弧灭弧原理。用磁性材料的金属片置于电弧中，将电弧分成若干短弧，利用交流电弧的近阴极效应和直流电弧的近极压降来达到熄灭电弧的目的，如图 5-15 所示。

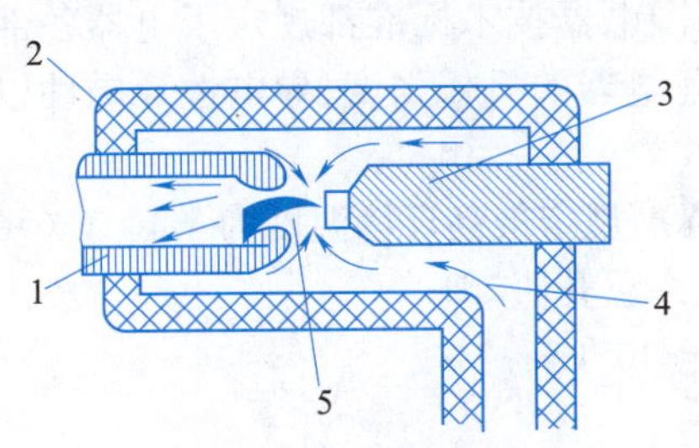

图 5-14　气吹灭弧装置

1—动触头；2—灭弧室瓷罩；3—静触头；4—压缩空气；5—电弧

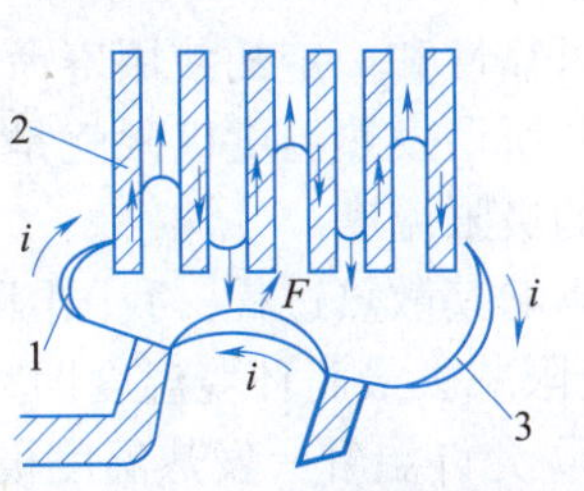

(a) 电弧在横向金属栅中状况

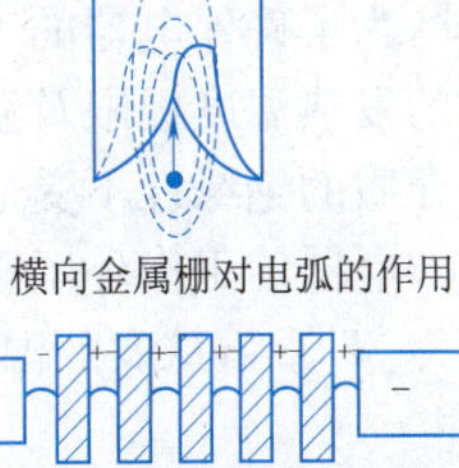

(b) 横向金属栅对电弧的作用

(c) 横向金属栅灭弧原理

图 5-15　横向金属栅片灭弧罩结构及原理示意图

1—入栅片前的电弧；2—金属栅；3—入栅片后的电弧

6. 真空灭弧

真空灭弧是使触头电弧的产生和熄灭在真空中进行，它是依据零点熄弧原理，以真空为熄弧介质的。

在真空中气体很稀薄，电子的自由行程远大于触头间的距离。当真空度为 10～5 mmHg 时，电子的自由行程达 43 m。自由电子在弧隙中作定向运动时几乎不会和气体分子或原子相碰撞，不会产生碰撞游离。所以将触头置于真空中断开时产生的电弧则是由于阴极发射电子和产生的金属蒸气被电离而形成的。当电弧电流接近零时，阴极发射的电子和金属蒸气减少，弧隙中残留的金属蒸气和等离子体向周围真空迅速扩散。这样，弧隙可以在数微秒之内由导电状态恢复到真空间隙的绝缘水平。因此，在真空中触头有很高的介质恢复速度、绝缘能力和分断电流的能力。

五、电器的温升与工作制

1. 电器的温升

电器在工作时由于有电电流通过导体会产生电阻损耗。如果电器工作于交流电路，则由于交变电磁场的作用，在铁磁体内产生涡流和磁滞损耗，在绝缘体内产生介质损耗。所有这些损耗几乎全部都转变为热能，其中一部分散失到周围介质中，另一部分加热电器本身，使其温度升高。

电器温度升高后，其本身温度与周围环境温度之差，称为温升。电器的温度超过一定限值后，其中金属材料的机械强度会明显下降，如图 5-16 所示。绝缘材料的击穿电压也会明显下降。

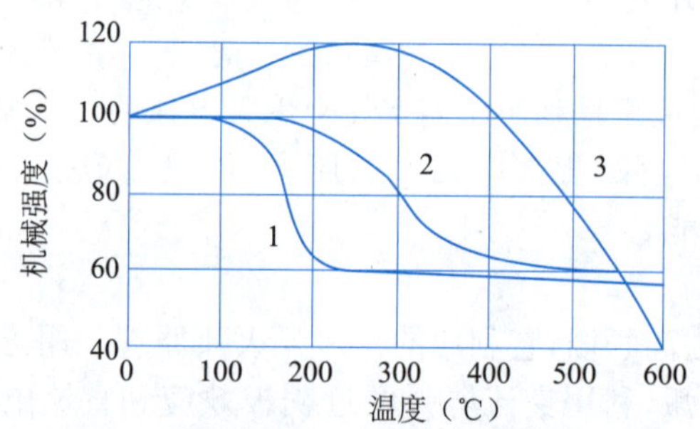

图 5-16　金属材料的机械强度与温度的关系

1—连续发热的铜；2—短时发热的铜；3—铜

为了确保电器的工作可靠性和一定的使用寿命，各国电器技术标准都规定了电器各部件的发热温度极限及温升。所谓发热温度极限就是保证电器的机械强度、导电性导磁性以及介质的绝缘性不受危害的极限温度。

电器的工作环境直接影响其散热过程。我国国家标准规定最高环境温度为＋40 ℃（一般为 35 ℃），从发热温度极限减去最高环境温度即为允许温升值，即

$$允许温升=发热温度极限-40\ ℃$$

2. 电器的工作制

电器的发热温升和其发热和冷却过程与电器的工作制有密切关系。电器的额定工作制是对电气设备所承受的一系列运行条件的分类。我国电器行业主要有 S1～S3 三种工作制，并补充了 8 h 工作制和周期工作制两种工作制。

(1)S1 长期(不间断)工作制

长期不间断工作制指电器在额定功率下连续运行相当长时间,可以使设备达到热平衡的工作条件。这一工作制的特点是设备工作过程中所产生的热量全部散发到周围介质中。

(2)S2 短时工作制

短时工作制是指与空载时间相比,有载时间较短的工作制。短时工作制电器通电时间较短,温升没有达到其允许温升就停止工作,而且两个工作周期之间的间歇时间很长,能使电器冷却到环境温度值。

(3)S3 断续周期工作制

S3 断续周期工作制指开关电器通断时间和断电时间周期性地相互交替分断接通,通电时间和断电时间都很短,使电器元件既不能在一个通电周期内升温到额定值,也不能在一个断电周期内冷却到常温。

(4)8 h 工作制和周期工作制

8 h 工作制是电器的每次通过稳定工作电流的时间不超过 8 h 的一种长期工作制。周期工作制则指无论负载变动与否,总是有规律地反复按一定时间进行的工作制。

巩固练习

一、填空题

1. 电器温度升高后,其本身温度与周围环境温度之差,称为____________。

2. 电器的温度超过某一极限值后,其中金属材料的机械强度会明显下降,绝缘材料的绝缘强度会受到破坏,这一极限温度称为____________。

3. 触头的三种磨损方式为____________、____________和____________。

4. 触头的接触形式有点接触、线接触和____________三种。

5. 电器的传动装置有____________和____________两种。

6. 交流电磁铁的线圈中通过____________,导磁体中的磁通是交变的,有涡流和磁滞损耗,故其铁芯和衔铁一般采用电工钢片制成。

二、选择题

1. 触头的磨损主要有三种形式,即机械磨损、化学磨损和电磨损,主要是(　　)。

A. 电磨损　　B. 化学磨损　　C. 机械磨损

2. 温升就是发热物体的温度与其(　　)之差。

A. 周围介质温度　　B. 周围介质温升

C. 大气温度

3. 触头的(　　)是指触头闭合后将静触头拿走,动触头可移动的距离。

A. 研距　　B. 超程　　C. 开距

4. 有触点电器触头在(　　)时会产生电弧。

A. 闭合　　B. 断开　　C. 闭合和断开

5. 电器的执行机构是(　　)。

A. 联锁　　B. 触头　　C. 铁芯

三、判断题

1. 电路的通断和转换是通过电器中的执行部件,主要是其线圈来实现的。(　　)

2. 接触电阻随着外加压力增大而增大。(　　)

3. 将长弧变为短弧可以加速电弧熄灭。（　　）

四、简答题

1. 什么是电器的温升和允许温升？

2. 电器主要有哪三种工作制？

3. 减小接触电阻的方法有哪些？

4. 常用的灭弧装置有哪些？

附录　HXD3C 型电力机车部分电器代号、名称及位置明细表

主电路

序号	代　号	名　　称	位　置
1	AP1,AP2	受电弓	车顶
2	QS1,QS2	高压隔离开关	车顶
3	TV1	高压电压互感器	车顶
4	QF1	真空断路器	车顶
5	QS10	接地开关	车顶
6	F1	避雷器	车顶
7	UM1,UM2	主变流器	机械室
8	TA1	高压电流互感器	机械室
9	M1～M6	牵引电机	转向架
10	EB1～EB6	接地装置	1～3L,4～6R
11	KC1	原边过流继电器	控制柜
12	QS3,QS4	主回路动车闸刀	控制柜
13	GS1～GS6	主变流器接地开关	控制柜
14	PWH1,PWH2	电度表	机械室
15	TM1	主变压器	车下
16	TA2	电流互感器	机械室
17	QA1	空气断路器(原边)	控制柜
18	PV1,PV2/PV41,PV42	网压表	仪表模块
19	XSM1,XSM2	主回路动车插座	车下

辅助电路

序号	代　号	名　　称	位　置
1	AT1	辅助变压器	机械室
2	EH11,EH12	电热玻璃	司机室
3	EH15～EH18	膝炉	司机室
4	EH19～EH22	壁炉	司机室
5	EH23～EH26	脚炉	司机室
6	EH27～EH30	后墙暖风机	司机室
7	EH31,EH32	饮水机	司机室

续上表

序号	代　号	名　　称	位　置
8	EH33A-H	砂管加热器	转向架
9	EH35A-H	砂箱加热器	转向架
10	EH36,EH37	管路加热套	配管
11	EH39-42	插座用加热器	车下
12	EH43,EH44	盲座用加热器	车下
13	EV11,EV12	司机室空调	车顶
14	GB41	蓄电池	电源柜蓄电池箱上部
15	KE11	直流交流转换继电器	控制柜
16	KM11,KM12	辅助电源负载接触器	控制柜
17	KM13,KM14	空压机接触器	控制柜
18	KM15,KM16	空压机转换接触器	控制柜
19	KM20	辅助电源负载转换接触器	控制柜
20	KM21	交流加热接触器	控制柜
21	KM22	直流加热接触器	控制柜
22	LC	LC 滤波装置	机械室
23	MA11～MA16	牵引通风机电机	机械室
24	MA17,MA18	复合冷却器风机电机	机械室
25	MA19,MA20	空气压缩机电机	机械室
26	MA21,MA22	油泵	主变压器
27	PV71	电压表	控制柜
28	QA11～QA16	牵引通风机空气断路器	控制柜
29	QA17,QA18	复合冷却器风机空气断路器	控制柜
30	QA19,QA20	空压机空气断路器	控制柜
31	QA21,QA22	油泵空气断路器	控制柜
32	QA23,QA24	司机室空调空气断路器	控制柜
33	QA25	辅助变压器空气断路器	控制柜
34	QA31A,QA31B	司机室加热空气断路器	控制柜
35	QA32	电热玻璃空气断路器	控制柜

控制电路

序号	代　号	名　　称	位　置
1	AC41,AC42	司机控制器	操纵台
2	AE41	TCMS	机械室
3	AX1	机车安全信息综合监测装置	ATP 柜
4	BV41～BV46	电机速度传感器	车下
5	BV47,BV48	机车速度传感器	2R,5L

续上表

序号	代 号	名 称	位 置
6	BV51～BV56	防滑传感器	1～3R,4～6L
7	BX1	电子标签	车下
8	CZ1～CZ4	重联插头(插座)	车端 1L
9	Dryer1,Dryer2	加热器(干燥器)	机械室
10	EL41～EL44	司机室灯	司机室
11	EL45～EL52	机械室灯	机械室
12	EL53,EL54	记点灯	仪表模块
13	EL55～EL58	标志灯	车端两侧
14	EL59～EL62	辅照灯	车端两侧
15	EL63,EL64	前照灯	车端上部
16	EL65,EL66	仪表灯	仪表模块
17	EL67～EL70	车底灯	车下
18	EV13,EL14	空调控制箱	司机室后墙内部
19	EV21,EL22	记点灯电源	操纵台内部
20	EV31	数模转换盒	ATP 框
21	EV33	自动过分相装置	机械室
22	EV34	二极管	控制柜
23	EV35,EV36	时间继电器	控制柜
24	EV41,EV42	显示屏稳压电源装置	操纵台内部
25	HL21,HL22	八灯显示器	驾驶座左
26	KE13,KE14	中间继电器	控制柜
27	KE15,KE16	EBV 控制继电器	控制柜
28	KE17,KE18	升弓隔离控制继电器	控制柜
29	KE19	踏面清扫控制继电器	控制柜
30	KE20	控制继电器	控制柜
31	KE25	中间继电器	控制柜
32	KE21	紧急制动控制继电器	控制柜
33	KMC1	辅助压缩机接触器	控制柜
34	KP41～KP46	牵引通风机风道继电器	风道
35	KP47,KP48	复合冷却器风机风道继电器	风道
36	KP49,KP50	主变压器油流继电器	主变压器
37	KP51-1	压力开关	配管
38	KP51-2	压力开关	配管
39	KP52	主变压器油温检测继电器	主变压器
40	KP57	辅助压缩机压力开关	制动单元

参考文献

[1] 谢家的，祁冠峰. 电力机车电器[M]. 北京：中国铁道出版社，2008.

[2]《和谐型交流传动机车技术丛书》编委会. HXD_{3C} 型电力机车[M]. 北京：中国铁道出版社有限公司，2020.

[3] 张琳. 牵引电器[M]. 成都：西南交通大学出版社，2008.

[4] 蔡跃. 职业教育活页式教材开发指导手册[M]. 上海：华东师范大学出版社，2020.

[5] 杜建波. 一起 HXD_{3C} 型机车避雷器炸裂故障分析及预防措施[J]. 电力机车与城轨车辆，2016，9(20).

[6] 赵武毅，陆文军，陈哲. 机车避雷器炸裂原因分析及改进[J]. 铁道机车与动车，2019(4).

[7] 刘磊. HXD_3 型机车车顶高压设备放电原因分析及对策[J]. 铁道机车与动车，2017(11).

[8] 德国联邦职业教育研究所. 借助学习任务进行职业教育：学习任务设计指导手册[M]. 刘邦祥，译. 北京：机械工业出版社，2010.

[9] 任广慧. $HXD_2$1000 系机车避雷器及放点间隙烧损故障探讨[J]. 电力机车与城轨车辆，2016(9).

[10] 刘学增. HXD_3 型电力机车真空主断路器故障分析及对策[J]. 铁道机车与动车，2018(1).